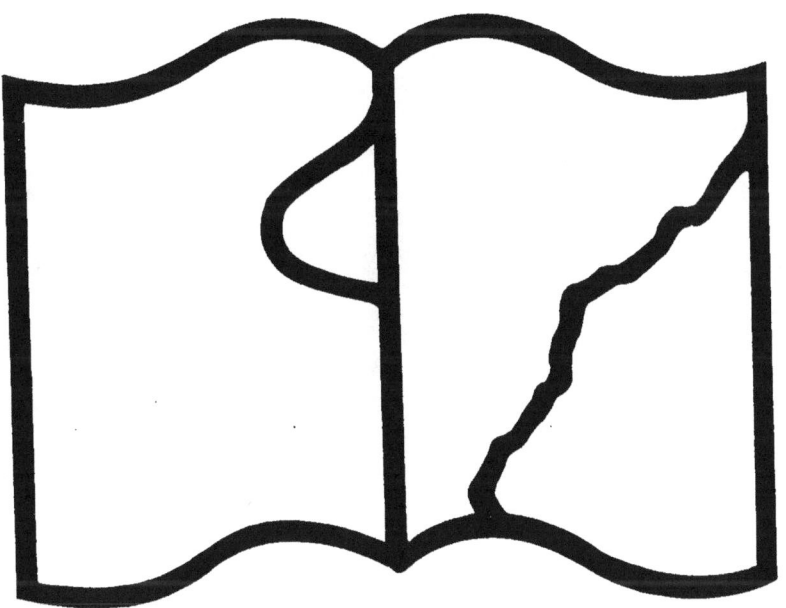

Texte détérioré — reliure défectueuse

NF Z 43-120-11

BIBLIOTHÈQUE ANECDOTIQUE
ET LITTÉRAIRE

Molière

THÉATRE CHOISI

PRÉCÉDÉ DE LA BIOGRAPHIE DE MOLIÈRE

ÉDITION ACCOMPAGNÉE

De Notices historiques et littéraires sur chaque pièce, de Notes et d'Analyses

PAR

C. FOUSSÉ DE SACY

ILLUSTRÉE

DE 2 PORTRAITS DE MOLIÈRE ET DE 20 COMPOSITIONS ORIGINALES

DE Ed. ZIER

Tome II

PARIS
LIBRAIRIE D'ÉDUCATION A. HATIER
33, QUAI DES GRANDS-AUGUSTINS, 33

Tous droits réservés

BIBLIOTHÈQUE ANECDOTIQUE
ET LITTÉRAIRE

Molière

Le vray Portrait de Mr de Moliere en Habit de Sganarelle.

BIBLIOTHÈQUE ANECDOTIQUE
ET LITTÉRAIRE

Molière

THÉATRE CHOISI

PRÉCÉDÉ DE LA BIOGRAPHIE DE MOLIÈRE

ÉDITION ACCOMPAGNÉE

De Notices historiques et littéraires sur chaque pièce, de Notes et d'Analyses

PAR

C. FOUSSÉ DE SACY

ILLUSTRÉE

DE 2 PORTRAITS DE MOLIÈRE ET DE 20 COMPOSITIONS ORIGINALES

DE Ed. ZIER

**

PARIS
LIBRAIRIE D'ÉDUCATION A. HATIER
33, QUAI DES GRANDS-AUGUSTINS, 33

—

Tous droits réservés

LE
BOURGEOIS GENTILHOMME

Comédie-ballet

Faite a Chambord, pour le divertissement du roi, au mois d'octobre 1670,
et représentée en public, a Paris, pour la première fois
sur le théatre du Palais-Royal, le 23 novembre de la même année 1670, par la troupe du Roi

PERSONNAGES

M. JOURDAIN, bourgeois.
MADAME JOURDAIN, sa femme.
LUCILE, fille de M. Jourdain.
CLÉONTE.
DORIMÈNE, marquise.
DORANTE, comte.
NICOLE, servante de M. Jourdain.
COVIELLE, valet de Cléonte.
UN MAITRE DE MUSIQUE.
UN ÉLÈVE DU MAITRE DE MUSIQUE.
UN MAITRE A DANSER.
UN MAITRE D'ARMES.
UN MAITRE DE PHILOSOPHIE.
UN MAITRE TAILLEUR.
UN GARÇON TAILLEUR.
DEUX LAQUAIS.

La scène est à Paris, dans la maison de M. Jourdain.

NOTICE SUR LE BOURGEOIS GENTILHOMME

En octobre 1670, la troupe de Molière fut appelée à Chambord, où le Roi venait faire un séjour, et y demeura du 3 au 28 de ce mois. Parmi les plaisirs que Louis XIV offrait à ses invités, un des plus piquants fut la primeur d'une pièce nouvelle de Molière, dont l'agrément devait être rehaussé par la danse et la musique, et surtout par un ballet final pittoresque et magnifique. Le musicien Lulli avait collaboré avec Molière pour la partie musicale et chorégraphique ; il remplit même un rôle dans la cérémonie du dénouement. Pour le Roi et sa cour, les divertissements, le spectacle extérieur étaient l'attrait principal de la représentation.

Aujourd'hui tout cet appareil accessoire recule, comme il convient, à l'arrière-plan, et ce que nous goûtons dans *le Bourgeois Gentilhomme*, c'est la comédie de mœurs qui se détache avec tant de relief des scènes de pure farce ou de fantaisie.

Parmi les ridicules que la société contemporaine offrait à la satire de Molière, nul n'était plus répandu que celui des prétentions à la naissance. Outre les privilèges solides qu'assurait la noblesse à son heureux possesseur — par exemple l'exemption des tailles, — quoi de plus flatteur pour la vanité que de passer pour un homme bien né, dans un temps où les distinctions de classe étaient si nettement établies, et où il fallait avoir l'éclat du rang pour briller dans le monde? Aussi voyons-nous des hommes, à qui leur mérite hors de pair et leur grande réputation auraient dû faire dédaigner un lustre qu'après tout on pouvait se procurer à prix d'argent, soutenir de fâcheux procès pour un titre de noblesse, Boileau et La Fontaine entre autres.

Le père de M. Jourdain, qui s'est enrichi à vendre du drap, aurait pu, s'il l'avait trouvé bon, acheter un de ces offices qui d'eux-mêmes anoblissaient l'acquéreur et ses descendants [1]. Cela n'eût pas fait de son fils un *gentilhomme*, car on ne l'était qu'à condition de pouvoir justifier de quatre générations de noblesse paternelle ou maternelle ; mais cela lui eût fait franchir le pas de la roture. Sans doute le brave marchand ne s'en soucia pas. Et le M. Jourdain de Molière ne prend pas son parti de l'inadver-

---

[1] C'était le cas de Molière, noble comme son père par sa charge de valet de chambre du Roi.

tance paternelle ; et il nous donne le spectacle d'un homme naturellement assez sensé à qui la vanité du rang a tourné la tête. Il a une grosse fortune, il pourrait en jouir avec sa famille et ses pareils ; mais, depuis qu'il est féru de gentilhommerie, il n'y a sottise qu'il ne fasse pour sortir de son milieu, ou paraître du moins ce qu'il ne peut pas être. C'est plaisir de le voir s'efforcer vers cet idéal inaccessible pour lui et se frotter du mieux qu'il peut à ce monde dont sa condition l'écarte.

Cependant, marotte à part, ce sot n'est pas dépourvu de bon sens pratique, et même d'un certain genre de finesse. Son tailleur lui fera bien accroire que l'habit qu'il lui fournit est du dernier galant, mais non que ses bas ou ses souliers soient à sa mesure, ou que l'étoffe qu'il reconnaît sur le dos du fripon n'ait pas été levée sur celle du dernier habit qu'on lui a fait.

De même, il se laissera bien soutirer de l'argent par un seigneur qui l'honore du nom de « son cher ami » ; mais il tiendra un compte exact des débours, et l'aura en poche tout prêt à présenter à la première invite... Il prendra pour merveilles les puérilités que lui enseigne son maître de philosophie ; mais, la vanité d'auteur aidant, il sentira que la tournure simple et directe de son billet à Dorimène vaut mieux que toutes les fioritures de style et les contournements de phrase que lui propose le pédant. C'est en combinant à si juste dose les éléments fonciers du caractère avec ceux qui s'y mêlent accidentellement, que Molière arrive à la parfaite vérité des personnages et à l'illusion complète de la vie ; le travers pénètre l'individu et imprègne les tissus primitifs sans les détruire. Entiché de noblesse, M. Jourdain ne se défera pas de certaines habitudes d'ordre et de sage calcul qu'un grand seigneur dédaignerait. Il fera des prodigalités : c'est un luxe que sa richesse lui permet ; mais il saura quand même compter, et voudra en avoir pour son argent. Et Molière a fait plus que de peindre un travers spécial au xviiie siècle, il a atteint à la vérité générale et durable ; car l'envie de paraître plus qu'on n'est ne se localise pas dans une époque et un pays. Avec des variantes selon les sociétés et les mœurs, il y a toujours eu, il y aura toujours des M. Jourdain aspirant, du droit de leur argent, à être des personnages, malgré l'infériorité de leur naissance et de leur éducation.

Peut-être les meilleures scènes de la pièce de Molière sont-elles celles qui naissent de la démangeaison qui a pris à M. Jourdain d'acquérir les talents qui seyent à un homme de qualité. Il y étale et sa profonde ignorance et sa niaise crédulité. Et quels excellents personnages de second plan que ces maîtres si gonflés de leur mérite, si entêtés de leur art ! que ce philosophe surtout qui, après avoir doctement raisonné de la modération du sage, perd en un instant l'équilibre et défend la philosophie à coups de poings ! Chacun de ces acteurs secondaires a sa physionomie propre ; mais, subordonné à la figure centrale, il sert à la faire ressortir.

Le robuste sens commun de Mme Jourdain s'oppose à la folle vanité de son mari. Brave femme au demeurant, elle estime, avec les biens solides, les joies saines d'une honnête vie bourgeoise. Elle n'a point d'aspirations plus hautes. Mais Molière, en nous mettant du parti de la femme qui défend la tranquillité de son foyer, de la mère qui veut pour sa fille un établissement propre à la rendre heureuse sans la sortir de sa sphère, de la bourgeoise dont la fierté consiste à ne pas vouloir frayer plus haut que son rang, nous a fait rire de ce qu'il y a de grossier dans le terre-à-terre de Mme Jourdain, de son parler franc et rude, des rebuffades qu'elle essuye, et de ses vertes répliques au marquis dont la qualité ne lui en impose guère.

Il y a un personnage du *Bourgeois Gentilhomme* qui, comme dans la plupart des comédies de mœurs ou de caractères de Molière, représente la cause du droit sens et l'opinion de l'auteur. Ce personnage, c'est Cléonte, qui, né dans un bon milieu bourgeois, pourvu, par un père peut-être anobli, d'une charge dans l'armée, déclare ingénuement qu'il n'est point gentilhomme et jette en passant le blâme à ceux qui se targuent d'une généalogie imaginaire.

Le dénouement du *Bourgeois Gentilhomme* est d'un burlesque quelque peu extravagant. On peut trouver que M. Jourdain pousse la folie et l'infatuation au-delà de la vraisemblance lorsqu'il donne si facilement dans le stratagème de Covielle, se laissant conter que le fils du Grand-Turc recherche la main de sa fille et veut lui conférer la dignité de *Mamamouchi*. Mais il faut convenir que cette cérémonie turque, que Louis XIV avait d'ailleurs expressément demandée, a pour mérite, outre l'invention neuve et hardie, la fantaisie et l'entrain étourdissants, celui d'avoir été tout à fait de circonstance. Il n'y avait pas longtemps qu'on avait vu, à Versailles et à Paris, Soliman, l'envoyé du Grand-Turc auprès du Roi, et qu'on s'était égayé aux dépens de son piètre équipage. Le souvenir de cette ambassade était resté dans les imaginations, les Turcs étaient fort à la mode ; le dénouement du ballet du *Bourgeois Gentilhomme* avait donc tout le sel de l'à-propos.

LE
BOURGEOIS GENTILHOMME

ACTE PREMIER

L'ouverture se fait par un grand assemblage d'instruments ; et, dans le milieu du théâtre, on voit un élève du Maître de musique, qui compose sur une table un air que le Bourgeois a demandé pour une sérénade.

Scène I

UN MAITRE DE MUSIQUE, UN MAITRE A DANSER,
TROIS MUSICIENS, DEUX VIOLONS, QUATRE DANSEURS

LE MAITRE DE MUSIQUE, aux musiciens

Venez, entrez dans cette salle, et vous reposez là, en attendant qu'il vienne.

LE MAITRE A DANSER, aux danseurs

Et vous aussi, de ce côté.

LE MAITRE DE MUSIQUE, à son élève

Est-ce fait ?

L'ÉLÈVE
Oui.

LE MAITRE DE MUSIQUE
Voyons... Voilà qui est bien.

LE MAITRE A DANSER
Est-ce quelque chose de nouveau?

LE MAITRE DE MUSIQUE
Oui, c'est un air pour une sérénade, que je lui ai fait composer ici, en attendant que notre homme fût éveillé.

LE MAITRE A DANSER
Peut-on voir ce que c'est?

LE MAITRE DE MUSIQUE
Vous l'allez entendre, avec le dialogue, quand il viendra. Il ne tardera guère.

LE MAITRE A DANSER
Nos occupations, à vous et à moi, ne sont pas petites maintenant.

LE MAITRE DE MUSIQUE
Il est vrai. Nous avons trouvé ici un homme comme il nous le faut à tous deux. Ce nous est une douce rente que ce Monsieur Jourdain, avec les visions de noblesse et de galanterie qu'il est allé se mettre en tête; et votre danse et ma musique auraient à souhaiter que tout le monde lui ressemblât.

LE MAITRE A DANSER
Non pas entièrement; et je voudrais, pour lui, qu'il se connût mieux qu'il ne fait aux choses que nous lui donnons.

LE MAITRE DE MUSIQUE
Il est vrai qu'il les connaît mal, mais il les paye bien; et c'est de quoi maintenant nos arts ont plus besoin que de toute autre chose.

LE MAITRE A DANSER
Pour moi, je vous l'avoue, je me repais un peu de gloire. Les applaudissements me touchent; et je tiens que, dans tous les beaux arts, c'est un supplice assez fâcheux que de se produire à des sots,

que d'essuyer, sur des compositions, la barbarie d'un stupide. Il y a plaisir, ne m'en parlez point [1], à travailler pour des personnes qui soient capables de sentir les délicatesses d'un art; qui sachent faire un doux accueil aux beautés d'un ouvrage, et, par de chatouillantes [2] approbations, vous régaler [3] de votre travail. Oui, la récompense la plus agréable qu'on puisse recevoir des choses que l'on fait, c'est de les voir connues, de les voir caressées d'un applaudissement qui vous honore. Il n'y a rien, à mon avis, qui nous paye mieux que cela de toutes nos fatigues; et ce sont des douceurs exquises que des louanges éclairées.

LE MAITRE DE MUSIQUE

J'en demeure d'accord, et je les goûte comme vous. Il n'y a rien assurément qui chatouille davantage que les applaudissements que vous dites; mais cet encens ne fait pas vivre. Des louanges toutes pures ne mettent pas un homme à son aise : il y faut mêler du solide; et la meilleure façon de louer, c'est de louer avec les mains [4]. C'est un homme, à la vérité, dont les lumières sont petites, qui parle à tort et à travers de toutes choses, et n'applaudit qu'à contre-sens; mais son argent redresse les jugements de son esprit; il a du discernement dans sa bourse; ses louanges sont monnayées; et ce bourgeois ignorant nous vaut mieux, comme vous voyez, que le grand seigneur éclairé [5] qui nous a introduits ici.

LE MAITRE A DANSER

Il y a quelque chose de vrai dans ce que vous dites; mais je trouve que vous appuyez un peu trop sur l'argent; et l'intérêt est quelque chose de si bas qu'il ne faut jamais qu'un honnête homme montre pour lui de l'attachement.

LE MAITRE DE MUSIQUE

Vous recevez fort bien pourtant l'argent que notre homme vous donne.

---

[1] *Ne m'en parlez point* est pris probablement dans le sens où nous disons maintenant : « A la bonne heure, parlez-moi de cela. » — Était-ce, de la part de Molière, un remerciement détourné au public de la cour qui l'accueillait si bien, que cette peinture du plaisir qu'éprouve l'artiste à être compris et apprécié?

[2] *Chatouiller* est très souvent employé au XVIIe siècle, même dans le style noble, au sens figuré de flatter, de produire une sensation morale agréable.
[3] Récompenser.
[4] C'est-à-dire en les ouvrant libéralement pour payer l'artiste de sa peine.
[5] Dorante.

LE MAITRE A DANSER

Assurément ; mais je n'en fais pas tout mon bonheur, et je voudrais qu'avec son bien il eût encore quelque bon goût des choses.

LE MAITRE DE MUSIQUE

Je le voudrais aussi, et c'est à quoi nous travaillons tous deux autant que nous pouvons. Mais, en tout cas, il nous donne moyen de nous faire connaître dans le monde, et il payera pour les autres ce que les autres loueront pour lui.

LE MAITRE A DANSER

Le voilà qui vient.

Scène II

MONSIEUR JOURDAIN (en robe de chambre et en bonnet de nuit) **LE MAITRE DE MUSIQUE, LE MAITRE A DANSER, L'ÉLÈVE** du maître de musique, **MUSICIENS, DANSEURS, DEUX LAQUAIS.**

MONSIEUR JOURDAIN

Hé bien, Messieurs ! Qu'est-ce ? Me ferez-vous voir votre petite drôlerie [1] ?

LE MAITRE A DANSER

Comment ? Quelle petite drôlerie ?

MONSIEUR JOURDAIN

Eh ! la... Comment appelez-vous cela ? Votre prologue ou dialogue de chansons et de danse.

LE MAITRE A DANSER

Ah ! ah !

LE MAITRE DE MUSIQUE

Vous nous y voyez préparés.

MONSIEUR JOURDAIN

Je vous ai fait un peu attendre ; c'est que je me fais habiller

---

[1] Cruelle blessure pour un amour-propre d'artiste que d'entendre son œuvre, ne fût-ce qu'un divertissement, traité de petite drôlerie ! C'est, de la part de M. Jourdain, un trait de cette balourdise dont se plaignaient tout à l'heure le maître de musique et le maître à danser. M. Jourdain veut dire : votre petit divertissement, votre petite affaire.

Un peu plus loin, nouvelle preuve d'ignorance, il ne sait pas la différence entre prologue (discours préliminaire) et dialogue (discours à deux, entretien).

aujourd'hui comme les gens de qualité [1] ; et mon tailleur m'a envoyé des bas de soie, que j'ai pensé ne mettre jamais.

LE MAITRE DE MUSIQUE

Nous ne sommes ici que pour attendre votre loisir.

MONSIEUR JOURDAIN

Je vous prie tous deux de ne vous point en aller qu'on ne m'ait apporté mon habit, afin que vous me puissiez voir.

LE MAITRE A DANSER

Tout ce qu'il vous plaira.

MONSIEUR JOURDAIN

Vous me verrez équipé comme il faut, depuis les pieds jusqu'à la tête.

LE MAITRE DE MUSIQUE

Nous n'en doutons.

MONSIEUR JOURDAIN

Je me suis fait faire cette indienne-ci [2].

LE MAITRE A DANSER

Elle est fort belle.

MONSIEUR JOURDAIN

Mon tailleur m'a dit que les gens de qualité étaient comme cela le matin.

LE MAITRE DE MUSIQUE

Cela vous sied à merveille.

MONSIEUR JOURDAIN

Laquais ! holà, mes deux laquais !

PREMIER LAQUAIS

Que voulez-vous, Monsieur ?

MONSIEUR JOURDAIN

Rien. C'est pour voir si vous m'entendez bien. (Au maitre de musique et au maitre à danser.) Que dites-vous de mes livrées ?

---

[1] M. Jourdain quitte l'habit noir, qui était la tenue bourgeoise, pour l'habit de couleur, que portaient les gentilshommes.

[2] M. Jourdain est en robe de chambre et en bonnet de nuit lorsqu'il entre en scène. C'est de sa robe de chambre qu'il parle ici.

L'indienne, étoffe de coton imprimée venant de l'Inde, était alors un grand luxe. Elle s'est ensuite dépréciée par les imitations qu'on en a faites dans nos pays. Les bas de soie étaient aussi un article de luxe fort coûteux.

LE MAITRE A DANSER

Elles sont magnifiques.

MONSIEUR JOURDAIN, entr'ouvrant sa robe, et faisant voir son haut-de-chausses étroit de velours rouge, et sa camisole de velours vert.

Voici encore un petit déshabillé pour faire, le matin, mes exercices.

LE MAITRE DE MUSIQUE

Il est galant.

MONSIEUR JOURDAIN

Laquais !

PREMIER LAQUAIS

Monsieur ?

MONSIEUR JOURDAIN

L'autre laquais !

SECOND LAQUAIS

Monsieur ?

MONSIEUR JOURDAIN, ôtant sa robe de chambre

Tenez ma robe. (Au maître de musique et au maître à danser.) Me trouvez-vous bien comme cela ?

LE MAITRE A DANSER

Fort bien. On ne peut pas mieux.

MONSIEUR JOURDAIN

Voyons un peu votre affaire.

LE MAITRE DE MUSIQUE

Je voudrais bien auparavant vous faire entendre un air (montrant son élève) qu'il vient de composer pour la sérénade que vous m'avez demandée. C'est un de mes écoliers[1] qui a, pour ces sortes de choses, un talent admirable.

MONSIEUR JOURDAIN

Oui, mais il ne fallait pas faire faire cela par un écolier ; et vous n'étiez pas trop bon vous-même pour cette besogne-là.

LE MAITRE DE MUSIQUE

Il ne faut pas, Monsieur, que le nom d'écolier vous abuse. Ces

---

[1] *Écolier* est pris ici dans le sens d'élève ; M. Jourdain le prend, lui, dans le sens de garçon qui va à l'école, de commençant ; de là son observation.

sortes d'écoliers en savent autant que les plus grands maîtres ; et l'air est aussi beau qu'il s'en puisse faire. Écoutez seulement.

MONSIEUR JOURDAIN, à ses laquais

Donnez-moi ma robe pour mieux entendre... Attendez, je crois que je serai mieux sans robe. Non, redonnez-la-moi ; cela ira mieux.

LE MUSICIEN, chantant

    Je languis nuit et jour, et mon mal est extrême
    Depuis qu'à vos rigueurs vos beaux yeux m'ont soumis:
    Si vous traitez ainsi, belle Iris, qui vous aime,
    Hélas ! que pourriez-vous faire à vos ennemis?

MONSIEUR JOURDAIN

Cette chanson me semble un peu lugubre [1] ; elle endort, et je voudrais que vous la puissiez un peu ragaillardir par-ci, par-là.

LE MAITRE DE MUSIQUE

Il faut, Monsieur, que l'air soit accommodé aux paroles.

MONSIEUR JOURDAIN

On m'en apprit un tout à fait joli, il y a quelque temps. Attendez... La... Comment est-ce qu'il dit?

LE MAITRE A DANSER

Par ma foi, je ne sais.

MONSIEUR JOURDAIN

Il y a du mouton dedans.

LE MAITRE A DANSER

Du mouton ?

MONSIEUR JOURDAIN

Oui, ah ! (Il chante.)

    Je croyais Janneton
    Aussi douce que belle ;
    Je croyais Janneton
    Plus douce qu'un mouton.
      Hélas ! Hélas !
    Elle est cent fois
    Mille fois plus cruelle
    Que n'est le tigre aux bois.

N'est-il pas joli?

---

[1] L'air sur lequel étaient chantées ces paroles est, en effet, assez languissant, d'autant plus qu'il est allongé par la répétition des deux derniers vers.

MOLIÈRE

LE MAITRE DE MUSIQUE

Le plus joli du monde.

LE MAITRE A DANSER

Et vous le chantez bien.

MONSIEUR JOURDAIN

C'est sans avoir appris la musique.

LE MAITRE DE MUSIQUE

Vous devriez l'apprendre, Monsieur, comme vous faites la danse. Ce sont deux arts qui ont une étroite liaison ensemble.

LE MAITRE A DANSER

Et qui ouvrent l'esprit d'un homme aux belles choses.

MONSIEUR JOURDAIN

Est-ce que les gens de qualité apprennent aussi la musique?

LE MAITRE DE MUSIQUE

Oui, Monsieur.

MONSIEUR JOURDAIN

Je l'apprendrai donc. Mais je ne sais quel temps je pourrai prendre ; car, outre le Maître d'armes qui me montre, j'ai arrêté [1] encore un Maître de philosophie qui doit commencer ce matin.

LE MAITRE DE MUSIQUE

La philosophie est quelque chose ; mais la musique, Monsieur, la musique...

LE MAITRE A DANSER

La musique et la danse... La musique et la danse, c'est là tout ce qu'il faut.

LE MAITRE DE MUSIQUE

Il n'y a rien qui soit si utile dans un État que la musique.

LE MAITRE A DANSER

Il n'y a rien qui soit si nécessaire aux hommes que la danse [2].

LE MAITRE DE MUSIQUE

Sans la musique, un État ne peut subsister.

---

[1] M. Jourdain *arrête* un maître de philosophie comme on arrête un domestique. Cela est bien d'un enrichi qui veut être homme de qualité.

[2] Chacun prêche pour son saint, c'est dans la nature... et ici d'autant plus comique, que la disproportion entre l'utilité réelle des deux arts et les prétentions de ceux qui les exercent sont plus démesurées.

LE BOURGEOIS GENTILHOMME

LE MAITRE A DANSER

Sans la danse, un homme ne saurait rien faire.

LE MAITRE DE MUSIQUE

Tous les désordres, toutes les guerres qu'on voit dans le monde, n'arrivent que pour n'apprendre pas la musique.

LE MAITRE A DANSER

Tous les malheurs des hommes, tous les revers funestes dont les histoires sont remplies, les bévues des politiques et les manquements des grands capitaines, tout cela n'est venu que faute de savoir danser.

MONSIEUR JOURDAIN

Comment cela ?

LE MAITRE DE MUSIQUE

La guerre ne vient-elle pas d'un manque d'union entre les hommes ?

MONSIEUR JOURDAIN

Cela est vrai.

LE MAITRE DE MUSIQUE

Et si tous les hommes apprenaient la musique, ne serait-ce pas le moyen de s'accorder [1] ensemble et de voir dans le monde la paix universelle ?

MONSIEUR JOURDAIN

Vous avez raison.

LE MAITRE A DANSER

Lorsqu'un homme a commis un manquement dans sa conduite, soit aux affaires de sa famille, ou au gouvernement d'un État, ou au commandement d'une armée, ne dit-on pas toujours : « Un tel a fait un mauvais pas dans une telle affaire ? »

MONSIEUR JOURDAIN

Oui, on dit cela.

LE MAITRE A DANSER

Et faire un mauvais pas, peut-il procéder d'autre chose que de ne savoir pas danser ?

---

[1] Le calembour, qui sert si bien les prétentions du maître de musique pour son art, est impayable, ainsi que celui du maître à danser, tous deux confondant le sens littéral et le sens figuré de *s'accorder*, et de *faire un mauvais pas*.
On dirait plutôt aujourd'hui : faire un faux pas.

MONSIEUR JOURDAIN
Cela est vrai, vous avez raison tous deux.
LE MAITRE A DANSER
C'est pour vous faire voir l'excellence et l'utilité de la danse et de la musique.
MONSIEUR JOURDAIN
Je comprends cela à cette heure.
LE MAITRE DE MUSIQUE
Voulez-vous voir nos deux affaires?
MONSIEUR JOURDAIN
Oui.
LE MAITRE DE MUSIQUE
Je vous l'ai déjà dit, c'est un petit essai que j'ai fait autrefois des diverses passions que peut exprimer la musique.
MONSIEUR JOURDAIN
Fort bien.
LE MAITRE DE MUSIQUE, aux musiciens
Allons, avancez. (A M. Jourdain.) Il faut vous figurer qu'ils sont habillés en bergers [1].
MONSIEUR JOURDAIN
Pourquoi toujours des bergers? On ne voit que cela partout.
LE MAITRE A DANSER
Lorsqu'on a des personnes à faire parler en musique, il faut bien que, pour la vraisemblance, on donne dans la bergerie. Le chant a été de tout temps affecté aux bergers; et il n'est guère naturel, en dialogue, que des princes ou des bourgeois chantent leurs passions.
MONSIEUR JOURDAIN
Passe, passe [2].

Une musicienne et deux musiciens chantent le dialogue en musique, et ensuite des danseurs exécutent un intermède.

---

[1] La vogue était toute aux bergers, depuis le succès du *Pastor fido* de Guarini, en Italie, et de l'*Astrée* d'Honoré d'Urfé, en France, dont tous les personnages mènent une vie pastorale, très factice, il est vrai, et calquée sur les mœurs élégantes du temps. Le *Berger extravagant*, de Sorel, fut écrit pour ridiculiser cet engouement auquel Molière décoche, en passant, un trait de satire.

[2] Soit, soit, je l'accorde.

ACTE DEUXIÈME

Scène I

MONSIEUR JOURDAIN, LE MAITRE DE MUSIQUE, LE MAITRE A DANSER, LAQUAIS

MONSIEUR JOURDAIN

Voilà qui n'est point sot, et ces gens-là se trémoussent bien.

LE MAITRE DE MUSIQUE

Lorsque la danse sera mêlée avec la musique, cela fera plus d'effet encore ; et vous verrez quelque chose de galant dans le petit ballet que nous avons ajusté pour vous.

MONSIEUR JOURDAIN

C'est pour tantôt, au moins ; et la personne pour qui j'ai fait faire tout cela, me doit faire l'honneur de venir dîner céans.

LE MAITRE A DANSER

Tout est prêt.

LE MAITRE DE MUSIQUE

Au reste, Monsieur, ce n'est pas assez ; il faut qu'une personne comme vous, qui êtes magnifique, et qui avez de l'inclination pour les belles choses, ait un concert de musique chez soi tous les mercredis ou tous les jeudis [1].

MONSIEUR JOURDAIN

Est-ce que les gens de qualité en ont ?

LE MAITRE DE MUSIQUE

Oui, Monsieur.

MONSIEUR JOURDAIN

J'en aurai donc. Cela sera-t-il beau ?

LE MAITRE DE MUSIQUE

Sans doute. Il vous faudra trois voix, un dessus, une haute-contre

---

[1] La musique était en grand honneur à la cour de France ; le Roi avait sa musique de chambre et sa musique de chapelle ; Monsieur et Mlle de Montpensier avaient aussi la leur, qui jouait pendant les repas, au lever ou au coucher, les jours de fête, et qui donnait des concerts. De nombreux concerts avaient lieu également chez les particuliers (D'après Castil-Blaze, *Molière musicien*).

et une basse[1], qui seront accompagnés d'une basse de viole, d'un théorbe et d'un clavecin[2] pour les basses continues,[3] avec deux dessus de violon pour jouer les ritournelles.

MONSIEUR JOURDAIN

Il y faudra mettre aussi une trompette marine[4]. La trompette marine est un instrument qui me plaît, et qui est harmonieux.

LE MAITRE DE MUSIQUE

Laissez-nous gouverner les choses.

MONSIEUR JOURDAIN

Au moins, n'oubliez pas tantôt de m'envoyer des musiciens pour chanter à table.

LE MAITRE DE MUSIQUE

Vous aurez tout ce qu'il vous faut.

MONSIEUR JOURDAIN

Mais surtout, que le ballet soit beau.

LE MAITRE DE MUSIQUE

Vous en serez content, et, entre autres choses, de certains menuets que vous y verrez.

MONSIEUR JOURDAIN

Ah! les menuets sont ma danse[5], et je veux que vous me les voyiez danser. Allons, mon maître.

LE MAITRE A DANSER

Un chapeau, Monsieur, s'il vous plaît[6]. (M. Jourdain va prendre le chapeau de son laquais, et le met par-dessus son bonnet de nuit. Son maître lui prend les mains et le fait danser, sur un air de menuet qu'il chante.) La, la, la, la, la, la;

---

[1] *Dessus*, ténor en soprano; *haute-contre*, voix plus élevée, mais moins forte que le ténor.

[2] *Basse de viole*, instrument à cordes, dont les sons étaient un peu sourds, et qui ressemblait à notre violoncelle. *Théorbe*, sorte de grande guitare à dos bombé.

[3] *La basse continue* est, dit Furetière, l'harmonie que font des théorbes ou des basses de viole qui jouent *continuellement*, tandis que les voix chantent... Des chiffres, posés sur cette basse continue, indiquaient aux accompagnateurs les accords qu'ils devaient plaquer ou arpéger sous le chant. Les parties de violon servaient seulement pour les ritournelles.

[4] Instrument à une seule corde, d'une construction grossière, qui imitait le son de la trompette, mais qui était tout le contraire d'harmonieux. Décidément, le pauvre M. Jourdain n'est pas grand connaisseur en musique.

[5] Assurément, M. Jourdain! Le menuet est une danse noble.
Le menuet était ainsi appelé des pas menus qu'on y faisait.

[6] Le chapeau était nécessaire pour les révérences qui se faisaient au commencement et à la fin du menuet. On le gardait sur sa tête pendant la danse. Il était alors d'usage de le porter à l'église, à table, en visite, etc.

la, la, la, la, la, la, la; la, la, la, la, la, la; la, la, la, la, la. En cadence, s'il vous plaît. La, la, la, la, la. La jambe droite, la, la, la. Ne remuez point tant les épaules. La, la, la, la, la; la, la, la, la, la. Vos deux bras sont estropiés. La, la, la, la, la. Haussez la tête. Tournez la pointe du pied en dehors. La, la, la. Dressez votre corps.

MONSIEUR JOURDAIN

Euh?

LE MAITRE DE MUSIQUE

Voilà qui est le mieux du monde.

MONSIEUR JOURDAIN

A propos! apprenez-moi comme il faut faire une révérence pour saluer une marquise; j'en aurai besoin tantôt.

LE MAITRE A DANSER

Une révérence pour saluer une marquise?

MONSIEUR JOURDAIN

Oui. Une marquise qui s'appelle Dorimène.

LE MAITRE A DANSER

Donnez-moi la main.

MONSIEUR JOURDAIN

Non. Vous n'avez qu'à faire : je le retiendrai bien.

LE MAITRE A DANSER

Si vous voulez la saluer avec beaucoup de respect, il faut faire d'abord une révérence en arrière, puis marcher vers elle avec trois révérences en avant, et à la dernière vous baisser jusqu'à ses genoux.

MONSIEUR JOURDAIN

Faites un peu. (Après que le maître à danser a fait trois révérences.) Bon.

Scène II

MONSIEUR JOURDAIN, LE MAITRE DE MUSIQUE, LE MAITRE A DANSER, UN LAQUAIS

LE LAQUAIS

Monsieur, voilà votre maître d'armes qui est là.

MONSIEUR JOURDAIN

Dis-lui qu'il entre ici pour me donner leçon. (Au maître de musique et au maître à danser.) Je veux que vous me voyiez faire.

Scène III

MONSIEUR JOURDAIN, UN MAITRE D'ARMES, LE MAITRE DE MUSIQUE, LE MAITRE A DANSER, UN LAQUAIS, tenant deux fleurets.

LE MAITRE D'ARMES, après avoir pris les deux fleurets de la main du laquais, et en avoir présenté un à M. Jourdain

Allons, Monsieur, la révérence. Votre corps droit. Un peu penché sur la cuisse gauche. Les jambes point tant écartées. Vos pieds sur une même ligne. Votre poignet à l'opposite de votre hanche[1]. La pointe de votre épée vis-à-vis de votre épaule. Le bras pas tout à fait si étendu. La main gauche à la hauteur de l'œil. L'épaule gauche plus quartée[2]. La tête droite. Le regard assuré. Avancez. Le corps ferme. Touchez-moi l'épée de quarte, et achevez de même. Une, deux. Remettez-vous. Redoublez de pied ferme. Un saut en arrière. Quand vous portez la botte[3], Monsieur, il faut que l'épée parte la première, et que le corps soit bien effacé[4]. Une, deux. Allons, touchez-moi l'épée de tierce[5], et achevez de même. Avancez. Le corps ferme. Avancez. Partez de là. Une, deux. Remet-vous. Redoublez. Un saut en arrière. En garde, Monsieur, en garde.

(Le maître d'armes lui pousse deux ou trois bottes, en lui disant : en garde.)

MONSIEUR JOURDAIN

Euh?

LE MAITRE DE MUSIQUE

Vous faites des merveilles.

LE MAITRE D'ARMES

Je vous l'ai déjà dit, tout le secret des armes ne consiste qu'en deux choses, à donner, et à ne point recevoir ; et, comme je vous fis voir l'autre jour par raison démonstrative, il est impossible que vous receviez, si vous savez détourner l'épée de votre ennemi de la ligne de votre corps ; ce qui ne dépend seulement que d'un petit mouvement du poignet, ou en dedans, ou en dehors[6].

---

[1] Sur la même ligne que votre hanche.
[2] En terme d'escrime, mouvement d'épaule qui correspond au coup d'épée appelé quarte (quatrième position ou garde), lequel consiste à porter ce coup en tenant le poignet en dehors.
[3] *Botte*, coup d'épée contre l'adversaire.
[4] C'est-à-dire allonger le bras avant de porter la jambe en avant, et placer le corps en travers et non de face.
[5] Position du poignet tourné en dedans.
[6] C'est simple comme bonjour si simple qu'il ne vaut pas la peine de le dire. La difficulté, c'est de l'exécuter.

MONSIEUR JOURDAIN

De cette façon donc, un homme, sans avoir du cœur[1], est sûr de tuer son homme et de n'être point tué ?

LE MAITRE D'ARMES

Sans doute. N'en vîtes-vous pas la démonstration ?

MONSIEUR JOURDAIN

Oui.

LE MAITRE D'ARMES

Et c'est en quoi l'on voit de quelle considération nous autres nous devons être dans un État ; et combien la science des armes l'emporte hautement sur toutes les autres sciences inutiles, comme la danse, la musique[2], la...

LE MAITRE A DANSER

Tout beau, Monsieur le tireur d'armes ; ne parlez de la danse qu'avec respect.

LE MAITRE DE MUSIQUE

Apprenez, je vous prie, à mieux traiter l'excellence de la musique.

LE MAITRE D'ARMES

Vous êtes de plaisantes gens, de vouloir comparer vos sciences à la mienne.

LE MAITRE DE MUSIQUE

Voyez un peu l'homme d'importance !

LE MAITRE A DANSER

Voilà un plaisant animal, avec son plastron[3] !

LE MAITRE D'ARMES

Mon petit maître à danser, je vous ferai danser comme il faut. Et vous, mon petit musicien, je vous ferai chanter de la belle manière.

LE MAITRE A DANSER

Monsieur le batteur de fer, je vous apprendrai votre métier.

[MONSIEUR JOURDAIN, au maître à danser

Êtes-vous fou de l'aller quereller, lui qui entend la tierce et la quarte, et qui sait tuer un homme par raison démonstrative[4] ?

---

[1] *Cœur*, courage. La belle recette pour les gens qui n'en ont point.

[2] Les prétentions du maître d'armes sont plus agressives que celles de ses confrères : cela tient sans doute au métier.

[3] Ce qui protège la poitrine quand on fait des armes.

[4] Allusion à la *démonstration*, faite un peu plus haut, par le maître d'armes, sur l'art de s'empêcher d'être tué.

LE MAITRE A DANSER

Je me moque de sa raison démonstrative, et de sa tierce et de sa quarte.

MONSIEUR JOURDAIN, au maître à danser

Tout doux, vous dis-je.

LE MAITRE D'ARMES, au maître à danser

Comment ? petit impertinent !

MONSIEUR JOURDAIN

Eh ! mon Maître d'armes !

LE MAITRE A DANSER, au maître d'armes

Comment ? grand cheval de carrosse !

MONSIEUR JOURDAIN

Eh ! mon Maître à danser !

LE MAITRE D'ARMES

Si je me jette sur vous...

MONSIEUR JOURDAIN, au maître d'armes

Doucement !

LE MAITRE A DANSER

Si je mets sur vous la main...

MONSIEUR JOURDAIN, au maître à danser

Tout beau !

LE MAITRE D'ARMES

Je vous étrillerai d'un air...

MONSIEUR JOURDAIN, au maître d'armes

De grâce !

LE MAITRE A DANSER

Je vous rosserai d'une manière...

MONSIEUR JOURDAIN, au maître à danser

Je vous prie...

LE MAITRE DE MUSIQUE

Laissez-nous un peu lui apprendre à parler.

MONSIEUR JOURDAIN, au maître de musique

Mon Dieu ! arrêtez-vous !

Scène IV

UN MAITRE DE PHILOSOPHIE, MONSIEUR JOURDAIN, LE MAITRE DE MUSIQUE, LE MAITRE A DANSER, LE MAITRE D'ARMES, LAQUAIS

MONSIEUR JOURDAIN

Holà! Monsieur le philosophe, vous arrivez tout à propos avec votre philosophie. Venez un peu mettre la paix entre ces personnes-ci...

LE MAITRE DE PHILOSOPHIE

Qu'est-ce donc? Qu'y a-t-il, Messieurs?

MONSIEUR JOURDAIN

Ils se sont mis en colère pour la préférence de leurs professions, jusqu'à se dire des injures, et en vouloir venir aux mains.

LE MAITRE DE PHILOSOPHIE

Hé quoi? Messieurs, faut-il s'emporter de la sorte? et n'avez-vous point lu le docte traité que Sénèque[1] a composé de la colère? Y a-t-il rien de plus bas et de plus honteux que cette passion, qui fait d'un homme une bête féroce? et la raison ne doit-elle pas être maîtresse de tous nos mouvements?

LE MAITRE A DANSER

Comment, Monsieur, il vient nous dire des injures à tous deux, en méprisant la danse que j'exerce, et la musique dont il fait profession?

LE MAITRE DE PHILOSOPHIE

Un homme sage est au-dessus de toutes les injures qu'on lui peut dire; et la grande réponse qu'on doit faire aux outrages, c'est la modération et la patience.

LE MAITRE D'ARMES

Ils ont tous deux l'audace de vouloir comparer leurs professions à la mienne!

LE MAITRE DE PHILOSOPHIE

Faut-il que cela vous émeuve? Ce n'est pas de vaine gloire et de

---

[1] Célèbre philosophe latin, précepteur de l'empereur Néron, qui a, en effet, écrit un *Traité de la Colère*.

Le malheur, c'est que c'est un vice qui ne se guérit pas par de beaux discours.

condition[1] que les hommes doivent disputer entre eux ; et ce qui nous distingue parfaitement les uns des autres, c'est la sagesse et la vertu[2].

LE MAITRE A DANSER

Je lui soutiens que la danse est une science à laquelle on ne peut faire assez d'honneur.

LE MAITRE DE MUSIQUE

Et moi, que la musique en est une que tous les siècles ont révérée.

LE MAITRE D'ARMES

Et moi, je leur soutiens à tous deux que la science de tirer des armes est la plus belle et la plus nécessaire de toutes les sciences.

LE MAITRE DE PHILOSOPHIE

Et que sera donc la philosophie[3] ? Je vous trouve tous trois bien impertinents de parler devant moi avec cette arrogance, et de donner impudemment le nom de science à des choses que l'on ne doit pas même honorer du nom d'art, et qui ne peuvent être comprises que sous le nom de métier[4] misérable de gladiateur, de chanteur et de baladin.

LE MAITRE D'ARMES

Allez, philosophe de chien.

LE MAITRE DE MUSIQUE

Allez, bélître[5] de pédant.

LE MAITRE A DANSER

Allez, cuistre fieffé[6].

LE MAITRE DE PHILOSOPHIE

Comment ! marauds que vous êtes... (Le philosophe se jette sur eux, et tous trois le chargent de coups.)

MONSIEUR JOURDAIN

Monsieur le Philosophe !

---

[1] Du rang qu'on occupe dans le monde, ou dans sa profession.

[2] Les beaux principes ! Si seulement celui qui les professe les observait !

[3] Voilà le soi-disant pacificateur qui entre en lice. Comme l'effet comique de son emportement a été bien préparé par la sagesse et la modération dont il a fait montre.

[4] *Science, art, métier;* la gradation est parfaite. La *science* repose sur des principes ; l'*art* s'exerce par des procédés pratiques ; le *métier* ne demande qu'une certaine habileté de main, tandis que, dans l'exercice des arts, il entre de l'imagination, de l'esprit, de la pensée, etc.

[5] D'un mot allemand, qui veut dire mendiant. *Bélître* est devenu synonyme d'homme de rien.

[6] *Cuistre*, valet de collège, pédant. — *Fieffé*, qui possède une chose, en général un défaut, comme en fief.

LE MAITRE DE PHILOSOPHIE

Infâmes ! coquins ! insolents !

MONSIEUR JOURDAIN

Monsieur le Philosophe !

LE MAITRE D'ARMES

La peste, l'animal[1] !

MONSIEUR JOURDAIN

Messieurs !

LE MAITRE DE PHILOSOPHIE

Impudents !

MONSIEUR JOURDAIN

Monsieur le Philosophe !

LE MAITRE A DANSER

Diantre soit de l'âne bâté !

MONSIEUR JOURDAIN

Messieurs !

LE MAITRE DE PHILOSOPHIE

Scélérats !

MONSIEUR JOURDAIN

Monsieur le Philosophe !

LE MAITRE DE MUSIQUE

Au diable l'impertinent !

MONSIEUR JOURDAIN

Messieurs !

LE MAITRE DE PHILOSOPHIE

Fripons ! gueux ! traîtres ! imposteurs !

MONSIEUR JOURDAIN

Monsieur le Philosophe ! Messieurs ! Monsieur le Philosophe ! Messieurs ! Monsieur le Philosophe !

(Ils sortent en se battant.)

Scène V

MONSIEUR JOURDAIN

Oh ! battez-vous tant qu'il vous plaira : je n'y saurais que faire, et je n'irai pas gâter ma robe pour vous séparer. Je serais bien fou de m'aller fourrer parmi eux, pour recevoir quelque coup qui me ferait mal[2].

---

[1] La peste *soit de* l'animal.   [2] La bravoure n'est point vertu bourgeoise.

Scène VI

LE MAITRE DE PHILOSOPHIE, MONSIEUR JOURDAIN, UN LAQUAIS

LE MAITRE DE PHILOSOPHIE, *raccommodant son collet*

Venons à notre leçon.

MONSIEUR JOURDAIN

Ah ! Monsieur, je suis fâché des coups qu'ils vous ont donnés !

LE MAITRE DE PHILOSOPHIE

Cela n'est rien. Un philosophe sait recevoir comme il faut les choses ; et je vais composer contre eux une satire du style de Juvénal [1], qui les déchirera de la belle façon. Laissons cela. Que voulez-vous apprendre ?

MONSIEUR JOURDAIN

Tout ce que je pourrai ; car j'ai toutes les envies du monde d'être savant, et j'enrage que mon père et ma mère ne m'aient pas fait bien étudier dans toutes les sciences, quand j'étais jeune.

LE MAITRE DE PHILOSOPHIE

Ce sentiment est raisonnable ; *Nam, sine doctrinâ, vita est quasi mortis imago.* Vous entendez cela, et vous savez le latin, sans doute.

MONSIEUR JOURDAIN

Oui, mais faites comme si je ne le savais pas. Expliquez-moi ce que cela veut dire.

LE MAITRE DE PHILOSOPHIE

Cela veut dire que : *Sans la science, la vie est presque une image de la mort.*

MONSIEUR JOURDAIN

Ce latin-là a raison.

LE MAITRE DE PHILOSOPHIE

N'avez-vous point quelques principes, quelques commencements des sciences ?

MONSIEUR JOURDAIN

Oh ! oui. Je sais lire et écrire.

---

[1] *Juvénal*, satirique latin de la fin du 1ᵉʳ siècle de l'ère chrétienne, très âpre dans ses attaques contre le vice qu'il invective violemment.

LE MAITRE DE PHILOSOPHIE

Par où vous plaît-il que nous commencions ? voulez-vous que je vous apprenne la logique ?

MONSIEUR JOURDAIN

Qu'est-ce que c'est que cette logique ?

LE MAITRE DE PHILOSOPHIE

C'est elle qui enseigne les trois opérations de l'esprit.

MONSIEUR JOURDAIN

Qui sont-elles, ces trois opérations de l'esprit ?

LE MAITRE DE PHILOSOPHIE

La première, la seconde et la troisième. La première est de bien concevoir, par le moyen des universaux ; la seconde, de bien juger, par le moyen des catégories ; et la troisième, de bien tirer une conséquence, par le moyen des figures[1] : *Barbara, Celarent, Darii, Ferio, Baralipton*, etc.

MONSIEUR JOURDAIN

Voilà des mots qui sont trop rébarbatifs. Cette logique-là ne me revient point. Apprenons autre chose qui soit plus joli.

LE MAITRE DE PHILOSOPHIE

Voulez-vous apprendre la morale ?

MONSIEUR JOURDAIN

La morale ?

LE MAITRE DE PHILOSOPHIE

Oui.

MONSIEUR JOURDAIN

Qu'est-ce qu'elle dit, cette morale ?

LE MAITRE DE PHILOSOPHIE

Elle traite de la félicité, enseigne aux hommes à modérer leurs passions, et...

MONSIEUR JOURDAIN

Non, laissons cela. Je suis bilieux comme tous les diables, et il

---

[1] Termes de logique. Les *universaux* sont des termes généraux dans lesquels sont compris plusieurs espèces ou individus. Les *catégories* sont les dix classes dans lesquelles se répartissent tous les êtres. On appelle *figure*, en logique, la disposition des trois termes dont se composent les trois propositions d'un syllogisme (raisonnement en forme). Quant aux mots latins, ils n'ont ni sens, ni suite ; on les avait inventés comme aide-mémoire pour désigner les différents modes de syllogisme.

n'y a morale qui tienne, je me veux mettre en colère tout mon soûl, quand il m'en prend envie[1].

LE MAITRE DE PHILOSOPHIE

Est-ce la physique que vous voulez apprendre?

MONSIEUR JOURDAIN

Qu'est-ce qu'elle chante cette physique?

LE MAITRE DE PHILOSOPHIE

La physique est celle qui explique les principes des choses naturelles, et les propriétés du corps[2]; qui discourt de la nature des éléments, des métaux, des minéraux, des pierres, des plantes et des animaux, et nous enseigne les causes de tous les météores, l'arc-en-ciel, les feux volants[3], les comètes, les éclairs, le tonnerre, la foudre, la pluie, la neige, la grêle, les vents et les tourbillons.

MONSIEUR JOURDAIN

Il y a trop de tintamarre là-dedans, trop de brouillamini.

LE MAITRE DE PHILOSOPHIE

Que voulez-vous donc que je vous apprenne?

MONSIEUR JOURDAIN

Apprenez-moi l'orthographe[4].

LE MAITRE DE PHILOSOPHIE

Très volontiers.

MONSIEUR JOURDAIN

Après, vous m'apprendrez l'almanach, pour savoir quand il y a de la lune et quand il n'y en a point.

LE MAITRE DE PHILOSOPHIE

Soit. Pour bien suivre votre pensée, et traiter cette matière en philosophe, il faut commencer, selon l'ordre des choses, par une exacte connaissance de la nature des lettres, et de la différente manière de les prononcer toutes. Et là-dessus j'ai à vous dire que les lettres sont divisées en voyelles, ainsi dites voyelles, parce qu'elles expriment les voix; et en consonnes, ainsi appelées con-

---

[1] M. Jourdain trouve que la morale est une science gênante; il y en a d'autres qui pensent comme lui.
[2] Il semble qu'il faudrait: des corps.
[3] Feux-follets.

[4] Pas n'était besoin d'un maître de philosophie pour cela: mais celui-ci va faire pédantesquement la philosophie du langage, en commençant par examiner la nature des lettres de l'alphabet.

sonnes, parce qu'elles sonnent avec les voyelles, et ne font que marquer les diverses articulations des voix. Il y a cinq voyelles ou voix : A, E, I, O, U.

MONSIEUR JOURDAIN

J'entends tout cela.

LE MAITRE DE PHILOSOPHIE

La voix A se forme en ouvrant fort la bouche : A.

MONSIEUR JOURDAIN

A, A. Oui.

LE MAITRE DE PHILOSOPHIE

La voix E se forme en rapprochant la mâchoire d'en bas de celle d'en haut : A, E.

MONSIEUR JOURDAIN

A, E ; A, E. Ma foi, oui. Ah ! que cela est beau [1] !

LE MAITRE DE PHILOSOPHIE

Et la voix I, en rapprochant encore davantage les mâchoires l'une de l'autre, et écartant les deux coins de la bouche vers les oreilles : A, E, I.

MONSIEUR JOURDAIN

A, E, I, I, I, I. Cela est vrai. Vive la science !

LE MAITRE DE PHILOSOPHIE

La voix O se forme en rouvrant les mâchoires et rapprochant les lèvres par les deux coins, le haut et le bas : O.

MONSIEUR JOURDAIN

O, O. Il n'y a rien de plus juste : A, E, I, O, I, O. Cela est admirable ! I, O ; I, O.

LE MAITRE DE PHILOSOPHIE

L'ouverture de la bouche fait justement comme un petit rond qui représente un O.

MONSIEUR JOURDAIN

O, O, O. Vous avez raison. O. Ah ! la belle chose que de savoir quelque chose !

LE MAITRE DE PHILOSOPHIE

La voix U se forme en rapprochant les dents sans les joindre entièrement, et allongeant les deux lèvres en dehors, les approchant aussi l'une de l'autre, sans les joindre tout à fait : U.

---

[1] Beau voyage de découverte, en effet, pour un imbécile.

MONSIEUR JOURDAIN

U, U. Il n'y a rien de plus véritable : U.

LE MAITRE DE PHILOSOPHIE

Vos deux lèvres s'allongent comme si vous faisiez la moue : d'où vient que, si vous la voulez faire à quelqu'un, et vous moquer de lui, vous ne sauriez lui dire que U.

MONSIEUR JOURDAIN

U, U. Cela est vrai. Ah ! que n'ai-je étudié plus tôt, pour savoir tout cela !

LE MAITRE DE PHILOSOPHIE

Demain, nous verrons les autres lettres, qui sont les consonnes.

MONSIEUR JOURDAIN

Est-ce qu'il y a des choses aussi curieuses qu'à celles-ci ?

LE MAITRE DE PHILOSOPHIE

Sans doute. La consonne D, par exemple, se prononce en donnant du bout de la langue au-dessus des dents d'en haut : DA.

MONSIEUR JOURDAIN

DA, DA. Oui. Ah ! les belles choses ! les belles choses !

LE MAITRE DE PHILOSOPHIE

L'F, en appuyant les dents d'en haut sur la lèvre de dessous : FA.

MONSIEUR JOURDAIN

FA, FA. C'est la vérité. Ah ! mon père et ma mère, que je vous veux de mal !

LE MAITRE DE PHILOSOPHIE

Et l'R, en portant le bout de la langue jusqu'au haut du palais ; de sorte qu'étant frôlée par l'air qui sort avec force, elle lui cède, et revient toujours au même endroit, faisant une manière de tremblement : R, RA.

MONSIEUR JOURDAIN

R, R, RA ; R, R, R, R, R, RA. Cela est vrai. Ah! l'habile homme que vous êtes, et que j'ai perdu de temps ! R, R, R, RA.

LE MAITRE DE PHILOSOPHIE

Je vous expliquerai à fond toutes ces curiosités [1].

---

[1] Ce qui rend cette leçon si amusante c'est, d'une part, le pédantisme du maître qui, ayant tant de choses à apprendre à cet ignorant d'âge mûr, s'arrête à des minuties puériles, en y mettant tout l'appareil méthodique de la science, et, de l'autre, la joie niaise du Bourgeois, ravi de se trouver si intelligent. On pourrait lui appliquer le mot de Montaigne : « On peut continuer à tout temps l'étude, non pas l'écolage ; la sotte chose qu'un vieillard abécédaire ! »

MONSIEUR JOURDAIN

Je vous en prie. Au reste, il faut que je vous fasse une confidence. Je suis amoureux [1] d'une personne de grande qualité, et je souhaiterais que vous m'aidassiez à lui écrire quelque chose dans un petit billet que je veux laisser tomber à ses pieds.

LE MAITRE DE PHILOSOPHIE

Fort bien.

MONSIEUR JOURDAIN

Cela sera galant, oui.

LE MAITRE DE PHILOSOPHIE

Sans doute. Sont-ce des vers que vous lui voulez écrire !

MONSIEUR JOURDAIN

Non, non ; point de vers.

LE MAITRE DE PHILOSOPHIE

Vous ne voulez que de la prose ?

MONSIEUR JOURDAIN

Non, je ne veux ni prose ni vers.

LE MAITRE DE PHILOSOPHIE

Il faut bien que ce soit l'un, ou l'autre.

MONSIEUR JOURDAIN

Pourquoi ?

LE MAITRE DE PHILOSOPHIE

Par la raison, Monsieur, qu'il n'y a, pour s'exprimer, que la prose ou les vers ?

MONSIEUR JOURDAIN

Il n'y a que la prose ou les vers ?

LE MAITRE DE PHILOSOPHIE

Non [2], Monsieur. Tout ce qui n'est point prose est vers ; et tout ce qui n'est point vers est prose.

MONSIEUR JOURDAIN

Et comme l'on parle, qu'est-ce que c'est donc que cela ?

LE MAITRE DE PHILOSOPHIE

De la prose.

---

[1] M. Jourdain n'est pas amoureux du tout, mais il s'imagine l'être, parce que cela sied à un homme de qualité.

[2] Ce *non* répond à l'ellipse contenue dans la négation *ne... que*. Il n'y a pas *autre chose* que...

MONSIEUR JOURDAIN

Quoi ? quand je dis : « Nicole, apportez-moi mes pantoufles, et me donnez mon bonnet de nuit », c'est de la prose ?

LE MAITRE DE PHILOSOPHIE

Oui, Monsieur.

MONSIEUR JOURDAIN

Par ma foi, il y a plus de quarante ans que je dis de la prose, sans que j'en susse rien ; et je vous suis le plus obligé du monde de m'avoir appris cela. Je voudrais donc lui mettre dans un billet : *Belle Marquise, vos beaux yeux me font mourir d'amour ;* mais je voudrais que cela fût mis d'une manière galante ; que cela fût tourné gentiment.

LE MAITRE DE PHILOSOPHIE

Mettre que les feux de ses yeux réduisent votre cœur en cendres ; que vous souffrez nuit et jour pour elle les violences d'un [1]...

MONSIEUR JOURDAIN

Non, non, non ; je ne veux point tout cela. Je ne veux que ce que je vous ai dit : *Belle Marquise, vos beaux yeux me font mourir d'amour.*

LE MAITRE DE PHILOSOPHIE

Il faut bien étendre un peu la chose.

MONSIEUR JOURDAIN

Non, vous dis-je. Je ne veux que ces seules paroles-là dans le billet, mais tournées à la mode, bien arrangées comme il faut. Je vous prie de me dire un peu, pour voir, les diverses manières dont on les peut mettre.

LE MAITRE DE PHILOSOPHIE

On les peut mettre premièrement comme vous avez dit : *Belle Marquise, vos beaux yeux me font mourir d'amour.* Ou bien : *D'amour mourir me font, belle Marquise, vos beaux yeux.* Ou bien ; *Vos yeux beaux d'amour me font, belle Marquise, mourir.* Ou bien : *Mourir vos beaux yeux, belle Marquise, d'amour me font.* Ou bien : *Me font vos beaux yeux mourir, belle Marquise, d'amour.*

MONSIEUR JOURDAIN

Mais de toutes ces façons-là laquelle est la meilleure ?

---

[1] Molière profite de l'occasion pour railler le langage ridiculement exagéré de la galanterie.

LE MAITRE DE PHILOSOPHIE

Celle que vous avez dite : *Belle Marquise, vos beaux yeux me font mourir d'amour.*

MONSIEUR JOURDAIN

Cependant je n'ai point étudié, et j'ai fait cela tout du premier coup. Je vous remercie de tout mon cœur, et vous prie de venir demain de bonne heure.

LE MAITRE DE PHILOSOPHIE

Je n'y manquerai pas.

Scène VII

MONSIEUR JOURDAIN, UN LAQUAIS

MONSIEUR JOURDAIN, à son laquais

Comment ? mon habit n'est point encore arrivé ?

LE LAQUAIS

Non, Monsieur.

MONSIEUR JOURDAIN

Ce maudit tailleur me fait bien attendre pour un jour où j'ai tant d'affaires. J'enrage. Que la fièvre quartaine [1] puisse serrer bien fort le bourreau de tailleur ! Au diable le tailleur ! La peste étouffe le tailleur ! Si je le tenais maintenant, ce tailleur détestable, ce chien de tailleur-là, ce traître de tailleur, je...

Scène VIII

MONSIEUR JOURDAIN, UN MAITRE TAILLEUR ; UN GARÇON TAILLEUR, portant l'habit de M. Jourdain ; LAQUAIS

MONSIEUR JOURDAIN

Ah ! vous voilà ! Je m'allais mettre en colère contre vous.

LE MAITRE TAILLEUR

Je n'ai pas pu venir plus tôt, et j'ai mis vingt garçons après votre habit.

---

[1] La fièvre quarte, ou quartaine, est celle dont les accès reviennent tous les quatre jours.

MONSIEUR JOURDAIN

Vous m'avez envoyé des bas de soie si étroits que j'ai eu toutes les peines du monde à les mettre; et il y a déjà deux mailles de rompues.

LE MAITRE TAILLEUR

Ils ne s'élargiront que trop.

MONSIEUR JOURDAIN

Oui, si je romps toujours des mailles. Vous m'avez aussi fait faire des souliers qui me blessent furieusement.

LE MAITRE TAILLEUR

Point du tout, Monsieur.

MONSIEUR JOURDAIN

Comment, point du tout?

LE MAITRE TAILLEUR

Non, ils ne vous blessent point.

MONSIEUR JOURDAIN

Je vous dis qu'ils me blessent, moi.

LE MAITRE TAILLEUR

Vous vous imaginez cela.

MONSIEUR JOURDAIN

Je me l'imagine parce que je le sens; voyez la belle raison !

LE MAITRE TAILLEUR

Tenez, voilà le plus bel habit de la cour, et le mieux assorti. C'est un chef-d'œuvre que d'avoir inventé un habit sérieux qui ne fût pas noir [1]; et je le donne en six coups [2] aux tailleurs les plus éclairés.

MONSIEUR JOURDAIN

Qu'est-ce que c'est que ceci? Vous avez mis les fleurs en enbas [3]?

LE MAITRE TAILLEUR

Vous ne m'aviez pas dit que vous les vouliez enhaut.

---

[1] Les bourgeois étaient, le plus souvent, habillés avec du noir. M. Jourdain n'a garde d'en porter.

[2] Comme on dit : Je vous le donne en dix, en cent, etc. Reprenez-vous-y à six fois...

[3] C'est-à-dire que le dessin descend au lieu de monter. Le tailleur a fait une balourdise, mais il s'en tirera en flattant la manie de M. Jourdain. Les parties du vêtement sur lesquelles il pouvait y avoir des fleurs sont les chausses et le pourpoint.

MONSIEUR JOURDAIN

Est-ce qu'il faut dire cela ?

LE MAITRE TAILLEUR

Oui, vraiment. Toutes les personnes de qualité les portent de la sorte.

MONSIEUR JOURDAIN

Les personnes de qualité portent les fleurs en enbas ?

LE MAITRE TAILLEUR

Oui, Monsieur.

MONSIEUR JOURDAIN

Oh ! voilà qui est donc bien.

LE MAITRE TAILLEUR

Si vous voulez, je les mettrai en enhaut.

MONSIEUR JOURDAIN

Non, non.

LE MAITRE TAILLEUR

Vous n'avez qu'à dire.

MONSIEUR JOURDAIN

Non, vous dis-je, vous avez bien fait. Croyez-vous que l'habit m'aille bien ?

LE MAITRE TAILLEUR

Belle demande ! Je défie un peintre, avec son pinceau, de vous faire rien de plus juste. J'ai chez moi un garçon qui, pour monter une rhingrave [1], est le plus grand génie du monde ; et un autre qui, pour assembler un pourpoint, est le héros de notre temps.

MONSIEUR JOURDAIN

La perruque et les plumes sont-elles comme il faut ?

LE MAITRE TAILLEUR

Tout est bien.

MONSIEUR JOURDAIN, regardant l'habit du tailleur

Ah ! ah ! Monsieur le tailleur, voilà de mon étoffe du dernier habit que vous m'avez fait. Je la reconnais bien.

---

[1] *Rhingrave*, sorte de culotte très bouffante, attachée au bas par des aiguillettes et des rubans. *Pourpoint*, veste longue à manches courtes.

LE MAITRE TAILLEUR

C'est que l'étoffe me sembla si belle que j'en ai voulu lever un habit pour moi.

MONSIEUR JOURDAIN

Oui : mais il ne fallait pas le lever avec le mien[1].

LE MAITRE TAILLEUR

Voulez-vous mettre votre habit ?

MONSIEUR JOURDAIN

Oui : donnez-moi.

LE MAITRE TAILLEUR

Attendez. Cela ne va pas comme cela. J'ai amené des gens pour vous habiller en cadence, et ces sortes d'habits se mettent avec cérémonie. Holà, entrez, vous autres. Mettez cet habit à Monsieur, de la manière que vous faites aux personnes de qualité.

Scène IX

MONSIEUR JOURDAIN, LE MAITRE TAILLEUR, LE GARÇON TAILLEUR, GARÇONS TAILLEURS dansant, UN LAQUAIS

Quatre garçons tailleurs entrent, dont deux lui arrachent le haut-de-chausses de ses exercices, et deux autres la camisole ; puis ils lui mettent son habit neuf ; et M. Jourdain se promène entre eux, et leur montre son habit, pour voir s'il est bien. Le tout à la cadence de toute la symphonie.

GARÇON TAILLEUR

Mon gentilhomme, donnez, s'il vous plaît, aux garçons, quelque chose pour boire.

MONSIEUR JOURDAIN

Comment m'appelez-vous ?

GARÇON TAILLEUR

Mon gentilhomme.

MONSIEUR JOURDAIN

« Mon gentilhomme » ! Voilà ce que c'est de se mettre en personne de qualité ! Allez-vous-en demeurer toujours habillé en bourgeois, on ne vous dira point : « Mon gentilhomme ». (Donnant de l'argent.) Tenez, voilà pour « Mon gentilhomme ».

---

[1] C'est-à-dire sur l'étoffe qui était pour le mien. M. Jourdain arrête là sa mercuriale, parce que, ce tailleur ayant du renom, il veut le ménager.

GARÇON TAILLEUR

Monseigneur, nous vous sommes bien obligés.

MONSIEUR JOURDAIN

« Monseigneur » ! Oh ! oh ! « Monseigneur » ! Attendez, mon ami ; « Monseigneur » mérite quelque chose, et ce n'est pas une petite parole que « Monseigneur ». Tenez, voilà ce que Monseigneur vous donne.

GARÇON TAILLEUR

Monseigneur, nous allons boire tous à la santé de Votre Grandeur.

MONSIEUR JOURDAIN

« Votre Grandeur » ! Oh ! oh ! oh ! Attendez ; ne vous en allez pas. A moi, « Votre Grandeur » ! (Bas, à part). Ma foi, s'il va jusqu'à l'Altesse [1], [il aura toute la bourse. (Haut.) Tenez, voilà pour Ma Grandeur.

GARÇON TAILLEUR

Monseigneur, nous la remercions très humblement de ses libéralités.

MONSIEUR JOURDAIN

Il a bien fait : je lui allais tout donner.

Les quatre garçons tailleurs se réjouissent par une danse, qui fait le second intermède.

ACTE TROISIÈME

Scène I

MONSIEUR JOURDAIN, LAQUAIS

MONSIEUR JOURDAIN

Suivez-moi, que j'aille un peu montrer mon habit par la ville ; et surtout ayez soin tous deux de marcher immédiatement sur mes pas, afin qu'on voie bien que vous êtes à moi.

LAQUAIS

Oui, Monsieur.

---

[1] *Votre Grandeur*, se disait aux ducs et pairs, présidents à mortier, et l'Altesse était réservée aux princes du sang.

MONSIEUR JOURDAIN

Appelez-moi Nicole, que je lui donne quelques ordres. Ne bougez : la voilà.

Scène II

MONSIEUR JOURDAIN, NICOLE, LAQUAIS

MONSIEUR JOURDAIN

Nicole !

NICOLE

Plaît-il ?

MONSIEUR JOURDAIN

Écoutez.

NICOLE, riant

Hi, hi, hi, hi, hi.

MONSIEUR JOURDAIN

Qu'as-tu à rire ?

NICOLE

Hi, hi, hi, hi, hi, hi.

MONSIEUR JOURDAIN

Que veut dire cette coquine-là ?

NICOLE

Hi, hi, hi. Comme vous voilà bâti ! Hi, hi, hi.

MONSIEUR JOURDAIN

Comment donc ?

NICOLE

Ah ! ah ! mon Dieu ! Hi, hi, hi, hi, hi.

MONSIEUR JOURDAIN

Quelle friponne est-ce là ? Te moques-tu de moi ?

NICOLE

Nenni, Monsieur ; j'en serais bien fâchée. Hi, hi, hi, hi, hi, hi.

MONSIEUR JOURDAIN

Je te baillerai[1] sur le nez, si tu ris davantage.

NICOLE

Monsieur, je ne puis pas m'en empêcher. Hi, hi, hi, hi, hi, hi.

---

[1] Voir la note 2, p. 137.

MONSIEUR JOURDAIN

Tu ne t'arrêteras pas ?

NICOLE

Monsieur, je vous demande pardon ; mais vous êtes si plaisant que je ne saurais me tenir de rire. Hi, hi, hi.

MONSIEUR JOURDAIN

Mais voyez quelle insolence !

NICOLE

Vous êtes tout à fait drôle comme cela. Hi, hi.

MONSIEUR JOURDAIN

Je te...

NICOLE

Je vous prie de m'excuser. Hi, hi, hi, hi.

MONSIEUR JOURDAIN

Tiens, si tu ris encore le moins du monde, je te jure que je t'appliquerai sur la joue le plus grand soufflet qui se soit jamais donné.

NICOLE

Hé bien ! Monsieur, voilà qui est fait : je ne rirai plus.

MONSIEUR JOURDAIN

Prends-y bien garde. Il faut que, pour tantôt, tu nettoies...

NICOLE

Hi, hi.

MONSIEUR JOURDAIN

Que tu nettoies comme il faut...

NICOLE

Hi, hi.

MONSIEUR JOURDAIN

Il faut, dis-je, que tu nettoies la salle, et...

NICOLE

Hi, hi.

MONSIEUR JOURDAIN

Encore ?

NICOLE, tombant à force de rire.

Tenez, Monsieur, battez-moi plutôt, et me laissez rire tout mon soûl; cela me fera plus de bien. Hi, hi, hi, hi, hi[1].

---

[1] Cette scène, bien jouée, est d'une gaieté irrésistible. Le fou rire de Nicole, qui repart sans cesse malgré ses efforts pour le contenir, se communique à toute la salle.

MONSIEUR JOURDAIN

J'enrage !

NICOLE

De grâce, Monsieur, je vous prie de me laisser rire. Hi, hi, hi.

MONSIEUR JOURDAIN

Si je te prends...

NICOLE

Monsieur... eur, je crèverai... ai, si je ne ris. Hi, hi, hi.

MONSIEUR JOURDAIN

Mais a-t-on jamais vu une pendarde comme celle-là, qui me vient rire insolemment au nez, au lieu de recevoir mes ordres ?

NICOLE

Que voulez-vous que je fasse, Monsieur ?

MONSIEUR JOURDAIN

Que tu songes, coquine, à préparer ma maison pour la compagnie qui doit venir tantôt.

NICOLE, se relevant

Ah ! par ma foi, je n'ai plus envie de rire ; et toutes vos compagnies font tant de désordres céans[1], que ce mot est assez pour me mettre en mauvaise humeur.

MONSIEUR JOURDAIN

Ne dois-je point pour toi fermer ma porte à tout le monde ?

NICOLE

Vous devriez au moins la fermer à certaines gens[2].

Scène III

MADAME JOURDAIN, MONSIEUR JOURDAIN, NICOLE, LAQUAIS

MADAME JOURDAIN

Ah ! ah ! voici une nouvelle histoire ! Qu'est-ce que c'est donc, mon mari, que cet équipage-là ? Vous moquez-vous du monde, de vous être fait enharnacher de la sorte ? et avez-vous envie qu'on se raille partout de vous ?

---

[1] Céans est une abréviation de çà-dedans.
[2] Nicole est une servante qui a son franc parler. Molière en a mis plus d'une de cette sorte sur la scène, et ce ne sont pas les moins comiques de ses personnages.

LE BOURGEOIS GENTILHOMME

MONSIEUR JOURDAIN

Il n'y a que des sots et des sottes, ma femme, qui se railleront de moi.

MADAME JOURDAIN

Vraiment, on n'a pas attendu jusqu'à cette heure ; et il y a longtemps que vos façons de faire donnent à rire à tout le monde.

MONSIEUR JOURDAIN

Qui est donc tout ce monde-là, s'il vous plaît?

MADAME JOURDAIN

Tout ce monde-là est un homme qui a sa raison, et qui est plus sage que vous. Pour moi, je suis scandalisée de la vie que vous menez. Je ne sais plus ce que c'est que notre maison. On dirait qu'il est céans carême-prenant[1] tous les jours ; et, dès le matin, de peur d'y manquer, on y entend des vacarmes de violons et de chanteurs, dont tout le voisinage se trouve incommodé.

NICOLE

Madame parle bien. Je ne saurais plus voir mon ménage propre avec cet attirail de gens que vous faites venir chez vous. Ils ont des pieds qui vont chercher de la boue dans tous les quartiers de la ville pour l'apporter ici ; et la pauvre Françoise est presque sur les dents, à frotter les planchers que vos biaux maîtres viennent crotter régulièrement tous les jours.

MONSIEUR JOURDAIN

Ouais ! notre servante Nicole, vous avez le caquet bien affilé, pour une paysanne !

MADAME JOURDAIN

Nicole a raison, et son sens est meilleur que le vôtre. Je voudrais bien savoir ce que vous pensez faire d'un maître à danser, à l'âge que vous avez.

NICOLE

Et d'un grand maître tireur d'armes, qui vient, avec ses battements de pied, ébranler toute la maison, et nous déraciner tous les carriaux de notre salle.

MONSIEUR JOURDAIN

Taisez-vous, ma servante, et ma femme.

[1] *Carême qui va prendre*, c'est-à-dire ce que nous appelons les jours gras.

MADAME JOURDAIN

Est-ce que vous voulez apprendre à danser pour quand vous n'aurez plus de jambes ?

NICOLE

Est-ce que vous avez envie de tuer quelqu'un ?

MONSIEUR JOURDAIN

Taisez-vous, vous dis-je : vous êtes des ignorantes l'une et l'autre ; et vous ne savez pas les prérogatives[1] de tout cela.

MADAME JOURDAIN

Vous devriez bien plutôt songer à marier votre fille, qui est en âge d'être pourvue.

MONSIEUR JOURDAIN

Je songerai à marier ma fille quand il se présentera un parti pour elle ; mais je veux songer aussi à apprendre les belles choses.

NICOLE

J'ai encore ouï dire, Madame, qu'il a pris aujourd'hui, pour renfort de potage[2], un maître de philosophie.

MONSIEUR JOURDAIN

Fort bien. Je veux avoir de l'esprit, et savoir raisonner des choses parmi les honnêtes gens [3].

MADAME JOURDAIN

N'irez-vous point, l'un de ces jours, au collège vous faire donner le fouet [4], à votre âge ?

MONSIEUR JOURDAIN

Pourquoi non ? Plût à Dieu l'avoir tout à l'heure, le fouet, devant tout le monde, et savoir ce qu'on apprend au collège !

NICOLE

Oui, ma foi ! cela vous rendrait la jambe bien mieux faite.

MONSIEUR JOURDAIN

Sans doute.

MADAME JOURDAIN

Tout cela est fort nécessaire pour conduire votre maison !

---

[1] Les avantages.
[2] Par surcroît. Nicole emprunte ses figures de rhétorique à l'art culinaire : c'est naturel.
[3] Voir la note 3, p. 53, t. I.
[4] Mode de correction alors très en usage dans les établissements d'éducation.

MONSIEUR JOURDAIN

Assurément. Vous parlez toutes deux comme des bêtes, et j'ai honte de votre ignorance. (A Madame Jourdain.) Par exemple, savez-vous, vous, ce que c'est que vous dites à cette heure ?

MADAME JOURDAIN

Oui. Je sais que ce que je dis est fort bien dit, et que vous devriez songer à vivre d'autre sorte.

MONSIEUR JOURDAIN

Je ne parle pas de cela. Je vous demande ce que c'est que les paroles que vous dites ici.

MADAME JOURDAIN

Ce sont des paroles bien sensées[1], et votre conduite ne l'est guère.

MONSIEUR JOURDAIN

Je ne parle pas de cela, vous dis-je. Je vous demande : ce que je parle avec vous, ce que je vous dis à cette heure, qu'est-ce que c'est ?

MADAME JOURDAIN

Des chansons[2].

MONSIEUR JOURDAIN

Hé ! non, ce n'est pas cela. Ce que nous disons tous deux, le langage que nous parlons à cette heure ?

MADAME JOURDAIN

Hé bien ?

MONSIEUR JOURDAIN

Comment est-ce que cela s'appelle ?

MADAME JOURDAIN

Cela s'appelle comme on veut l'appeler.

MONSIEUR JOURDAIN

C'est de la prose, ignorante.

MADAME JOURDAIN

De la prose ?

MONSIEUR JOURDAIN

Oui, de la prose. Tout ce qui est prose n'est point vers ; et tout ce

---

[1] Le bon sens de Mme Jourdain est grossier, mais solide.

[2] Des choses qui n'ont pas le sens commun, des fariboles.

qui n'est point vers est prose. Heu, voilà ce que c'est que d'étudier. (A Nicole.) Et toi, sais-tu bien comme il faut faire pour dire un U ?

NICOLE

Comment ?

MONSIEUR JOURDAIN

Oui. Qu'est-ce que tu fais quand tu dis un U ?

NICOLE

Quoi ?

MONSIEUR JOURDAIN

Dis un peu U, pour voir.

NICOLE

Hé bien ! U.

MONSIEUR JOURDAIN

Qu'est-ce que tu fais ?

NICOLE

Je dis U.

MONSIEUR JOURDAIN

Oui ; mais quand tu dis U, qu'est-ce que tu fais ?

NICOLE

Je fais ce que vous me dites.

MONSIEUR JOURDAIN

O l'étrange chose que d'avoir affaire à des bêtes ! Tu allonges les lèvres en dehors, et approches la mâchoire d'en haut de celle d'en bas ; U, vois-tu ? U. Je fais la moue : U.

NICOLE

Oui, cela est biau.

MADAME JOURDAIN

Voilà qui est admirable !

MONSIEUR JOURDAIN

C'est bien autre chose, si vous aviez vu O, et DA, DA, et FA, FA !

MADAME JOURDAIN

Qu'est-ce que c'est donc que tout ce galimatias-là ?

NICOLE

De quoi est-ce que tout cela guérit ?

MONSIEUR JOURDAIN

J'enrage quand je vois des femmes ignorantes.

Monsieur, je vous demande pardon ; mais vous êtes si plaisant
que je ne saurais me tenir de rire.

MADAME JOURDAIN

Allez, vous devriez envoyer promener tous ces gens-là, avec leurs fariboles.

NICOLE

Et surtout ce grand escogriffe [1] de maître d'armes, qui remplit de poudre [2] tout mon ménage.

MONSIEUR JOURDAIN

Ouais! ce maître d'armes vous tient fort au cœur! Je te veux faire voir ton impertinence [3] tout à l'heure. (Après avoir fait apporter des fleurets, et en avoir donné un à Nicole.) Tiens. Raison démonstrative, la ligne du corps [4]. Quand on pousse en quarte, on n'a qu'à faire cela; et, quand on pousse en tierce, on n'a qu'à faire cela. Voilà le moyen de n'être jamais tué; et cela n'est-il pas beau, d'être assuré de son fait, quand on se bat contre quelqu'un? Là, pousse-moi un peu, pour voir.

NICOLE

Hé bien, quoi? (Nicole pousse plusieurs bottes à M. Jourdain.)

MONSIEUR JOURDAIN

Tout beau! Holà! oh! Doucement! Diantre soit la coquine!

NICOLE

Vous me dites de pousser.

MONSIEUR JOURDAIN

Oui; mais tu me pousses en tierce avant que de pousser en quarte, et tu n'as pas la patience que je pare.

MADAME JOURDAIN

Vous êtes fou, mon mari, avec toutes vos fantaisies; et cela vous est venu depuis que vous vous mêlez de hanter [5] la noblesse.

MONSIEUR JOURDAIN

Lorsque je hante la noblesse, je fais paraître mon jugement; et cela est plus beau que de hanter votre bourgeoisie.

MADAME JOURDAIN

Çamon [6] vraiment! il y a fort à gagner à fréquenter vos nobles, et

---

[1] Homme de grande taille, mal bâti et de mauvaise mine.
[2] De poussière.
[3] *Pertinent*, celui qui parle comme il convient; *im-pertinent*, celui qui dit des choses qui ne conviennent pas. Impertinence est pris ici dans ce sens.
[4] M. Jourdain répète, à tort et à travers, ce qu'il a retenu de sa leçon d'escrime.
[5] De fréquenter.
[6] Interjection sur le sens de laquelle on n'est pas bien d'accord; il est probable qu'elle était une contraction de : c'est mon avis.

vous avez bien opéré avec ce beau Monsieur le comte, dont vous vous êtes embéguiné[1] !

MONSIEUR JOURDAIN

Paix ; songez à ce que vous dites. Savez-vous bien, ma femme, que vous ne savez pas de qui vous parlez, quand vous parlez de lui ? C'est une personne d'importance plus que vous ne pensez, un seigneur que l'on considère à la cour, et qui parle au Roi tout comme je vous parle. N'est-ce pas une chose qui m'est tout à fait honorable, que l'on voye venir chez moi si souvent une personne de cette qualité, qui m'appelle son cher ami et me traite comme si j'étais son égal ? Il a pour moi des bontés qu'on ne devinerait jamais ; et devant tout le monde il me fait des caresses dont je suis moi-même confus.

MADAME JOURDAIN

Oui, il a des bontés pour vous et vous fait des caresses ; mais il vous emprunte votre argent.

MONSIEUR JOURDAIN

Hé bien ! ne m'est-ce pas de l'honneur, de prêter de l'argent à un homme de cette condition-là ? et puis-je faire moins pour un seigneur qui m'appelle son cher ami ?

MADAME JOURDAIN

Et ce seigneur, que fait-il pour vous ?

MONSIEUR JOURDAIN

Des choses dont on serait étonné, si on les savait.

MADAME JOURDAIN

Et quoi ?

MONSIEUR JOURDAIN

Baste[2] ! je ne puis pas m'expliquer. Il suffit que, si je lui ai prêté de l'argent, il me le rendra bien, et avant qu'il soit peu.

MADAME JOURDAIN

Oui. Attendez-vous à cela !

MONSIEUR JOURDAIN

Assurément. Ne me l'a-t-il pas dit ?

---

[1] Coiffé, au sens figuré d'être entêté de quelqu'un ou de quelque chose.

[2] Du verbe *baster*, qui signifie suffire. *Baste !* équivaut donc à *il suffit*.

LE BOURGEOIS GENTILHOMME

MADAME JOURDAIN

Oui, oui, il ne manquera pas d'y faillir [1].

MONSIEUR JOURDAIN

Il m'a juré sa foi de gentilhomme.

MADAME JOURDAIN

Chansons !

MONSIEUR JOURDAIN

Ouais ! Vous êtes bien obstinée, ma femme ! Je vous dis qu'il me tiendra parole j'en suis sûr.

MADAME JOURDAIN

Et moi je suis sûre que non, et que toutes les caresses qu'il vous fait ne sont que pour vous enjôler.

MONSIEUR JOURDAIN

Taisez-vous. Le voici.

MADAME JOURDAIN

Il ne nous faut plus que cela. Il vient peut-être encore vous faire quelque emprunt ; et il me semble que j'ai dîné quand je le vois [2].

MONSIEUR JOURDAIN

Taisez-vous, vous dis-je.

Scène IV

DORANTE, MONSIEUR JOURDAIN, MADAME JOURDAIN, NICOLE

DORANTE

Mon cher ami Monsieur Jourdain [3], comment vous portez-vous ?

MONSIEUR JOURDAIN

Fort bien, Monsieur, pour vous rendre mes petits services.

DORANTE

Et Madame Jourdain, que voilà, comment se porte-t-elle ?

MADAME JOURDAIN

Madame Jourdain se porte comme elle peut.

---

[1] Il ne manquera pas d'y manquer, c'est-à-dire il n'en fera rien.
[2] C'est-à-dire sa seule vue m'ôte l'appétit, m'écœure.

[3] Appeler ainsi M. Jourdain par son nom, c'était le traiter sans façon et en inférieur; mais M. Jourdain, qui ignore le monde, est flatté de cette familiarité.

DORANTE

Comment ! Monsieur Jourdain, vous voilà le plus propre[1] du monde !

MONSIEUR JOURDAIN

Vous voyez.

DORANTE

Vous avez tout à fait bon air avec cet habit ; et nous n'avons point de jeunes gens à la cour qui soient mieux faits que vous.

MONSIEUR JOURDAIN

Hay, hay.

MADAME JOURDAIN, à part

Il le gratte par où il se démange[2].

DORANTE

Tournez-vous. Cela est tout à fait galant.

MADAME JOURDAIN, à part

Oui, aussi sot par derrière que par devant.

DORANTE

Ma foi, Monsieur Jourdain, j'avais une impatience étrange de vous voir. Vous êtes l'homme du monde que j'estime le plus ; et je parlais de vous encore, ce matin, dans la chambre du Roi.

MONSIEUR JOURDAIN

Vous me faites beaucoup d'honneur, Monsieur. (A Madame Jourdain.) Dans la chambre du Roi !

DORANTE

Allons, mettez[3]...

MONSIEUR JOURDAIN

Monsieur, je sais le respect que je vous dois.

DORANTE

Mon Dieu ! mettez. Point de cérémonie entre nous, je vous prie.

MONSIEUR JOURDAIN

Monsieur...

DORANTE

Mettez, vous dis-je, Monsieur Jourdain : vous êtes mon ami.

---

[1] Élégant.
[2] Proverbe trivial qui signifie : Flatter quelqu'un dans ses idées ou ses goûts, le prendre par l'endroit sensible. — Toutes ces boutades de Mᵐᵉ Jourdain sont dites en aparté.
[3] C'est-à-dire mettez votre chapeau, couvrez-vous.

MONSIEUR JOURDAIN
Monsieur, je suis votre serviteur.

DORANTE
Je ne me couvrirai point, si vous ne vous couvrez.

MONSIEUR JOURDAIN, se couvrant
J'aime mieux être incivil qu'importun[1].

DORANTE
Je suis votre débiteur, comme vous le savez.

MADAME JOURDAIN, à part
Oui, nous ne le savons que trop.

DORANTE
Vous m'avez généreusement prêté de l'argent en plusieurs occasions, et vous m'avez obligé de la meilleure grâce du monde, assurément.

MONSIEUR JOURDAIN
Monsieur, vous vous moquez.

DORANTE
Mais je sais rendre ce qu'on me prête, et reconnaître les plaisirs qu'on me fait.

MONSIEUR JOURDAIN
Je n'en doute point, Monsieur.

DORANTE
Je veux sortir d'affaire avec vous, et je viens ici pour faire nos comptes ensemble.

MONSIEUR JOURDAIN, bas, à madame Jourdain
Hé bien! vous voyez votre impertinence, ma femme.

DORANTE
Je suis homme qui aime à m'acquitter le plus tôt que je puis.

MONSIEUR JOURDAIN, bas, à madame Jourdain
Je vous le disais bien.

DORANTE
Voyons un peu ce que je vous dois.

---

[1] Formule de politesse sentencieuse usitée parmi les bourgeois et qu'on évitait dans la bonne société.

MONSIEUR JOURDAIN, bas, à madame Jourdain

Vous voilà, avec vos soupçons ridicules.

DORANTE

Vous souvenez-vous bien de tout l'argent que vous m'avez prêté?

MONSIEUR JOURDAIN

Je crois que oui. J'en ai fait un petit mémoire. Le voici. Donné à vous une fois deux cents louis.

DORANTE

Cela est vrai.

MONSIEUR JOURDAIN

Une autre fois, six-vingts [1].

DORANTE

Oui.

MONSIEUR JOURDAIN

Et une autre fois cent quarante.

DORANTE

Vous avez raison.

MONSIEUR JOURDAIN

Ces trois articles font quatre cent soixante louis, qui valent cinq mille soixante livres.

DORANTE

Le compte est fort bon. Cinq mille soixante livres.

MONSIEUR JOURDAIN

Mille huit cent trente-deux livres à votre plumassier.

DORANTE

Justement.

MONSIEUR JOURDAIN

Deux mille sept cent quatre-vingts livres à votre tailleur.

DORANTE

Il est vrai.

MONSIEUR JOURDAIN

Quatre mille trois cent septante-neuf livres douze sols huit deniers à votre marchand [2].

DORANTE

Fort bien. Douze sols huit deniers [3]; le compte est juste.

---

[1] Cent-vingt. — Le louis valait alors onze livres.
[2] Sans doute un marchand d'étoffes.
[3] Le denier était la douzième partie du sou, et le sou, la vingtième partie de la livre.

MONSIEUR JOURDAIN

Et mille sept cent quarante-huit livres sept sols quatre deniers à votre sellier.

DORANTE

Tout cela est véritable. Qu'est-ce que cela fait?

MONSIEUR JOURDAIN

Somme totale, quinze mille huit cents livres.

DORANTE

Somme totale est juste : quinze mille huit cents livres. Mettez encore deux cents pistoles que vous m'allez donner, cela fera justement dix-huit mille francs, que je vous payerai au premier jour.

MADAME JOURDAIN, bas, à M. Jourdain

Hé bien ! ne l'avais-je pas bien deviné ?

MONSIEUR JOURDAIN, bas, à madame Jourdain

Paix !

DORANTE

Cela vous incommodera-t-il de me donner ce que je vous dis ?

MONSIEUR JOURDAIN

Eh non !

MADAME JOURDAIN, bas, à M. Jourdain

Cet homme-là fait de vous une vache à lait.

MONSIEUR JOURDAIN, bas, à madame Jourdain

Taisez-vous.

DORANTE

Si cela vous incommode, j'en irai chercher ailleurs.

MONSIEUR JOURDAIN

Non, Monsieur.

MADAME JOURDAIN, bas, à M. Jourdain

Il ne sera pas content qu'il ne vous ait ruiné.

MONSIEUR JOURDAIN, bas, à madame Jourdain

Taisez-vous, vous dis-je.

DORANTE

Vous n'avez qu'à me dire si cela vous embarrasse.

MONSIEUR JOURDAIN

Point, Monsieur.

MADAME JOURDAIN, bas, à M. Jourdain

C'est un vrai enjôleux.

MONSIEUR JOURDAIN, bas, à madame Jourdain

Taisez-vous donc.

MADAME JOURDAIN, bas, à M. Jourdain

Il vous sucera jusqu'au dernier sou.

MONSIEUR JOURDAIN, bas, à madame Jourdain

Vous tairez-vous?

DORANTE

J'ai force gens qui m'en prêteraient avec joie; mais, comme vous êtes mon meilleur ami, j'ai cru que je vous ferais tort, si j'en demandais à quelque autre.

MONSIEUR JOURDAIN

C'est trop d'honneur, Monsieur, que vous me faites. Je vais quérir votre affaire.

MADAME JOURDAIN, bas, à M. Jourdain

Quoi? vous allez encore lui donner cela?

MONSIEUR JOURDAIN, bas, à madame Jourdain

Que faire? Voulez-vous que je refuse un homme de cette condition-là, qui a parlé de moi ce matin dans la chambre du Roi?

MADAME JOURDAIN, bas, à M. Jourdain

Allez, vous êtes une vraie dupe.

Scène V

DORANTE, MADAME JOURDAIN, NICOLE

DORANTE

Vous me semblez toute mélancolique. Qu'avez-vous, Madame Jourdain?

MADAME JOURDAIN

J'ai la tête plus grosse que le poing, et si elle n'est pas enflée [1].

DORANTE

Mademoiselle votre fille, où est-elle, que je ne la vois point?

MADAME JOURDAIN

Mademoiselle ma fille est bien où elle est.

---

[1] Ce dicton vulgaire équivaut à un : « Laissez-moi la paix. » — *Si*, pourtant.

DORANTE

Comment se porte-t-elle?

MADAME JOURDAIN

Elle se porte sur ses deux jambes.

DORANTE

Ne voulez-vous point, un de ces jours, venir voir avec elle le ballet et la comédie que l'on fait chez le Roi?

MADAME JOURDAIN

Oui, vraiment! nous avons fort envie de rire, fort envie de rire nous avons.

Scène VI

MONSIEUR JOURDAIN, MADAME JOURDAIN, DORANTE, NICOLE

MONSIEUR JOURDAIN, à Dorante

Voilà deux cents louis bien comptés.

DORANTE

Je vous assure, Monsieur Jourdain, que je suis tout à vous, et que je brûle de vous rendre un service à la cour.

MONSIEUR JOURDAIN

Je vous suis trop obligé.

DORANTE

Si Madame Jourdain veut voir le divertissement royal, je lui ferai donner les meilleures places de la salle.

MADAME JOURDAIN

Madame Jourdain vous baise les mains.

Lucile, la fille de M. Jourdain, est recherchée en mariage par un jeune homme de famille honorable, mais bourgeoise, du nom de Cléonte. Mme Jourdain, qui est favorable à cette alliance, a engagé Cléonte à venir faire sa demande à M. Jourdain. La scène suivante montrera comment il est accueilli.

Scène XII

CLÉONTE, MONSIEUR JOURDAIN, MADAME JOURDAIN, LUCILE, COVIELLE, NICOLE

CLÉONTE

Monsieur, je n'ai voulu prendre personne pour vous faire une demande que je médite il y a longtemps. Elle me touche assez pour m'en charger moi-même; et, sans autre détour, je vous dirai que l'honneur d'être votre gendre est une faveur glorieuse que je vous prie de m'accorder.

MONSIEUR JOURDAIN

Avant que de vous rendre réponse, Monsieur, je vous prie de me dire si vous êtes gentilhomme.

CLÉONTE

Monsieur, la plupart des gens, sur cette question, n'hésitent pas beaucoup. On tranche le mot aisément. Ce nom ne fait aucun scrupule à prendre, et l'usage aujourd'hui semble en autoriser le vol[1]. Pour moi, je vous l'avoue, j'ai les sentiments sur cette matière un peu plus délicats. Je trouve que toute imposture est indigne d'un honnête homme, et qu'il y a de la lâcheté à déguiser ce que le Ciel nous a fait naître, à se parer aux yeux du monde d'un titre dérobé, à se vouloir donner pour ce qu'on n'est pas. Je suis né de parents, sans doute, qui ont tenu des charges honorables; je me suis acquis, dans les armes, l'honneur de six ans de service, et je me trouve assez de bien pour tenir, dans le monde, un rang assez passable : mais, avec tout cela, je ne veux point me donner un nom où d'autres, en ma place, croiraient pouvoir prétendre ; et je vous dirai franchement que je ne suis point gentilhomme.

MONSIEUR JOURDAIN

Touchez là, Monsieur : ma fille n'est point pour vous [2].

CLÉONTE

Comment ?

MONSIEUR JOURDAIN

Vous n'êtes point gentilhomme : vous n'aurez point ma fille.

---

[1] En effet, rien n'était plus fréquent alors que ces usurpations de titres de noblesse.
[2] Ce *touchez là*, équivalant à un consentement, mais suivi sur-le-champ d'un refus catégorique, est on ne peut plus comique.

MADAME JOURDAIN

Que voulez-vous donc dire avec votre gentilhomme ? Est-ce que nous sommes, nous autres, de la côte de saint Louis [1] ?

MONSIEUR JOURDAIN

Taisez-vous, ma femme, je vous vois venir.

MADAME JOURDAIN

Descendons-nous tous deux [2] que de bonne bourgeoisie ?

MONSIEUR JOURDAIN

Voilà pas le coup de langue ?

MADAME JOURDAIN

Et votre père n'était-il pas marchand aussi bien que le mien ?

MONSIEUR JOURDAIN

Peste soit de femme ! Elle n'y a jamais manqué. Si votre père a été marchand, tant pis pour lui ; mais, pour le mien, ce sont des malavisés qui disent cela [3]. Tout ce que j'ai à vous dire, moi, c'est que je veux avoir un gendre gentilhomme.

MADAME JOURDAIN

Il faut à votre fille un mari qui lui soit propre ; et il vaut mieux pour elle, un honnête homme riche et bien fait, qu'un gentilhomme gueux et mal bâti.

NICOLE

Cela est vrai [4]. Nous avons le fils du gentilhomme de notre village, qui est le plus grand malitorne et le plus sot dadais que j'aie jamais vu.

MONSIEUR JOURDAIN, à Nicole

Taisez-vous, impertinente. Vous vous fourrez toujours dans la conversation. J'ai du bien assez pour ma fille ; je n'ai besoin que d'honneur, et je la veux faire marquise.

MADAME JOURDAIN

Marquise ?

MONSIEUR JOURDAIN

Oui, marquise.

---

[1] C'est-à-dire de race royale.
[2] Sous-entendu *d'ailleurs*.
[3] M. Jourdain, qui a connu son père riche et retiré, est peut-être arrivé à se persuader, à force d'infatuation, que celui-ci n'a jamais tenu boutique.
[4] Cette ingérence dans les affaires de famille et ce rude franc-parler se toléraient autrefois chez des domestiques qui faisaient partie de la maison et étaient tout dévoués à leurs maîtres. — *Malitorne*, mal bâti, mal tourné. — *Dadais*, jeune homme gauche et niais, qui a gardé les manières d'un enfant.

MADAME JOURDAIN

Hélas ! Dieu m'en garde !

MONSIEUR JOURDAIN

C'est une chose que j'ai résolue.

MADAME JOURDAIN

C'est une chose, moi, où je ne consentirai point. Les alliances avec plus grand que soi sont sujettes toujours à de fâcheux inconvénients. Je ne veux point qu'un gendre puisse, à ma fille, reprocher ses parents, et qu'elle ait des enfants qui aient honte de m'appeler leur grand'maman. S'il fallait qu'elle me vînt visiter en équipage de grand' dame[1], et qu'elle manquât, par mégarde, à saluer quelqu'un du quartier, on ne manquerait pas aussitôt de dire cent sottises : « Voyez-vous, dirait-on, cette Madame la Marquise, qui fait tant la glorieuse ? C'est la fille de Monsieur Jourdain, qui était trop heureuse, étant petite, de jouer à la Madame avec nous. Elle n'a pas toujours été si relevée que la voilà; et ses deux grands-pères vendaient du drap auprès de la porte Saint-Innocent[2]. Ils ont amassé du bien à leurs enfants, qu'ils payent maintenant peut-être bien cher en l'autre monde, et l'on ne devient guère si riches à être honnêtes gens. » Je ne veux point tous ces caquets, et je veux un homme, en un mot, qui m'ait obligation de ma fille, et à qui je puisse dire : « Mettez-vous là, mon gendre, et dînez avec moi. »

MONSIEUR JOURDAIN

Voilà bien les sentiments d'un petit esprit, de vouloir demeurer toujours dans la bassesse. Ne me répliquez pas davantage ! Ma fille sera marquise, en dépit de tout le monde; et, si vous me mettez en colère, je la ferai duchesse.

Scène XIII

MADAME JOURDAIN, LUCILE, CLÉONTE, NICOLE, COVIELLE

MADAME JOURDAIN

Cléonte, ne perdez point courage encore. (A Lucile.) Suivez-moi, ma fille; et venez dire résolûment à votre père que, si vous ne l'avez, vous ne voulez épouser personne.

---

[1] L'adjectif grand reste invariable comme l'adjectif latin *grandis*, dont il dérive, et qui gardait, au féminin, la même forme qu'au masculin.

[2] Il y avait autrefois une église et un cimetière là où est maintenant la fontaine des Saint-Innocents, dans le quartier des Halles, qui était celui des marchands de drap. C'est peut-être de la porte de ce cimetière que parle Mme Jourdain.

Scène XIV

CLÉONTE, COVIELLE

COVIELLE

Vous avez fait de belles affaires avec vos beaux sentiments !

CLÉONTE

Que veux-tu ? J'ai un scrupule là-dessus que l'exemple ne saurait vaincre.

COVIELLE

Vous moquez-vous de le prendre sérieusement avec un homme comme cela ? Ne voyez-vous pas qu'il est fou ? et vous coûtait-il quelque chose de vous accommoder à ses chimères ?

CLÉONTE

Tu as raison; mais je ne croyais pas qu'il fallût faire ses preuves de noblesse pour être gendre de Monsieur Jourdain.

COVIELLE, riant

Ah ! ah ! ah !

CLÉONTE

De quoi ris-tu ?

COVIELLE

D'une pensée qui me vient pour jouer notre homme, et vous faire obtenir ce que vous souhaitez.

CLÉONTE

Comment ?

COVIELLE

L'idée est tout à fait plaisante.

CLÉONTE

Quoi donc ?

COVIELLE

Il s'est fait depuis peu une certaine mascarade qui vient le mieux du monde ici, et que je prétends faire entrer dans une bourle[1] que je veux faire à notre ridicule[2]. Tout cela sent un peu sa comédie; mais, avec lui, on peut hasarder toute chose, il n'y faut point chercher tant de façons, et il est homme à y jouer son rôle à mer-

---

[1] De l'italien *burla*, plaisanterie, niche, d'où s'est formé l'adjectif *burlesque*.

[2] M. Jourdain. *Ridicule* est pris ici substantivement.

veille, à donner aisément dans toutes les fariboles qu'on s'avisera de lui dire. J'ai les acteurs, j'ai les habits tout prêts : laissez-moi faire seulement.

CLÉONTE

Mais apprends-moi...

COVIELLE

Je vais vous instruire de tout. Retirons-nous; le voilà qui revient.

Scène XV

MONSIEUR JOURDAIN, LAQUAIS

MONSIEUR JOURDAIN

Que diable est-ce là ! Ils n'ont rien que les grands seigneurs à me reprocher ; et moi, je ne vois rien de si beau que de hanter les grands seigneurs : il n'y a qu'honneur et que civilité avec eux ; et je voudrais qu'il m'eût coûté deux doigts de la main, et être né comte ou marquis.

Scène XVI

MONSIEUR JOURDAIN, UN LAQUAIS

LE LAQUAIS

Monsieur, voici Monsieur le Comte, et une dame qu'il mène par la main.

MONSIEUR JOURDAIN

Hé !. mon Dieu ! j'ai quelques ordres à donner. Dis-leur que je vais venir ici tout à l'heure.

Scène XVII

DORIMÈNE, DORANTE, LAQUAIS

LAQUAIS

Monsieur dit comme cela qu'il va venir ici tout à l'heure [1]...

DORANTE

Voilà qui est bien.

. . . .

---

[1] Le laquais de M. Jourdain n'est guère stylé.

Scène XVIII

MONSIEUR JOURDAIN, DORIMÈNE, DORANTE, LAQUAIS

MONSIEUR JOURDAIN, *après avoir fait deux révérences, se trouvant trop près de Dorimène*

Un peu plus loin, Madame.

DORIMÈNE

Comment ?

MONSIEUR JOURDAIN

Un pas, s'il vous plaît.

DORIMÈNE

Quoi donc ?

MONSIEUR JOURDAIN

Reculez un peu, pour la troisième [1].

DORANTE

Madame, Monsieur Jourdain sait son monde.

MONSIEUR JOURDAIN

Madame, ce m'est une gloire bien grande de me voir assez fortuné pour être si heureux que d'avoir le bonheur que vous ayez eu la bonté de m'accorder la grâce de me faire l'honneur de m'honorer de la faveur de votre présence ; et, si j'avais aussi le mérite pour mériter un mérite comme le vôtre, et que le Ciel... envieux de mon bien... m'eût accordé... l'avantage de me voir digne... des...

DORANTE

Monsieur Jourdain, en voilà assez. Madame n'aime pas les grands compliments, et elle sait que vous êtes homme d'esprit. (Bas à Dorimène.) C'est un bon bourgeois assez ridicule, comme vous voyez, dans toutes ses manières.

DORIMÈNE, *bas, à Dorante*

Il n'est pas malaisé de s'en apercevoir.

DORANTE

Madame, voilà le meilleur de mes amis.

---

[1] M. Jourdain a bien retenu la leçon du maître à danser, mais il a oublié de se laisser l'espace nécessaire pour ses trois révérences. Rien de plus comique que le mélange de prétention aux belles manières avec ce manque d'usage.

MONSIEUR JOURDAIN

C'est trop d'honneur que vous me faites.

DORANTE

Galant homme tout à fait.

DORIMÈNE

J'ai beaucoup d'estime pour lui.

MONSIEUR JOURDAIN

Je n'ai rien fait encore, Madame, pour mériter cette grâce.

DORANTE, bas, à M. Jourdain

Prenez bien garde, au moins, à ne lui point parler du diamant[1] que vous lui avez donné.

MONSIEUR JOURDAIN, bas, à Dorante

Ne pourrais-je pas seulement lui demander comment elle le trouve?

DORANTE, bas, à M. Jourdain

Comment? Gardez-vous-en bien. Cela serait vilain à vous ; et, pour agir en galant homme, il faut que vous fassiez comme si ce n'était pas vous qui lui eussiez fait ce présent. (Haut.) Monsieur Jourdain, Madame, dit qu'il est ravi de vous voir chez lui.

DORIMÈNE

Il m'honore beaucoup.

MONSIEUR JOURDAIN, bas, à Dorante

Que je vous suis obligé, Monsieur, de lui parler ainsi pour moi !

DORANTE, bas, à M. Jourdain

J'ai eu une peine effroyable à la faire venir ici.

MONSIEUR JOURDAIN, bas, à Dorante

Je ne sais quelles grâces vous en rendre.

DORANTE

Il dit, Madame, qu'il vous trouve la plus belle personne du monde.

---

[1] M. Jourdain est encore dupe ici, car Dorante, le gentilhomme besogneux qui exploite sa crédulité, a fait croire à Dorimène que c'est lui-même qui la régale et que M. Jourdain n'est qu'un complaisant qui prête sa maison.
De même pour le diamant, Dorante s'est chargé de le faire accepter à la marquise de la part de M. Jourdain; mais, messager peu fidèle, il l'a offert en son propre nom. Il faut donc qu'à tout prix il ferme la bouche au pauvre sot, qui aurait pourtant bonne envie de se faire remercier.

DORIMÈNE

C'est bien de la grâce qu'il me fait.

MONSIEUR JOURDAIN

Madame, c'est vous qui faites les grâces, et...

DORANTE

Songeons à manger.

LAQUAIS

Tout est prêt, Monsieur.

DORANTE

Allons donc nous mettre à table, et qu'on fasse venir les musiciens.

Six cuisiniers qui ont préparé le festin dansent ensemble, et font le troisième intermède; après quoi ils apportent une table couverte de plusieurs mets.

On s'est mis à table lorsque débute le IVe acte, et nous assistons au festin. Dorante s'y comporte comme si c'était lui qui le donnât, et qu'il souffrît par condescendance que M. Jourdain l'aidât à en faire les honneurs.

Celui-ci débite à Dorimène les plus sots compliments; mais, au plus fort de la fête, arrive Mme Jourdain, dont on s'était débarrassé en l'envoyant dîner chez sa sœur. Elle ne manque pas de dire à chacun son fait, sans mâcher ses paroles. Dorimène sort irritée; le comte la suit, et M. Jourdain exhale sa colère.

Scène II

MONSIEUR JOURDAIN

Ah ! impertinente que vous êtes ! Voilà de vos beaux faits ; vous me venez faire des affronts devant tout le monde, et vous chassez de chez moi des personnes de qualité !

MADAME JOURDAIN

Je me moque de leur qualité.

MONSIEUR JOURDAIN

Je ne sais qui me tient, maudite, que je ne vous fende la tête avec les pièces du repas que vous êtes venue troubler.

MADAME JOURDAIN, sortant

Je me moque de cela. Ce sont mes droits que je défends, et j'aurai pour moi toutes les femmes.

MONSIEUR JOURDAIN

Vous faites bien d'éviter ma colère. Elle est arrivée là bien malheureusement. J'étais en humeur de dire de jolies choses, et jamais je ne m'étais senti tant d'esprit. Qu'est-ce que cela ?

Scène IV

MONSIEUR JOURDAIN, COVIELLE, déguisé, **LAQUAIS**

COVIELLE

Monsieur, je ne sais pas si j'ai l'honneur d'être connu de vous.

MONSIEUR JOURDAIN

Non, Monsieur.

COVIELLE

Je vous ai vu que vous n'étiez pas plus grand que cela [1].

MONSIEUR JOURDAIN

Moi?

COVIELLE

Oui. Vous étiez le plus bel enfant du monde, et toutes les dames vous prenaient dans leurs bras pour vous baiser.

MONSIEUR JOURDAIN

Pour me baiser?

COVIELLE

Oui. J'étais grand ami de feu Monsieur votre père.

MONSIEUR JOURDAIN

De feu Monsieur mon père [2]?

COVIELLE

Oui. C'était un fort honnête gentilhomme.

MONSIEUR JOURDAIN

Comment dites-vous?

COVIELLE

Je dis que c'était un fort honnête gentilhomme.

MONSIEUR JOURDAIN

Mon père?

COVIELLE

Oui.

MONSIEUR JOURDAIN

Vous l'avez fort connu?

COVIELLE

Assurément.

---

[1] En disant cela, Covielle étend sa main à un pied de terre.

[2] Les princes seuls disaient : Monsieur mon père.

MONSIEUR JOURDAIN

Et vous l'avez connu pour gentilhomme ?

COVIELLE

Sans doute.

MONSIEUR JOURDAIN

Je ne sais donc pas comment le monde est fait !

COVIELLE

Comment ?

MONSIEUR JOURDAIN

Il y a de sottes gens qui me veulent dire qu'il a été marchand.

COVIELLE

Lui, marchand ? C'est pure médisance, il ne l'a jamais été. Tout ce qu'il faisait, c'est qu'il était fort obligeant, fort officieux[1], et, comme il se connaissait fort bien en étoffes, il en allait choisir de tous les côtés, les faisait apporter chez lui, et en donnait à ses amis pour de l'argent.

MONSIEUR JOURDAIN

Je suis ravi de vous connaître, afin que vous rendiez ce témoignage-là, que mon père était gentilhomme.

COVIELLE

Je le soutiendrai devant tout le monde.

MONSIEUR JOURDAIN

Vous m'obligerez. Quel sujet vous amène ?

COVIELLE

Depuis avoir connu[2] feu Monsieur votre père, honnête gentilhomme, comme je vous ai dit, j'ai voyagé par tout le monde.

MONSIEUR JOURDAIN

Par tout le monde ?

COVIELLE

Oui.

MONSIEUR JOURDAIN

Je pense qu'il y a bien loin[3] en ce pays-là.

COVIELLE

Assurément. Je ne suis revenu de tous mes longs voyages que

---

[1] Officieux, c'est-à-dire empressé à rendre de bons offices.
[2] Depuis que j'ai...
[3] Sous-entendu *pour aller*.

depuis quatre jours ; et, par l'intérêt que je prends à tout ce qui vous touche, je viens vous annoncer la meilleure nouvelle du monde.

MONSIEUR JOURDAIN

Quelle ?

COVIELLE

Vous savez que le fils du Grand Turc est ici[1] ?

MONSIEUR JOURDAIN

Moi ? non.

COVIELLE

Comment ? il a un train tout à fait magnifique ; tout le monde le va voir, et il a été reçu en ce pays comme un seigneur d'importance.

MONSIEUR JOURDAIN

Par ma foi, je ne savais pas cela.

COVIELLE

Ce qu'il y a d'avantageux pour vous, c'est qu'il est amoureux de votre fille.

MONSIEUR JOURDAIN

Le fils du Grand Turc ?

COVIELLE

Oui ; et il veut être votre gendre.

MONSIEUR JOURDAIN

Mon gendre, le fils du Grand Turc ?

COVIELLE

Le fils du Grand Turc votre gendre. Comme je le fus voir, et que j'entends parfaitement sa langue, il s'entretint avec moi ; et, après quelques autres discours, il me dit : *Acciam croc soler ouch alla moustaph gidelum amanahem varahini oussere carbulath*[1], c'est-à-dire : « N'as-tu point vu une jeune belle personne, qui est la fille de Monsieur Jourdain, gentilhomme parisien ? »

MONSIEUR JOURDAIN

Le fils du Grand Turc dit cela de moi ?

---

[1] Souvenir de l'ambassade de *Soliman*, écuyer du Sultan, envoyé par son maître à Louis XIV. Les Turcs étaient fort à la mode depuis ce temps-là.

[2] Le turc de Covielle, et de Cléonte à la scène suivante, est tout à fait dénué de sens ; on y reconnaît cependant quelques syllabes orientales. Mamamouchi est un mot de pure fantaisie, fabriqué par Molière.

COVIELLE

Oui. Comme je lui eus répondu que je vous connaissais particulièrement, et que j'avais vu votre fille : « Ah ! me dit-il, *marababa sahem !* » c'est-à-dire : « Ah ! que je suis amoureux d'elle ! »

MONSIEUR JOURDAIN

Marababa sahem veut dire : « Ah ! que je suis amoureux d'elle ? »

COVIELLE

Oui.

MONSIEUR JOURDAIN

Par ma foi, vous faites bien de me le dire ; car, pour moi, je n'aurais jamais cru que *marababa sahem* eût voulu dire : « Ah ! que je suis amoureux d'elle ! » Voilà une langue admirable que ce turc !

COVIELLE

Plus admirable qu'on ne peut croire. Savez-vous bien ce que veut dire *cacaracamouchen ?*

MONSIEUR JOURDAIN

Cacaracamouchen ? Non.

COVIELLE

C'est-à-dire : « Ma chère âme ! »

MONSIEUR JOURDAIN

Cacaracamouchen veut dire : « Ma chère âme ? »

COVIELLE

Oui.

MONSIEUR JOURDAIN

Voilà qui est merveilleux ! *Cacaracamouchen :* « Ma chère âme. » Dirait-on jamais cela ? Voilà qui me confond.

COVIELLE

Enfin, pour achever mon ambassade, il vient vous demander votre fille en mariage ; et, pour avoir un beau-père qui soit digne de lui, il veut vous faire *Mamamouchi*, qui est une certaine grande dignité de son pays.

MONSIEUR JOURDAIN

Mamamouchi ?

COVIELLE

Oui, *Mamamouchi* : c'est-à-dire, en notre langue, Paladin[1]. Paladin, ce sont de ces anciens... Paladin, enfin. Il n'y a rien de plus noble que cela dans le monde ; et vous irez de pair avec les plus grands Seigneurs de la terre.

MONSIEUR JOURDAIN

Le fils du Grand Turc m'honore beaucoup, et je vous prie de me mener chez lui, pour lui en faire mes remerciements.

COVIELLE

Comment ? le voilà qui va venir ici.

MONSIEUR JOURDAIN

Il va venir ici ?

COVIELLE

Oui ; et il amène toutes choses pour la cérémonie de votre dignité.

MONSIEUR JOURDAIN

Voilà qui est bien prompt.

COVIELLE

Son amour ne peut souffrir aucun retardement.

MONSIEUR JOURDAIN

Tout ce qui m'embarrasse ici, c'est que ma fille est une opiniâtre qui s'est allée mettre dans la tête un certain Cléonte, et elle jure de n'épouser personne que celui-là.

COVIELLE

Elle changera de sentiment, quand elle verra le fils du Grand Turc ; et puis il se rencontre ici une aventure merveilleuse, c'est que le fils du Grand Turc ressemble à ce Cléonte, à peu de chose près[2]. Je viens de le voir, on me l'a montré ; et l'amour qu'elle a pour l'un pourra passer aisément à l'autre, et... Je l'entends venir ; le voilà.

---

[1] Nom qu'on donnait souvent aux chevaliers du moyen âge, mais qui n'est pas un titre de noblesse.

[2] L'artifice est un peu gros. A partir de ce moment, la pièce se tourne tout à fait en farce.

Scène V

CLÉONTE, en Turc; **TROIS PAGES**, portant la veste de Cléonte;
MONSIEUR JOURDAIN, COVIELLE

CLÉONTE

Ambousahim oqui boraf, Iordina, salamalequi[1].

COVIELLE, à M. Jourdain

C'est-à-dire : « Monsieur Jourdain, votre cœur soit toute l'année comme un rosier fleuri. » Ce sont façons de parler obligeantes de ces pays-là.

MONSIEUR JOURDAIN

Je suis très humble serviteur de son Altesse Turque.

COVIELLE

Carigar camboto oustin moraf.

CLÉONTE

Oustin yoc catamelequi basum base alla moran.

COVIELLE

Il dit : « Que le Ciel vous donne la force des lions, et la prudence des serpents ! »

MONSIEUR JOURDAIN

Son Altesse Turque m'honore trop, et je lui souhaite toutes sortes de prospérités.

COVIELLE

Ossa binamen sadoc babally oracaf ouram.

CLÉONTE

Bel-men.

COVIELLE

Il dit que vous alliez vite avec lui vous préparer pour la cérémonie, afin de voir ensuite votre fille et de conclure le mariage.

MONSIEUR JOURDAIN

Tant de choses en deux mots?

COVIELLE

Oui. La langue turque est comme cela, elle dit beaucoup en peu de paroles. Allez vite où il souhaite.

---

[1] *Sala malequi* rappelle une locution turque : Salam aleïk, qui signifie : Le salut soit sur toi ! Nous en avons fait salamalecs.

Scène VI

COVIELLE, seul

COVIELLE

Ha, ha, ha. Ma foi! cela est tout à fait drôle. Quelle dupe! Quand il aurait appris son rôle par cœur, il ne pourrait pas le mieux jouer. Ah! Ah!

Scène VII

DORANTE, COVIELLE

Je vous prie, Monsieur, de nous vouloir aider céans dans une affaire qui s'y passe.

DORANTE

Ah! ah! Covielle, qui t'aurait reconnu? Comme te voilà ajusté!

COVIELLE

Vous voyez. Ah! ah!

DORANTE

De quoi ris-tu?

COVIELLE

D'une chose, Monsieur, qui le mérite bien.

DORANTE

Comment?

COVIELLE

Je vous le donnerais en bien des fois, Monsieur, à deviner le stratagème dont nous nous servons, auprès de Monsieur Jourdain, pour porter son esprit à donner sa fille à mon maître.

DORANTE

Je ne devine point le stratagème; mais je devine qu'il ne manquera pas de faire son effet, puisque tu l'entreprends.

COVIELLE

Je sais, Monsieur, que la bête vous est connue.

DORANTE

Apprends-moi ce que c'est.

LE BOURGEOIS GENTILHOMME

COVIELLE

Prenez la peine de vous tirer un peu plus loin pour faire place à ce que j'aperçois venir. Vous pourrez voir une partie de l'histoire, tandis que je vous conterai le reste.

Scène VIII

LE MUPHTI, DERVIS, TURCS chantant et dansant ; **MONSIEUR JOURDAIN**, vêtu à la turque, la tête rasée, sans turban et sans sabre

Cérémonie burlesque qui forme le quatrième intermède, M. Jourdain y reçoit, outre l'épée et le turban, quelques coups de bâton en cadence, pour achever de l'anoblir et de l'initier à la religion de Mahomet.

Le muphti est coiffé avec son turban de cérémonie, qui est d'une grosseur démesurée, et garni de bougies allumées à quatre ou cinq rangs ; il est accompagné de deux dervis qui portent l'Alcoran, et qui ont des bonnets pointus, garnis de bougies allumées.

Les deux autres dervis amènent M. Jourdain, et le font mettre à genoux, les mains par terre, de façon que son dos, sur lequel est mis l'Alcoran, sert de pupitre au muphti, qui fait une seconde invocation burlesque, fronçant le sourcil, frappant de temps en temps sur l'Alcoran, et tournant les feuillets avec précipitation ; après quoi, en levant les bras au ciel, le muphti crie à haute voix : *Hou !*

Pendant cette seconde invocation, les Turcs assistants, s'inclinant et se relevant alternativement, chantent aussi : *Hou, Hou, Hou !*

ACTE CINQUIÈME

Scène Première

MONSIEUR JOURDAIN, MADAME JOURDAIN

MADAME JOURDAIN

Ah ! mon Dieu, miséricorde ! Qu'est-ce que c'est donc que cela ? Quelle figure ! Est-ce un momon[1] que vous allez porter, et est-il temps d'aller en masque ? Parlez donc, qu'est-ce que c'est que ceci ? Qui vous a fagoté comme cela ?

MONSIEUR JOURDAIN

Voyez l'impertinente de parler de la sorte à un *Mamamouchi !*

---

[1] Le momon était l'enjeu des parties de dés que des masques allaient, par galanterie, proposer aux dames.

MADAME JOURDAIN

Comment donc?

MONSIEUR JOURDAIN

Oui, il me faut porter du respect maintenant, et l'on vient de me faire *Mamamouchi*.

MADAME JOURDAIN

Que voulez-vous dire avec votre *Mamamouchi*?

MONSIEUR JOURDAIN

Mamamouchi, vous dis-je. Je suis *Mamamouchi*.

MADAME JOURDAIN

Quelle est cette bête-là?

MONSIEUR JOURDAIN

Mamamouchi, c'est-à-dire en notre langue, Paladin.

MADAME JOURDAIN

Baladin[1]! Êtes-vous en âge de danser des ballets?

MONSIEUR JOURDAIN

Quelle ignorante! Je dis Paladin: c'est une dignité dont on vient de me faire la cérémonie.

MADAME JOURDAIN

Quelle cérémonie donc?

MONSIEUR JOURDAIN

Mahameta per Iordina[2].

MADAME JOURDAIN

Qu'est-ce que cela veut dire?

MONSIEUR JOURDAIN

Iordina, c'est-à-dire Jourdain.

MADAME JOURDAIN

Hé bien! quoi, Jourdain?

MONSIEUR JOURDAIN

Voler far un Paladina de Iordina.

MADAME JOURDAIN

Comment?

---

[1] *Baladin*, danseur. Ce mot a la même étymologie que ballet, qui vient du verbe *baller*, danser.

[2] M. Jourdain répète, par fragments, les vers qui lui ont été chantés pendant la cérémonie où on l'a fait noble et mahométan, ainsi que le refrain sans signification qui accompagnait les danses.

MONSIEUR JOURDAIN
Dar turbanta con galera.

MADAME JOURDAIN
Qu'est-ce à dire, cela ?

MONSIEUR JOURDAIN
Per deffender Palestina.

MADAME JOURDAIN
Que voulez-vous donc dire ?

MONSIEUR JOURDAIN
Dara, dara bastonara.

MADAME JOURDAIN
Qu'est-ce donc que ce jargon là ?

MONSIEUR JOURDAIN
Non tener honta, questa star l'ultima affronta.

MADAME JOURDAIN
Qu'est-ce que c'est donc que tout cela ?

MONSIEUR JOURDAIN, chantant et dansant
Hou la ba, ba la chou, ba la ba ba la da. (Il tombe par terre.)

MADAME JOURDAIN
Hélas ! mon Dieu, mon mari est devenu fou.

MONSIEUR JOURDAIN, se relevant et s'en allant.
Paix ! insolente ! Portez respect à Monsieur le *Mamamouchi*.

MADAME JOURDAIN, seule
Où est-ce qu'il a donc perdu l'esprit ? Courons l'empêcher de sortir. (Apercevant Dorimène et Dorante.) Ah ! ah ! voici justement le reste de notre écu ! Je ne vois que chagrin de tous les côtés. (Elle sort.)

Scène II

DORANTE, DORIMÈNE

DORANTE
Oui, Madame, vous verrez la plus plaisante chose qu'on puisse voir, et je ne crois pas que dans tout le monde il soit possible de trouver encore un homme aussi fou que celui-là. Et puis, Madame,

il faut tâcher de servir l'amour de Cléonte, et d'appuyer toute sa mascarade. C'est un fort galant homme, et qui mérite que l'on s'intéresse pour lui[1].

DORIMÈNE

J'en fais beaucoup de cas, et il est digne d'une bonne fortune.

DORANTE

Outre cela, nous avons ici, Madame, un ballet qui nous revient, que nous ne devons pas laisser perdre; et il faut bien voir si mon idée pourra réussir.

DORIMÈNE

J'ai vu là des apprêts magnifiques, et ce sont des choses, Dorante, que je ne puis plus souffrir. Oui, je veux enfin empêcher vos profusions; et, pour rompre le cours à toutes les dépenses que je vous vois faire pour moi, j'ai résolu de me marier promptement avec vous; c'en est le vrai secret; et toutes ces choses finissent avec le mariage.

DORANTE

Ah ! Madame, est-il possible que vous ayez pu prendre pour moi une si douce résolution?

DORIMÈNE

Ce n'est que pour vous empêcher de vous ruiner, et, sans cela, je vois bien qu'avant qu'il fût peu, vous n'auriez pas un sou.

DORANTE

Que j'ai d'obligation, Madame, aux soins que vous avez de conserver mon bien!

DORIMÈNE

Voici votre homme ; la figure en est admirable.

Scène III

MONSIEUR JOURDAIN, DORIMÈNE, DORANTE

DORANTE

Monsieur, nous venons rendre hommage, Madame et moi, à votre nouvelle dignité, et nous réjouir avec vous du mariage que vous faites de votre fille avec le fils du Grand Turc.

---

[1] Toutes ces explications ont pour but d'expliquer au public le retour (qui pourrait paraître peu naturel) de Dorimène dans une maison où elle a reçu un affront.

MONSIEUR JOURDAIN, *après avoir fait les révérences à la turque*[1]

Monsieur, je vous souhaite la force des serpents et la prudence des lions[2].

DORIMÈNE

J'ai été bien aise d'être des premières, Monsieur, à venir vous féliciter du haut degré de gloire où vous êtes monté.

MONSIEUR JOURDAIN

Madame, je vous souhaite toute l'année votre rosier fleuri. Je vous suis infiniment obligé de prendre part aux honneurs qui m'arrivent, et j'ai beaucoup de joie de vous voir revenue ici pour vous faire les très humbles excuses de l'extravagance de ma femme.

DORIMÈNE

Cela n'est rien ; j'excuse en elle un pareil mouvement.....

DORANTE

Vous voyez, Madame, que monsieur Jourdain n'est pas de ces gens que les prospérités aveuglent, et qu'il sait, dans sa gloire, connaître encore ses amis.

DORIMÈNE

C'est la marque d'une âme tout à fait généreuse.

DORANTE

Où est donc Son Altesse Turque ? Nous voudrions bien, comme vos amis, lui rendre nos devoirs.

MONSIEUR JOURDAIN

Le voilà qui vient ; et j'ai envoyé quérir ma fille pour lui donner la main.

Scène IV

MONSIEUR JOURDAIN, DORIMÈNE, DORANTE, CLÉONTE,
habillé en Turc, COVIELLE déguisé

DORANTE, à Cléonte

Monsieur, nous venons faire la révérence à Votre Altesse, comme amis de Monsieur votre beau-père, et l'assurer avec respect de nos très humbles services.

---

[1] En Turquie, on salue son égal en portant la main sur sa poitrine ; son supérieur, en la dirigeant d'abord vers la bouche et ensuite vers le front ; mais la plus grande marque de respect est de faire une profonde inclinaison en portant la main droite vers la terre, et en la ramenant vers la bouche et sur la tête.

[2] On voit que M. Jourdain retourne à sa façon les paroles de l'envoyé du Grand Turc, et qu'il omet dans son compliment à Dorimène : *que votre cœur soit comme un rosier fleuri.* Il se borne sottement à souhaiter que son rosier fleurisse toute l'année.

MONSIEUR JOURDAIN

Où est le truchement, pour lui dire qui vous êtes, et lui faire entendre ce que vous dites ? Vous verrez qu'il vous répondra ; et il parle turc à merveille. Holà ! où diantre est-il allé ! (A Cléonte.) *Strouf, strif, strof, straf.* Monsieur est un *grande Segnore, grande Segnore, grande Segnore;* et Madame, une *granda Dama, granda Dama.* (Voyant qu'il ne se fait point entendre.) *Ahi !* (A Cléonte montrant Dorante.) Lui, Monsieur, lui *Mamamouchi* français, et Madame *Mamamouchie* française. Je ne puis pas parler plus clairement. Bon ! voici l'interprète. Où allez-vous donc ? Nous ne saurions rien dire sans vous. (Montrant Cléonte.) Dites-lui un peu que Monsieur et Madame sont des personnes de grande qualité, qui lui viennent faire la révérence, comme mes amis, et l'assurer de leurs services. (A Dorimène et à Dorante.) Vous allez voir comme il va répondre.

COVIELLE

Alabala crociam acci boram alabamen.

CLÉONTE

Catalequi tubal ourin soter amalouchan.

MONSIEUR JOURDAIN, à Dorimène et à Dorante

Voyez-vous ?

COVIELLE

Il dit que la pluie des prospérités arrose en tout temps le jardin de votre famille !

MONSIEUR JOURDAIN

Je vous l'avais bien dit, qu'il parle turc !

DORIMÈNE

Cela est admirable !

Scène V

LUCILE, CLÉONTE, MONSIEUR JOURDAIN, DORIMÈNE, DORANTE, COVIELLE

MONSIEUR JOURDAIN

Venez, ma fille ; approchez-vous, et venez donner votre main à Monsieur, qui vous fait l'honneur de vous demander en mariage.

LUCILE

Comment ! mon père, comme vous voilà fait ? Est-ce une comédie que vous jouez ?

MONSIEUR JOURDAIN

Non, non : ce n'est pas une comédie, c'est une affaire fort sérieuse, et la plus pleine d'honneur pour vous qui se peut souhaiter. (Montrant Cléonte.) Voilà le mari que je vous donne.

LUCILE

A moi, mon père ?

MONSIEUR JOURDAIN

Oui, à vous : allons, touchez-lui dans la main, et rendez grâce au Ciel de votre bonheur.

LUCILE

Je ne veux point me marier.

MONSIEUR JOURDAIN

Je le veux, moi, qui suis votre père.

LUCILE

Je n'en ferai rien.

MONSIEUR JOURDAIN

Ah ! que de bruit ! Allons, vous dis-je. Çà, votre main !

LUCILE

Non, mon père ; je vous l'ai dit, il n'est point de pouvoir qui me puisse obliger à prendre un autre mari que Cléonte ; et je me résoudrai plutôt à toutes les extrémités, que de... (Reconnaissant Cléonte.) Il est vrai que vous êtes mon père, je vous dois entière obéissance, et c'est à vous à disposer de moi selon vos volontés.

MONSIEUR JOURDAIN

Ah ! je suis ravi de vous voir si promptement revenue dans votre devoir, et voilà qui me plaît d'avoir une fille obéissante.

Scène Dernière

MADAME JOURDAIN, CLÉONTE, MONSIEUR JOURDAIN, LUCILE, DORANTE, DORIMÈNE, COVIELLE

MADAME JOURDAIN

Comment donc ? Qu'est-ce que c'est que ceci ? On dit que vous voulez donner votre fille en mariage à un carême-prenant[1] ?

---

[1] Le mot de carême-prenant qui, proprement, désignait les jours immédiatement avant le carême, s'appliquait aussi aux masques qui vont par les rues, ou encore aux personnes vêtues d'une manière extravagante.

MONSIEUR JOURDAIN

Voulez-vous vous taire, impertinente ? Vous venez toujours mêler vos extravagances à toutes choses, et il n'y a pas moyen de vous apprendre à être raisonnable.

MADAME JOURDAIN

C'est vous qu'il n'y a pas moyen de rendre sage, et vous allez de folie en folie. Quel est votre dessein, et que voulez-vous faire avec cet assemblage[1] ?

MONSIEUR JOURDAIN

Je veux marier notre fille avec le fils du Grand Turc.

MADAME JOURDAIN

Avec le fils du Grand Turc ?

MONSIEUR JOURDAIN, montrant Covielle

Oui. Faites-lui faire vos compliments par le truchement que voilà.

MADAME JOURDAIN

Je n'ai que faire du truchement, et je lui dirai bien moi-même, à son nez, qu'il n'aura point ma fille.

MONSIEUR JOURDAIN

Voulez-vous vous taire, encore une fois ?

DORANTE

Comment ! Madame Jourdain, vous vous opposez à un bonheur comme celui-là ? Vous refusez Son Altesse Turque pour gendre ?

MADAME JOURDAIN

Mon Dieu ! Monsieur, mêlez-vous de vos affaires.

DORIMÈNE

C'est une grande gloire qui n'est pas à rejeter.

MADAME JOURDAIN

Madame, je vous prie aussi de ne vous point embarrasser de ce qui ne vous touche pas[2].

---

[1] C'est-à-dire avec cette ridicule union.
[2] Pauvre Mme Jourdain ! La voilà assaillie à la fois par tous ceux qu'elle considère comme ses ennemis ! Sa colère est d'autant plus comique que le public est dans la confidence de Cléonte et sait que celui contre qui Mme Jourdain s'indigne est le gendre de son choix. Comme Molière sait faire renaître l'intérêt, au milieu de cette farce, par la révolte de la brave Mme Jourdain, et sa plaisante querelle avec son mari.

DORANTE

C'est l'amitié que nous avons pour vous qui nous fait intéresser dans vos avantages.

MADAME JOURDAIN

Je me passerai bien de votre amitié.

DORANTE

Voilà votre fille qui consent aux volontés de son père.

MADAME JOURDAIN

Ma fille consent à épouser un Turc ?

DORANTE

Sans doute.

MADAME JOURDAIN

Elle peut oublier Cléonte ?

DORANTE

Que ne fait-on pas pour être grand'dame ?

MADAME JOURDAIN

Je l'étranglerais de mes mains, si elle avait fait un coup comme celui-là.

MONSIEUR JOURDAIN

Voilà bien du caquet ! Je vous dis que ce mariage-là se fera.

MADAME JOURDAIN

Je vous dis, moi, qu'il ne se fera point.

MONSIEUR JOURDAIN

Ah ! que de bruit !

LUCILE

Ma mère !

MADAME JOURDAIN

Allez. Vous êtes une coquine.

MONSIEUR JOURDAIN, à madame Jourdain

Quoi ? vous la querellez de ce qu'elle m'obéit ?

MADAME JOURDAIN

Oui. Elle est à moi aussi bien qu'à vous.

COVIELLE, à madame Jourdain

Madame !

MADAME JOURDAIN

Que me voulez-vous conter, vous ?

COVIELLE

Un mot.

MADAME JOURDAIN

Je n'ai que faire de votre mot.

COVIELLE, à M. Jourdain

Monsieur, si elle veut écouter une parole en particulier, je vous promets de la faire consentir à ce que vous voulez.

MADAME JOURDAIN

Je n'y consentirai point.

COVIELLE

Écoutez-moi seulement.

MADAME JOURDAIN

Non.

MONSIEUR JOURDAIN, à madame Jourdain

Écoutez-le.

MADAME JOURDAIN

Non : je ne veux pas écouter.

MONSIEUR JOURDAIN

Il vous dira...

MADAME JOURDAIN

Je ne veux point qu'il me dise rien.

MONSIEUR JOURDAIN

Voilà une grande obstination de femme ! Cela vous fera-t-il mal de l'entendre ?

COVIELLE

Ne faites que m'écouter ; vous ferez après ce qu'il vous plaira.

MADAME JOURDAIN

Hé bien ! quoi ?

COVIELLE, bas, à madame Jourdain

Il y a une heure, Madame, que nous vous faisons signe. Ne voyez-vous pas bien que tout ceci n'est fait que pour nous ajuster aux visions de votre mari, que nous l'abusons sous ce déguisement, et que c'est Cléonte lui-même qui est le fils du Grand Turc ?

MADAME JOURDAIN, bas, à Covielle

Ah, ah.

COVIELLE, bas, à madame Jourdain

Et moi, Covielle, qui suis le truchement.

MADAME JOURDAIN, bas, à Covielle

Ah ! comme cela, je me rends.

COVIELLE, bas, à madame Jourdain

Ne faites pas semblant de rien [1].

MADAME JOURDAIN, haut

Oui. Voilà qui est fait, je consens au mariage.

MONSIEUR JOURDAIN

Ah ! voilà tout le monde raisonnable. (A madame Jourdain.) Vous ne vouliez pas l'écouter. Je savais bien qu'il vous expliquerait ce que c'est que le fils du Grand Turc.

MADAME JOURDAIN

Il me l'a expliqué comme il faut, et j'en suis satisfaite. Envoyons quérir un notaire.

DORANTE

Tandis qu'il viendra et qu'il dressera les contrats, voyons notre ballet, et donnons-en le divertissement à Son Altesse Turque.

MONSIEUR JOURDAIN

C'est fort bien avisé. Allons prendre nos places.

MADAME JOURDAIN

Et Nicole ?

---

[1] De pas avec rien tu fais la récidive, dirait Bélise (*Femmes savantes*).

MONSIEUR JOURDAIN

Je la donne au truchement ; et ma femme, à qui la voudra.

COVIELLE

Monsieur, je vous remercie. (A part.) Si l'on en peut voir un plus fou, je l'irai dire à Rome.

(La comédie finit par un petit ballet qui avait été préparé.)

LES
FOURBERIES DE SCAPIN

NOTICE SUR LES FOURBERIES DE SCAPIN

Les *Fourberies de Scapin* sont de 1671 ; elles figurèrent sur l'affiche en même temps que la tragédie-ballet de Psyché, sans doute pour attirer le public, que la pièce sérieuse à grand spectacle n'eût pas suffisamment affriandé.

Le sujet est emprunté au *Phormion* de Térence ; *Amphitryon et l'Avare*, joués en 1668, étaient des imitations de Plaute, ce qui indique qu'à cette époque de sa carrière, Molière, toutes les fois qu'il échappe à la nécessité de travailler pour Louis XIV et pour la cour, et qu'il est libre de prendre ses inspirations où bon lui semble, se tourne avec prédilection vers les deux maîtres de la comédie latine...

Ici pourtant il s'est bien écarté du comique doux et mesuré, de l'urbanité élégante de son modèle. Boileau, en un jour d'humeur sans doute, lui a reproché d'avoir fait grimacer ses figures

« Et sans honte à Térence allié Tabarin, »

c'est-à-dire la bouffonnerie grossière, bonne pour le public des carrefours, au sel fin et délicat du poète de Rome. « Je prends mon bien où je le trouve, » disait Molière. En prenant chez autrui la matière première de ses pièces, il se croyait en droit d'en faire ce qu'il voulait, et pensait pouvoir étendre les limites de son art au-delà de la haute comédie, jusqu'à la plaisanterie joyeuse, mais sans bassesse, qui n'a d'autre prétention que d'amuser et de faire rire.

Du reste Molière a puisé à d'autres sources encore qu'à la source latine. Son Scapin est le fourbe des farces italiennes, issu lui-même de l'esclave des pièces antiques, comme lui sujet à d'étranges mésaventures, fertile en ruses et expert en toutes sortes de friponneries. Mais entre les mains de Molière, quel spirituel coquin il est devenu ! a-t-on jamais vu maraud plus déluré et plus inventif ? Comme il s'entend à duper les pères récalcitrants ou avares ! comme il manie la satire ! quelle souplesse de langue et d'imagination ! et en quel style de maître s'exprime ce joyeux gaillard !

L'exclamation de Géronte : « Qu'allait-il faire dans cette galère ! » si comique qu'elle est passée en proverbe, se trouvait déjà dans une pièce de Cyrano de Bergerac, *le Pédant joué*. Molière l'a faite sienne cependant par cette répétition obstinée qui marque si bien la répugnance du père à dénouer les cordons de sa bourse pour racheter son fils, et qui joue au naturel les impuissantes récriminations dont on soulage son humeur ou son regret, après quelque accident irrémédiable.

Avant d'apparaître au Palais-Royal, la scène du sac a pu, en effet, ainsi que s'en plaint Boileau, réjouir les spectateurs du théâtre à tréteaux sur le Pont-Neuf ou ailleurs. Qu'importe si, en la reprenant, Molière l'a rendue digne d'un autre public ?

Elle semble avoir été de tradition populaire et pourrait bien remonter à quelqu'un de nos vieux conteurs. On la trouve, avec des variantes, dans plusieurs pièces antérieures aux *Fourberies de Scapin*, notamment celle de *Gorgibus dans le sac*, que Molière a jouée au temps de ses pérégrinations de province, et dont on l'a supposé auteur, non sans vraisemblance. En tous cas, si cette scène n'est pas d'un comique très fin, elle est drôle et très amusante.

A ceux qui la dédaignent et qui accusent Molière d'avoir trop donné dans la grossièreté et la bouffonnerie, on répondrait volontiers comme Dorante au poète Lysidas de l'École des Femmes : « Moquons-nous de cette chicane où ils veulent assujettir le goût du public; ne consultons dans une comédie que l'effet qu'elle fait sur nous... et ne cherchons point des raisonnements pour nous empêcher d'avoir du plaisir. »

LES
FOURBERIES DE SCAPIN

Octave, fils d'Argante, en l'absence de son père, s'est marié sans son consentement. La peccadille est un peu forte. Aussi Argante, transporté de colère, menace-t-il de déshériter son fils, s'il ne rompt le mariage. Scapin, valet de Léandre, qui est un habile fourbe, veut persuader à Argante qu'il ne se portera pas à de telles extrémités.

ARGANTE

Il le fera ou je le déshériterai.

SCAPIN

Vous?

ARGANTE

Moi.

SCAPIN

Bon!

ARGANTE

Comment, bon?

SCAPIN

Vous ne le déshériterez point.

ARGANTE

Je ne le déshériterai point ?

SCAPIN

Non.

ARGANTE

Non ?

SCAPIN

Non.

ARGANTE

Ouais ! voici qui est plaisant. Je ne déshériterai point mon fils ?

SCAPIN

Non, vous dis-je.

ARGANTE

Qui m'en empêchera ?

SCAPIN

Vous-même.

ARGANTE

Moi ?

SCAPIN

Oui ; vous n'aurez pas ce cœur-là.

ARGANTE

Je l'aurai.

SCAPIN

Vous vous moquez.

ARGANTE

Je ne me moque point.

SCAPIN

La tendresse paternelle fera son office.

ARGANTE

Elle ne fera rien.

SCAPIN

Oui, oui.

ARGANTE

Je vous dis que cela sera.

SCAPIN

Bagatelles !

ARGANTE

Il ne faut point dire : bagatelles.

SCAPIN

Mon Dieu ! je vous connais ; vous êtes bon naturellement.

ARGANTE

Je ne suis point bon, et je suis méchant quand je veux. Finissons ce discours qui m'échauffe la bile...

OCTAVE, SCAPIN, LÉANDRE

De son côté Léandre s'est permis quelques incartades, tandis que son père Géronte voyageait en compagnie d'Argante. Géronte en a été informé et a adressé à son fils de vifs reproches, prétendant qu'il tenait de Scapin ce qu'il savait de sa mauvaise conduite. Celui-ci veut châtier son valet qui, en réalité, n'a fait aucun rapport au père ; mais qui, ayant beaucoup d'autres méfaits sur la conscience, est amené à les révéler par la peur de l'épée de son maître. Cette scène est menée avec une verve étonnante et rien n'est plus comique que de voir Scapin se vendre ainsi lui-même par une série d'aveux inutiles à sa sûreté, puisque c'est de trahison que Léandre le croit coupable.

LÉANDRE

Ah ! ah ! vous voilà ! Je suis ravi de vous trouver, monsieur le coquin.

SCAPIN

Monsieur, votre serviteur. C'est trop d'honneur que vous me faites.

LÉANDRE, mettant l'épée à la main

Vous faites le méchant plaisant. Ah ! je vous apprendrai...

SCAPIN, se mettant à genoux

Monsieur !

OCTAVE, se mettant entre eux deux, pour empêcher Léandre de frapper Scapin.

Ah ! Léandre !

LÉANDRE

Non, Octave, ne me retenez point, je vous prie.

SCAPIN, à Léandre

Hé ! Monsieur !

OCTAVE, retenant Léandre

De grâce !

LÉANDRE, voulant frapper Scapin

Laissez-moi contenter mon ressentiment.

OCTAVE

Au nom de l'amitié, Léandre, ne le maltraitez point !

SCAPIN

Monsieur, que vous ai-je fait ?

LÉANDRE, voulant frapper Scapin

Ce que tu m'as fait, traître ?

OCTAVE, retenant encore Léandre

Hé, doucement.

LÉANDRE

Non, Octave ; je veux qu'il me confesse lui-même tout à l'heure[1] la perfidie qu'il m'a faite. Oui, coquin, je sais le trait que tu m'as joué, on vient de me l'apprendre, et tu ne croyais pas peut-être que l'on me dût révéler ce secret ; mais je veux en avoir la confession de ta propre bouche, ou je vais te passer cette épée au travers du corps.

SCAPIN

Ah ! Monsieur ! auriez-vous bien ce cœur-là ?

LÉANDRE

Parle donc.

SCAPIN

Je vous ai fait quelque chose, Monsieur ?

LÉANDRE

Oui, coquin ; et ta conscience ne te dit que trop ce que c'est.

SCAPIN

Je vous assure que je l'ignore.

LÉANDRE, s'avançant pour frapper Scapin

Tu l'ignores !

OCTAVE, retenant Leandre

Léandre !

SCAPIN

Hé bien ! Monsieur, puisque vous le voulez, je vous confesse que j'ai bu, avec mes amis, ce quartaut[2] de vin d'Espagne dont on vous fit présent il y a quelques jours ; et que c'est moi qui fis une fente au tonneau, et répandis de l'eau autour, pour faire croire que le vin s'était échappé.

LÉANDRE

C'est toi, pendard, qui m'as bu mon vin d'Espagne, et qui as été cause que j'ai tant querellé la servante, croyant que c'était elle qui m'avait fait le tour ?

---

[1] A l'heure même.
[2] Et d'un ! — *Quartaut.* Littéralement le quart du muid ; et, d'une manière générale, tonneau d'une petite dimension.

SCAPIN

Oui, Monsieur. Je vous en demande pardon.

LÉANDRE

Je suis bien aise d'apprendre cela. Mais ce n'est pas l'affaire dont il est question maintenant.

SCAPIN

Ce n'est pas cela, Monsieur?

LÉANDRE

Non; c'est une autre affaire qui me touche bien plus; et je veux que tu me la dises.

SCAPIN

Monsieur, je ne me souviens pas d'avoir fait autre chose.

LÉANDRE, voulant frapper Scapin

Tu ne veux pas parler?

SCAPIN

Eh!

OCTAVE, retenant Léandre

Tout doux!

SCAPIN

Oui, Monsieur, il est vrai qu'il y a trois semaines que vous m'envoyâtes porter le soir une petite montre; je revins au logis, mes habits tout couverts de boue, et le visage plein de sang, et vous dis que j'avais trouvé des voleurs qui m'avaient bien battu et m'avaient dérobé la montre; c'était moi, Monsieur, qui l'avais retenue [1].

LÉANDRE

C'est toi qui as retenu ma montre?

SCAPIN

Oui, Monsieur; afin de voir quelle heure il est.

LÉANDRE

Ah! ah! j'apprends ici de jolies choses, et j'ai un serviteur fort fidèle, vraiment! Mais ce n'est pas encore cela que je demande.

SCAPIN

Ce n'est pas cela?

[1] Et de deux!

LÉANDRE

Non, infâme ; c'est autre chose encore que je veux que tu me confesses.

SCAPIN, à part

Peste !

LÉANDRE

Parle vite, j'ai hâte.

SCAPIN

Monsieur, voilà tout ce que j'ai fait.

LÉANDRE, voulant frapper Scapin

Voilà tout ?

OCTAVE, se mettant au-devant de Léandre

Hé !

SCAPIN

Hé bien, oui, Monsieur : vous vous souvenez de ce loup-garou[1], il y a six mois, qui vous donna tant de coups de bâton la nuit, et vous pensa[2] faire rompre le cou dans une cave où vous tombâtes en fuyant ?

LÉANDRE

Eh bien ?

SCAPIN

C'était moi, Monsieur, qui faisais le loup-garou[3].

LÉANDRE

C'était toi, traître, qui faisais le loup-garou ?

SCAPIN

Oui, Monsieur ; seulement pour vous faire peur, et vous ôter l'envie de nous faire courir toutes les nuits comme vous aviez coutume.

LÉANDRE

Je saurai me souvenir, en temps et lieu, de tout ce que je viens d'apprendre. Mais je veux venir au fait, et que tu me confesses ce que tu as dit à mon père.

SCAPIN

A votre père ?

LÉANDRE

Oui, fripon, à mon père.

---

[1] Epouvantail créé par l'imagination populaire ; personnage fantastique qui passait pour errer la nuit sous la forme d'un loup.

[2] Et qui manqua de ..

[3] Et de trois ! Et cela va *empirando* (en empirant), comme dit Mme de Sévigné.

SCAPIN
Je ne l'ai pas seulement vu depuis son retour.

LÉANDRE
Tu ne l'as pas vu ?

SCAPIN
Non, Monsieur.

LÉANDRE
Assurément ?

SCAPIN
Assurément. C'est une chose que je vais vous faire dire par lui-même.

LÉANDRE
C'est de sa bouche que je le tiens pourtant.

SCAPIN
Avec votre permission, il n'a pas dit la vérité.

Scapin, sur l'honnêteté duquel nous sommes déjà édifiés, n'a pas encore eu occasion de faire briller tous ses talents. Mais voici qu'une bonne occasion se présente. Léandre a besoin de cinq cents écus et s'adresse à son valet qu'il sait fécond en tours de son métier. Scapin fait d'abord mine de refuser ses services, car il a sur le cœur les menaces de Léandre et peut-être aussi les aveux peu honorables qu'il a dû faire. Mais il se laisse fléchir, autant sans doute par amour de l'intrigue que par attachement pour son maître. Il promet donc de soutirer à Géronte la somme que désire son fils et s'engage à rendre à Octave un service analogue.

LÉANDRE, OCTAVE, SCAPIN

LÉANDRE
Ah ! mon pauvre Scapin, j'implore ton secours.

SCAPIN, *se levant et passant fièrement devant Léandre*
Ah ! « mon pauvre Scapin. » Je suis mon pauvre Scapin, à cette heure qu'on a besoin de moi.

LÉANDRE
Va, je te pardonne tout ce que tu viens de me dire, et pis encore si tu me l'as fait.

SCAPIN
Non, non, ne me pardonnez rien. Passez-moi votre épée au travers du corps. Je serai ravi que vous me tuiez.

LÉANDRE
Non. Je te conjure plutôt de me donner la vie en servant mon amour.

SCAPIN

Point, point ; vous ferez mieux de me tuer.

LÉANDRE

Tu m'es trop précieux ; et je te prie de vouloir employer pour moi ce génie admirable qui vient à bout de toutes choses.

SCAPIN

Non ; tuez-moi, vous dis-je.

LÉANDRE

Ah ! de grâce, ne songe plus à tout cela, et pense à me donner le secours que je te demande.

OCTAVE

Scapin, il faut faire quelque chose pour lui.

SCAPIN

Le moyen, après une avanie de la sorte ?

LÉANDRE

Je te conjure d'oublier mon emportement et de me prêter ton adresse.

OCTAVE

Je joins mes prières aux siennes.

SCAPIN

J'ai cette insulte-là sur le cœur.

OCTAVE

Il faut quitter ton ressentiment.

LÉANDRE

Voudrais-tu m'abandonner, Scapin, dans la cruelle extrémité où se voit mon amour ?

SCAPIN

Me venir faire, à l'improviste, un affront comme celui-là !

LÉANDRE

J'ai tort, je le confesse.

SCAPIN

Me traiter de coquin, de fripon, de pendard, d'infâme !

LÉANDRE

J'en ai tous les regrets du monde.

SCAPIN

Me vouloir passer son épée au travers du corps !

LÉANDRE

Je t'en demande pardon de tout mon cœur ; et, s'il ne tient qu'à me jeter à tes genoux, tu m'y vois, Scapin, pour te conjurer encore une fois de ne me point abandonner.

OCTAVE

Ah ! ma foi, Scapin, il faut se rendre à cela.

SCAPIN

Levez-vous. Une autre fois ne soyez pas si prompt.

LÉANDRE

Me promets-tu de travailler pour moi ?

SCAPIN

On y songera.

LÉANDRE

Mais tu sais que le temps presse.

SCAPIN

Ne vous mettez pas en peine. Combien est-ce qu'il vous faut ?

LÉANDRE

Cinq cents écus.

SCAPIN

Et à vous ?

OCTAVE

Deux cents pistoles [1].

SCAPIN

Je veut tirer cet argent de vos pères. (A Octave.) Pour ce qui est du vôtre, la machine est déjà toute trouvée. (A Léandre.) Et quant au vôtre, bien qu'avare au dernier degré, il faudra moins de façon encore : car vous savez que, pour l'esprit, il n'en a pas, grâce à Dieu, grande provision ; et je le livre pour une espèce d'homme à qui l'on fera toujours croire tout ce que l'on voudra. Cela ne vous offense point ; il ne tombe entre lui et vous aucun soupçon de ressemblance.

---

[1] C'est-à-dire pour l'un 3.000 francs (s'il s'agit de l'écu d'or) et pour l'autre 2.200.

LÉANDRE

Tout beau, Scapin [1].

SCAPIN

Bon, bon, on fait bien scrupule de cela! Vous moquez-vous? Mais j'aperçoi venir le père d'Octave. Commençons par lui, puisqu'il se présente. Allez-vous-en tous deux. (A Octave.) Et vous, avertissez votre Silvestre [2] de venir vite jouer son rôle.

ARGANTE, SCAPIN

SCAPIN, à part

Le voilà qui rumine.

ARGANTE, se croyant seul

Avoir si peu de conduite et de considération! S'aller jeter dans un engagement comme celui-là! Ah! ah! jeunesse impertinente [3]!

SCAPIN

Monsieur, votre serviteur.

ARGANTE

Bonjour, Scapin.

SCAPIN

Vous rêvez à l'affaire de votre fils?

ARGANTE

Je t'avoue que cela me donne un furieux chagrin.

SCAPIN

Monsieur, la vie est mêlée de traverses: il est bon de s'y tenir sans cesse préparé; et j'ai ouï dire, il y a longtemps une parole d'un ancien, que j'ai toujours retenue.

ARGANTE

Quoi?

SCAPIN

Que, pour peu qu'un père de famille ait été absent de chez lui, il

---

[1] Scapin ne se gêne guère en parlant de Géronte à son fils; et celui-ci ne se presse pas de lui imposer silence. Cela n'a rien de bien étonnant de la part d'un fils qui consent à laisser voler son père à son profit. Ce sont fripons et Cie que tous ces gens là; mais la gaieté de la plaisanterie fait tout passer. On voit bien qu'il ne s'agit que de rire et qu'il n'y a aucune conséquence morale à tirer de là, les Fourberies de Scapin étant une pure comédie d'intrigue, une farce à l'italienne, dont l'action se passe à Naples.

[2] Silvestre, valet d'Octave, s'est, par les machinations de Scapin, déguisé en spadassin pour épouvanter Argante.

[3] Non pertinente, n'agissant pas pertinemment, comme il convient.

doit promener son esprit sur tous les fâcheux accidents que son retour peut rencontrer : se figurer sa maison brûlée, son argent dérobé, sa femme morte, son fils estropié..., et ce qu'il trouve qui ne lui est point arrivé, l'imputer à bonne fortune. Pour moi, j'ai pratiqué toujours cette leçon dans ma petite philosophie, et je ne suis jamais revenu au logis que je ne me sois tenu prêt à la colère de mes maîtres, aux réprimandes, aux injures, aux coups de pied, aux bastonnades, aux étrivières [1] ; et ce qui a manqué à [2] m'arriver, j'en ai rendu grâce à mon destin.

ARGANTE

Voilà qui est bien. Mais ce mariage impertinent [3], qui trouble celui que nous voulons faire, est une chose que je ne puis souffrir, et je viens de consulter des avocats pour le faire casser.

SCAPIN

Ma foi, Monsieur, si vous m'en croyez, vous tâcherez, par quelque autre voie, d'accommoder l'affaire. Vous savez ce que c'est que les procès en ce pays-ci, et vous allez vous enfoncer dans d'étranges épines.

ARGANTE

Tu as raison, je le vois bien ; mais quelle autre voie ?

SCAPIN

Je pense que j'en ai trouvé une. La compassion que m'a donné tantôt votre chagrin m'a obligé à chercher dans ma tête quelque moyen pour vous tirer d'inquiétude ; car je ne saurais voir d'honnêtes pères chagrinés par leurs enfants que cela ne m'émeuve ; et, de tout temps, je me suis senti pour votre personne une inclination particulière.

ARGANTE

Je te suis obligé.

SCAPIN

J'ai donc été trouver le frère de cette fille qui a été épousée. C'est un de ces braves de profession, de ces gens qui sont tout coups d'épée, qui ne parlent que d'échiner, et ne font non plus de cons-

---

[1] Primitivement, courroie de cuir qui attachait l'étrier ; ensuite, courroie pour frapper.

[2] On dirait aujourd'hui, *de* m'arriver.
[3] Le mariage qu'Octave a contracté à l'insu de son père.

cience de tuer un homme que d'avaler un verre de vin. Je l'ai mis sur ce mariage, lui ai fait voir vos prérogatives du nom de père, et l'appui que vous donneraient, auprès de la justice, et votre droit, et votre argent, et vos amis [1]. Enfin, je l'ai tant tourné de tous les côtés qu'il a prêté l'oreille aux propositions que je lui ai faites d'ajuster l'affaire pour quelque somme ; et il donnera son consentement à rompre le mariage pourvu que vous lui donniez de l'argent.

ARGANTE

Et qu'a-t-il demandé ?

SCAPIN

Oh ! d'abord des choses par-dessus les maisons.

ARGANTE

Et quoi ?

SCAPIN

Des choses extravagantes.

ARGANTE

Mais encore ?

SCAPIN

Il ne parlait pas moins que de cinq ou six cents pistoles.

ARGANTE

Cinq ou six cents fièvres quartaines [2] qui le puissent serrer ! Se moque-t-il des gens ?

SCAPIN

C'est ce que je lui ai dit. J'ai rejeté bien loin de pareilles propositions, et je lui ai bien fait entendre que vous n'étiez point une dupe, pour vous demander des cinq ou six cents pistoles. Enfin, après plusieurs discours, voici où s'est réduit le résultat de notre conférence. Nous voilà au temps, m'a-t-il dit, que je dois partir pour l'armée ; je suis après à [3] m'équiper, et le besoin que j'ai de quelque argent me fait consentir, malgré moi, à ce qu'on me propose. Il me faut un cheval de service, et je n'en saurais avoir un qui soit tant soit peu raisonnable, à moins de soixante pistoles.

ARGANTE

Hé bien ! pour soixante pistoles, je les donne.

---

[1] Ce n'est pas la première fois que Molière traite la justice de façon à nous donner une pauvre idée de l'intégrité avec laquelle elle était rendue. Les autres grands écrivains du siècle en ont aussi fait la satire ; ils l'ont montrée vénale et soumise à toutes les influences.

[2] Fièvres quartes, c'est-à-dire avec des accès revenant tous les quatre jours.

[3] Entrain de...

SCAPIN

Il faudra le harnois et les pistolets ; et cela ira bien à vingt pistoles encore.

ARGANTE

Vingt pistoles, et soixante, ce serait quatre-vingts !

SCAPIN

Justement.

ARGANTE

C'est beaucoup ; mais soit. Je consens à cela.

SCAPIN

Il me faut aussi un cheval pour monter mon valet, qui coûtera bien trente pistoles.

ARGANTE

Comment, diantre ! Qu'il se promène ! Il n'aura rien du tout.

SCAPIN

Monsieur...

ARGANTE

Non. C'est un impertinent.

SCAPIN

Voulez-vous que son valet aille à pied ?

ARGANTE

Qu'il aille comme il lui plaira et le maître aussi.

SCAPIN

Mon Dieu, Monsieur, ne vous arrêtez point à si peu de chose. N'allez point plaider, je vous prie, et donnez tout pour vous sauver des mains de la justice.

ARGANTE

Eh bien ! soit. Je me résous à donner encore ces trente pistoles.

SCAPIN

Il me faut encore, a-t-il dit, un mulet pour porter...

ARGANTE

Oh ! qu'il aille au diable avec son mulet ! C'en est trop, et nous irons devant les juges.

SCAPIN

De grâce, Monsieur !...

ARGANTE

Non ; je n'en ferai rien.

SCAPIN

Monsieur, un petit mulet.

ARGANTE

Je ne lui donnerais pas seulement un âne.

SCAPIN

Considérez...

ARGANTE

Non ; j'aime mieux plaider.

SCAPIN

Eh, Monsieur! de quoi parlez-vous là, et à quoi vous résolvez-vous! Jetez les yeux sur les détours de la justice ; voyez combien d'appels et de degrés de juridiction, combien de procédures embarrassantes, combien d'animaux ravissants par les griffes desquels il vous faudra passer : sergents, procureurs, avocats, greffiers, substituts, rapporteurs, juges, et les clercs. Il n'y a pas un de tous ces gens-là qui, pour la moindre chose, ne soit capable de donner un soufflet au meilleur droit du monde. Un sergent[1] baillera de faux exploits, sur quoi vous serez condamné sans que vous le sachiez ; votre procureur s'entendra avec votre partie et vous vendra à beaux deniers comptants. Votre avocat, gagné de même, ne se trouvera point lorsqu'on plaidera votre cause, on dira des raisons qui ne feront que battre la campagne[2] et n'iront point au fait. Le greffier délivrera par contumace[3] des sentences et arrêts contre vous. Le clerc du rapporteur soustraira des pièces, ou le rapporteur même ne dira pas ce qu'il a vu. Et quand, par les plus grandes précautions du monde, vous aurez paré tout cela, vous serez ébahi que vos juges auront été sollicités contre vous. Eh, Monsieur? si vous le pouvez, sauvez-vous de cet enfer-là. C'et être damné dès ce monde que de d'avoir à plaider ; et la seule pensée d'un procès serait capable de me faire fuir jusqu'aux Indes[4].

ARGANTE

A combien est-ce qu'il fait monter son mulet?

SCAPIN

Monsieur, pour le mulet, pour son cheval, et celui de son homme,

---

[1] Le sergent remplissait à peu près les fonctions d'un huissier d'aujourd'hui.
[2] *Battre la campagne*, divaguer.
[3] Condamner par *contumace*, c'est condamner un absent par défaut.
[4] Satire sanglante de la justice.

pour les harnais et les pistolets, et pour payer quelque petite chose qu'il doit à son hôtesse, il demande en tout deux cents pistoles.

ARGANTE

Deux cents pistoles !

SCAPIN

Oui.

ARGANTE, se promenant en colère le long du théâtre

Allons, allons, nous plaiderons.

SCAPIN

Faites réflexion...

ARGANTE

Je plaiderai.

SCAPIN

Ne vous allez point jeter...

ARGANTE

Je veux plaider.

SCAPIN

Mais, pour plaider, il vous faudra de l'argent; il vous en faudra pour l'exploit; il vous en faudra pour le contrôle [1]; il vous en faudra pour la procuration, pour la présentation, les conseils, productions, et journées de procureur [2]; il vous en faudra pour les consultations et plaidoiries des avocats, pour le droit de retirer le sac [3], et pour les grosses écritures [4]; il vous en faudra pour le rapport des substituts, pour les épices [5] de conclusion, pour l'enregistrement du greffier, façon [6] d'appointement, sentences et arrêts, contrôles, signatures et expéditions de leurs clercs, sans parler de tous les présents qu'il vous faudra faire. Donnez cet argent-là à cet homme-ci, et vous voilà hors d'affaire.

ARGANTE

Comment, deux cents pistoles !

SCAPIN

Oui. Vous y gagnerez. J'ai fait un petit calcul, en moi-même, de tous les frais de la justice ; et j'ai trouvé qu'en donnant deux cents

---

[1] L'enregistrement.
[2] *Présentation*, acte par lequel le procureur déclarait se présenter pour un plaideur; *droit de conseil*, droit que prélevait le procureur pour chacune des questions à propos desquelles il devait défendre son client; *production*, acte de produire les pièces relatives au procès.

[3] Pour retirer le *dossier*.
[4] *Grosses écritures*, copies (en gros caractères).
[5] Droits payés aux juges à l'issue du procès. Autrefois ils étaient payés en nature, de là ce nom d'*épices*.
[6] Pour la *façon*, c'est-à-dire la copie de l'appointement, des sentences, etc.

pistoles à votre homme, vous en aurez de reste, pour le moins, cent cinquante, sans compter les soins, les pas et les chagrins que vous vous épargnerez. Quand il n'y aurait à essuyer que les sottises que disent devant tout le monde de méchants plaisants d'avocats, j'aimerais mieux donner trois cents pistoles que de plaider.

ARGANTE

Je me moque de cela, et je défie les avocats de rien dire de moi.

SCAPIN

Vous ferez ce qu'il vous plaira ; mais, si j'étais que de vous[1], je fuirais les procès.

ARGANTE

Je ne donnerai point deux cents pistoles.

SCAPIN

Voici l'homme dont il s'agit.

ARGANTE, SCAPIN, SILVESTRE, déguisé en spadassin

SILVESTRE

Scapin, fais-moi connaître un peu cet Argante qui est père d'Octave.

SCAPIN

Pourquoi, Monsieur ?

SILVESTRE

Je viens d'apprendre qu'il veut me mettre en procès et faire rompre par justice le mariage de ma sœur.

SCAPIN

Je ne sais pas s'il a cette pensée ; mais il ne veut point consentir aux deux cents pistoles que vous voulez, et il dit que c'est trop.

SILVESTRE

Par la mort ! par la tête ! par le ventre ! si je le trouve, je le veux échiner, dussé-je être roué tout vif.

(Argante, pour n'être point vu, se tient en tremblant derrière Scapin.)

SCAPIN

Monsieur, ce père d'Octave a du cœur ; et peut-être ne vous craindra-t-il point.

SILVESTRE

Lui, lui ? Par le sang ! par la tête ! s'il était là, je lui donnerais

[1] Si j'étais à votre place.

tout à l'heure de l'épée dans le ventre. (Apercevant Argante.) Qui est cet homme-là?

SCAPIN

Ce n'est pas lui, Monsieur; ce n'est pas lui.

SILVESTRE

N'est-ce point quelqu'un de ses amis?

SCAPIN

Non, Monsieur, au contraire : c'est son ennemi capital.

SILVESTRE

Son ennemi capital?

SCAPIN

Oui.

SILVESTRE

Ah, parbleu, j'en suis ravi. (A Argante.) Vous êtes ennemi, Monsieur, de ce faquin[1] d'Argante? Hé?

SCAPIN

Oui, oui! je vous en réponds.

SILVESTRE, secouant rudement la main d'Argante

Touchez là; touchez. Je vous donne ma parole, et je vous jure sur mon honneur, par l'épée que je porte, par tous les serments que je saurais faire, qu'avant la fin du jour je vous déferai de ce maraud fieffé[2], de ce faquin d'Argante. Reposez-vous sur moi.

SCAPIN

Monsieur, les violences, en ce pays-ci, ne sont guère souffertes.

SILVESTRE

Je me moque de tout, et je n'ai rien à perdre.

SCAPIN

Il se tiendra sur ses gardes assurément; il a des parents, des amis et des domestiques dont il se fera un secours contre votre ressentiment.

SILVESTRE

C'est ce que je demande, morbleu! c'est ce que je demande. (Mettant l'épée à la main.) Ah, tête! Ah, ventre! Que ne le trouvé-je à cette heure avec tout son secours? Que ne paraît-il à mes yeux au milieu de trente personnes? Que ne le vois-je fondre sur moi les

[1] Voir t. 1, note 2, p. 50.   [2] Voir la note 6, p. 28.

armes à la main ! (Se mettant en garde.) Comment marauds ! vous avez la hardiesse de vous attaquer à moi ! Allons, morbleu, tue ! (Poussant de tous les côtés, comme s'il avait plusieurs personnes à combattre.) Point de quartier ! Donnons. Ferme. Poussons. Bon pied, bon œil. Ah ! coquins ! Ah ! canaille ! vous en voulez par là ; je vous en ferai tâter tout votre soûl. Soutenez, marauds, soutenez. Allons. A cette botte[1]. A cette autre. (Se tournant du côté d'Argante et de Scapin.) A celle-ci. A celle-là. Comment, vous reculez ? Pied ferme, morbleu ! pied ferme.

SCAPIN

Eh, eh, eh ! Monsieur, nous n'en sommes pas.

SILVESTRE

Voilà qui vous apprendra à oser jouer à moi.

ARGANTE, SCAPIN

SCAPIN

Hé bien ! vous voyez combien de personnes tuées pour deux cents pistoles. Or sus, je vous souhaite une bonne fortune.

ARGANTE, tout tremblant

Scapin !

SCAPIN

Plaît-il ?

ARGANTE

Je me résous à donner les deux cents pistoles.

SCAPIN

J'en suis ravi pour l'amour de vous.

ARGANTE

Allons le trouver ; je les ai sur moi.

SCAPIN

Vous n'avez qu'à me les donner. Il ne faut pas, pour votre honneur, que vous paraissiez là après avoir passé ici pour autre que ce que vous êtes ; et, de plus, je craindrais qu'en vous faisant connaître il n'allât s'aviser de vous demander davantage.

ARGANTE

Oui ; mais j'aurais été bien aise de voir comme je donne mon argent.

[1] Voyez la note 3, p. 24.

SCAPIN

Est-ce que vous vous défiez de moi?

ARGANTE

Non pas ; mais...

SCAPIN

Parbleu! Monsieur, je suis un fourbe, ou je suis honnête homme ; c'est l'un des deux. Est-ce que je voudrais vous tromper, et que, dans tout ceci, j'ai d'autre intérêt que le vôtre et celui de mon maître, à qui vous voulez vous allier[1]? Si je vous suis suspect, je ne me mêle plus de rien, et vous n'avez qu'à chercher dès cette heure qui accommodera vos affaires.

ARGANTE

Tiens donc.

SCAPIN

Non, Monsieur, ne me confiez point votre argent. Je serai bien aise que vous vous serviez de quelque autre.

ARGANTE

Mon Dieu! tiens.

SCAPIN

Non, vous dis-je ; ne vous fiez point à moi. Que sait-on si je ne veux point vous attraper votre argent?

ARGANTE

Tiens, te dis-je ; ne me fais point contester davantage. Mais songe à bien prendre tes sûretés avec lui.

SCAPIN

Laissez-moi faire ; il n'a pas affaire à un sot.

ARGANTE

Je vais t'attendre chez moi.

SCAPIN

Je ne manquerai pas d'y aller. (Seul.) Et un. Je n'ai qu'à chercher l'autre. Ah! ma foi, le voici. Il semble que le ciel, l'un après l'autre, les amène dans mes filets.

SCAPIN, GÉRONTE

SCAPIN, faisant semblant de ne pas voir Géronte

O ciel! ô disgrâce imprévue! ô misérable père! Pauvre Géronte que feras-tu?

[1] Argante veut marier Léandre à la fille de Géronte.

GÉRONTE, à part

Que dit-il là de moi, avec ce visage affligé ?

SCAPIN

N'y a-t-il personne qui puisse me dire où est le seigneur Géronte ?

GÉRONTE

Qu'y a-t-il Scapin ?

SCAPIN, courant sur le théâtre, sans vouloir entendre ni voir Géronte

Où pourrais-je le rencontrer pour lui dire cette infortune ?

GÉRONTE, courant après Scapin

Qu'est-ce que c'est donc ?

SCAPIN

En vain je cours de tous côtés pour pouvoir le trouver.

GÉRONTE

Me voici.

SCAPIN

Il faut qu'il soit caché en quelque endroit qu'on ne puisse point deviner.

GÉRONTE, arrêtant Scapin

Holà ! Es-tu aveugle que tu ne me vois pas.

SCAPIN

Ah ! Monsieur, il n'y a pas moyen de vous rencontrer.

GÉRONTE

Il y a une heure que je suis devant toi. Qu'est-ce que c'est donc qu'il y a !

SCAPIN

Monsieur...

GÉRONTE

Quoi ?

SCAPIN

Monsieur, votre fils...

GÉRONTE

Eh bien ! mon fils ?

SCAPIN

Est tombé dans une disgrâce la plus étrange du monde.

GÉRONTE

Et quelle ?

SCAPIN

Je l'ai trouvé tantôt tout triste de je ne sais quoi que vous lui avez dit, où vous m'avez mêlé assez mal à propos ; et, cherchant à divertir cette tristesse, nous nous sommes allés promener sur le port. Là, entre autres plusieurs choses, nous avons arrêté nos yeux sur une galère turque assez bien équipée. Un jeune Turc de bonne mine nous a invité d'y entrer, et nous a présenté la main. Nous y avons passé. Il nous a fait mille civilités, nous a donné la collation, où nous avons mangé des fruits les plus excellents qui se puissent voir et bu du vin que nous avons trouvé le meilleur du monde[1].

GÉRONTE

Qu'y a-t-il de si affligeant à tout cela?

SCAPIN

Attendez, Monsieur, nous y voici. Pendant que nous mangions, il a fait mettre la galère en mer; et, se voyant éloigné du port, il m'a fait mettre dans un esquif et m'envoie vous dire que, si vous ne lui envoyez par moi, tout à l'heure, cinq cents écus, il va vous emmener votre fils[2] en Alger.

GÉRONTE

Comment diantre! cinq cents écus!

SCAPIN

Oui, Monsieur; et, de plus, il ne m'a donné pour cela que deux heures.

GÉRONTE

Ah! le pendard de Turc! m'assassiner de la façon!

SCAPIN

C'est à vous, Monsieur, d'aviser promptement aux moyens de sauver des fers un fils que vous aimez avec tant de tendresse.

GÉRONTE

Que diable allait-il faire dans cette galère?

SCAPIN

Il ne songeait pas à ce qui est arrivé.

GÉRONTE

Va-t'en, Scapin, va-t'en vite dire à ce Turc que je vais envoyer la justice après lui.

SCAPIN

La justice en pleine mer! vous moquez-vous des gens?

---

[1] Quelle fertilité d'invention! On sent que Scapin s'y complait.

[2] *En* s'employait alors pour *à* devant les noms de villes commençant par une voyelle.

GÉRONTE
Que diable allait-il faire dans cette galère ?

SCAPIN
Une méchante destinée conduit quelquefois les personnes.

GÉRONTE
Il faut, Scapin, il faut que tu fasses ici l'action d'un serviteur fidèle.

SCAPIN
Quoi, Monsieur?

GÉRONTE
Que tu ailles dire à ce Turc qu'il me renvoie mon fils et que tu te mets à sa place jusqu'à ce que j'aie amassé la somme qu'il demande.

SCAPIN
Eh ! Monsieur, songez-vous à ce que vous dites ? et vous figurez-vous que ce Turc ait si peu de sens que d'aller recevoir un misérable comme moi à la place de votre fils ?

GÉRONTE
Que diable allait-il faire dans cette galère ?

SCAPIN
Il ne devinait pas ce malheur. Songez, Monsieur, qu'il ne m'a donné que deux heures.

GÉRONTE
Tu dis qu'il demande?...

SCAPIN
Cinq cents écus.

GÉRONTE
Cinq cents écus ! n'a-t-il point de conscience ?

SCAPIN
Vraiment oui, de la conscience à un Turc.

GÉRONTE
Sait-il bien ce que c'est que cinq cents écus ?

SCAPIN
Oui, Monsieur, il sait que c'est mille cinq cents livres.

GÉRONTE
Croit-il, le traître, que mille cinq cents livres se trouvent dans le pas d'un cheval[1] ?

---

[1] C'est-à-dire facilement.

SCAPIN

Ce sont des gens qui n'entendent point de raison.

GÉRONTE

Mais que diable allait-il faire dans cette galère ?

SCAPIN

Il est vrai ; mais quoi ? on ne prévoyait pas les choses. De grâce, Monsieur, dépêchez.

GÉRONTE

Tiens, voilà la clef de mon armoire.

SCAPIN

Bon.

GÉRONTE

Tu l'ouvriras.

SCAPIN

Fort bien.

GÉRONTE

Tu trouveras une grosse clef du côté gauche, qui est celle de mon grenier.

SCAPIN

Oui.

GÉRONTE

Tu iras prendre toutes les hardes qui sont dans cette grande manne, et tu les vendras aux fripiers pour aller racheter mon fils.

SCAPIN, en lui rendant la clef

Eh ! Monsieur, rêvez-vous ? Je n'aurais pas cent francs de tout ce que vous dites ; et de plus, vous savez le peu de temps qu'on m'a donné.

GÉRONTE

Mais que diable allait-il faire dans cette galère ?

SCAPIN

Oh ! que de paroles perdues ! Laissez là cette galère, et songez que le temps presse, et que vous courez risque de perdre votre fils. Hélas ! mon pauvre maître, peut-être que je ne te verrai de ma vie et qu'à l'heure que je parle on t'emmène esclave en Alger ! Mais le ciel me sera témoin que j'ai fait pour toi tout ce que j'ai pu, et que, si tu manques à être racheté, il n'en faut accuser que le peu d'amitié d'un père.

GÉRONTE

Attends, Scapin, je m'en vais quérir cette somme.

SCAPIN

Dépêchez donc vite, Monsieur; je tremble que l'heure ne sonne.

GÉRONTE

N'est-ce pas quatre cents écus que tu dis?

SCAPIN

Non; cinq cents écus.

GÉRONTE

Cinq cents écus!

SCAPIN

Oui.

GÉRONTE

Que diable allait-il faire dans cette galère?

SCAPIN

Vous avez raison. Mais hâtez-vous.

GÉRONTE

N'y avait-il point d'autre promenade?

SCAPIN

Cela est vrai; mais faites promptement.

GÉRONTE

Ah! maudite galère!

SCAPIN, à part

Cette galère lui tient au cœur.

GÉRONTE

Tiens, Scapin, je ne me souvenais pas que je viens justement de recevoir cette somme en or, et je ne croyais pas qu'elle dût m'être sitôt ravie. (Il lui présente sa bourse qu'il ne laisse cependant pas aller; et, dans ses transports, il fait aller son bras de côté et d'autre, et Scapin le sien pour avoir la bourse.) Tiens. Va-t'en racheter mon fils.

SCAPIN

Oui, Monsieur.

GÉRONTE

Mais dis à ce Turc que c'est un scélérat.

SCAPIN

Oui.

GÉRONTE

Un infâme.

SCAPIN

Oui.

GÉRONTE

Un homme sans foi, un voleur.

SCAPIN
Laissez-moi faire.

GÉRONTE
Qu'il me tire cinq cents écus contre toute sorte de droit.

SCAPIN
Oui.

GÉRONTE
Que je ne les lui donne ni à la mort, ni à la vie.

SCAPIN
Fort bien.

GÉRONTE
Et que, si jamais je l'attrape, je saurai me venger de lui.

SCAPIN
Oui.

GÉRONTE, remet la bourse dans sa poche et s'en va.
Va, va vite requérir mon fils.

SCAPIN, courant après Géronte
Holà ! Monsieur.

GÉRONTE
Quoi ?

SCAPIN
Où est donc cet argent ?

GÉRONTE
Ne te l'ai-je pas donné ?

SCAPIN
Non vraiment ; vous l'avez remis dans votre poche.

GÉRONTE
Ah ! c'est la douleur qui me trouble l'esprit.

SCAPIN
Je le vois bien.

GÉRONTE
Que diable allait-il faire dans cette galère ? Ah ! maudite galère ! Traître de Turc, à tous les diables ! (Il donne sa bourse.)

SCAPIN, seul
Il ne peut digérer les cinq cents écus que je lui arrache ; mais il n'est pas quitte envers moi, et je veux qu'il me paye, en une autre monnaie, l'imposture qu'il m'a faite auprès de son fils.

Scapin veut, en effet, se venger des désagréments que Géronte lui a attirés, en disant à son fils que c'était de lui, Scapin, qu'il tenait certains rapports fâcheux sur sa conduite ; et il imagine une ruse, bouffonne pour le public, mais cruelle pour le pauvre Géronte.

GÉRONTE
Hé bien, Scapin, comment va l'affaire de mon fils?

SCAPIN
Votre fils, Monsieur, est en lieu de sûreté. Mais vous courez maintenant, vous, le péril le plus grand du monde, et je voudrais, pour beaucoup, que vous fussiez dans votre logis.

GÉRONTE
Comment donc?

SCAPIN
A l'heure que je parle, on vous cherche de toutes parts pour vous tuer.

GÉRONTE
Moi?

SCAPIN
Oui.

GÉRONTE
Et qui?

SCAPIN
Le frère de cette personne qu'Octave a épousée. Il croit que le dessein que vous avez de mettre votre fille à la place que tient sa sœur est ce qui vous pousse le plus fort à faire rompre leur mariage; et, dans cette pensée, il a résolu hautement de décharger son désespoir sur vous, et de vous ôter la vie pour venger son honneur. Tous ses amis, gens d'épée comme lui, vous cherchent de tous les côtés et demandent de vos nouvelles. J'ai vu même, deçà et delà, des soldats de sa compagnie, qui interrogent ceux qu'ils trouvent et occupent par pelotons toutes les avenues de votre maison; de sorte que vous ne sauriez aller chez vous, vous ne sauriez faire un pas ni à droite ni à gauche, que vous ne tombiez dans leurs mains.

GÉRONTE
Que ferai-je, mon pauvre Scapin?

SCAPIN
Je ne sais pas, Monsieur; et voici une étrange affaire. Je tremble pour vous depuis les pieds jusqu'à la tête; et... Attendez. (Il se retourne et fait semblant d'aller voir au fond du théâtre s'il n'y a personne.)

GÉRONTE, en tremblant
Eh?

SCAPIN, en revenant
Non, non, non; ce n'est rien.

GÉRONTE
Ne saurais-tu trouver quelque moyen pour me tirer de peine.

SCAPIN

J'en imagine bien un; mais je courrais risque, moi, de me faire assommer.

GÉRONTE

Eh! Scapin! montre-toi serviteur zélé. Ne m'abandonne pas, je te prie.

SCAPIN

Je le veux bien; j'ai une tendresse pour vous qui ne saurait souffrir que je vous laisse sans secours.

GÉRONTE

Tu en seras récompensé, je t'assure : et je te promets cet habit-ci quand je l'aurai un peu usé.

SCAPIN

Attendez. Voici une affaire que j'ai trouvée fort à propos pour vous sauver. Il faut que vous vous mettiez dans ce sac, et que...

GÉRONTE, croyant voir quelqu'un

Ah!

SCAPIN

Non, non, non; ce n'est personne. Il faut dis-je, que vous vous mettiez là-dedans, et que vous vous gardiez de remuer en aucune façon. Je vous chargerai sur mon dos, comme un paquet de quelque chose, et je vous porterai ainsi, au travers de vos ennemis, jusque dans votre maison, où quand nous serons une fois, nous pourrons nous barricader et envoyer quérir main forte contre la violence.

GÉRONTE

L'invention est bonne.

SCAPIN

La meilleure du monde vous allez voir. (A part.) Tu me payeras l'imposture.

GÉRONTE

Eh?

SCAPIN

Je dis que vos ennemis seront bien attrapés. Mettez-vous bien jusqu'au fond; et surtout prenez garde de ne vous point montrer et de ne branler pas, quelque chose qui puisse arriver.

GÉRONTE

Laisse-moi faire; je saurai me tenir.

SCAPIN

Cachez-vous : voici un spadassin qui vous cherche. (En contrefaisant sa voix.) — Quoi! jé n'aurai pas l'abantage dé tué cé Géronte ; et quelqu'un, par charité, né m'enseignera pas où il est. — (A Géronte avec sa voix ordinaire.) Ne branlez pas. — Cadédis[1] ! jé lé troubérai, sé cachât-il au centré dé la terre. — (A Géronte, avec son ton naturel.) Ne vous montrez pas. (*Tout le langage gascon est supposé de celui qu'il contrefait et le reste de lui.*) — Oh! l'homme au sac. — Monsieur. — Jé té vaille[2] un louis, et m'enseigne où peut être Géronte. — Vous cherchez le seigneur Géronte. — Oui, mordi, jé lé cherche. — Et pour quelle affaire, Monsieur ? — Pour quelle affaire ? — Oui. — Jé beux, cadédis, lé faire mourir sous les coups dé vâton. — Oh! Monsieur, les coups de bâton ne se donnent point à des gens comme lui, et ce n'est pas un homme à être traité de la sorte. — Qui? cé fat dé Géronte, cé maraut, cé vélître ? — Le seigneur Géronte, Monsieur, n'est ni fat, ni maraud, ni bélître ; et vous devriez, s'il vous plaît, parler d'autre façon. — Comment! tu mé traites, à moi, avec cetté hautur ? — Je défends comme je dois, un homme d'honneur qu'on offense. — Est-cé qué tu es des amis dé cé Géronte ? — Oui, Monsieur j'en suis. — Ah! cadèdis, tu es dé ses amis ; à la vonne hure. (Donnant plusieurs coups de bâtons sur le sac.) Tiens, boilà cé qué jé té vaille pour lui. — (Criant comme s'il recevait les coups de bâton.) Ah, ah, ah, ah, ah, Monsieur! Ah, ah, Monsieur! tout beau! Ah, doucement! Ah ! ah, ah, ah, ah! — Va porté-lui céla de ma part. Adiusias. — Ah! diable soit le Gascon ! Ah! (En se plaignant et remuant le dos comme s'il avait reçu des coups de bâton.)

GÉRONTE, mettant la tête hors du sac

Ah ! Scapin, je n'en puis plus.

SCAPIN

Ah, Monsieur ! je suis tout moulu, et les épaules me font un mal épouvantable.

GÉRONTE

Comment! c'est sur les miennes qu'il a frappé.

SCAPIN

Nenni, Monsieur, c'était sur mon dos qu'il frappait.

GÉRONTE

Que veux-tu dire ? J'ai bien senti les coups et les sens bien encore.

---

[1] Juron qui veut dire par la *tête de Dieu*. | [1] Je te baille (donne).

SCAPIN

Non, vous dis-je ; ce n'est que le bout de son bâton qui a été jusque sur vos épaules.

GÉRONTE

Tu devais donc te retirer un peu plus loin, pour m'épargner.

SCAPIN, lui remettant la tête dans le sac

Prenez garde. En voici un autre qui a la mine d'un étranger. (Cet endroit est de même celui[1] du Gascon pour le changement de langage et le jeu de théâtre.) Parti, moi courir comme une Basque, et moi ne poufre point troufair de tout le jour sti stiable de Géronte? — Cachez-vous bien. — Dites un peu moi, fous, monsir l'homme, s'il ve plaît ; fous savoir point où l'est sti Géronte que moi cherchair ? — Non, Monsieur, je ne sais point où est Géronte. — Dites-moi-le, fous, franchemente, moi li fouloir pas grande chose à lui. L'est seulemente pour li donnair une petite régale, sur le dos, d'une douzaine de coups de bâtonne, et de trois ou quatre petites coups d'épée au trafers de son poitrine. — Je vous assure, Monsieur, que je ne sais pas où il est. — Il me semble que ji foi remuair quelque chose dans sti sac. — Pardonnez-moi, Monsieur. — Li est assurément quelque histoire là tetans. — Point du tout, Monsieur. — Moi l'afoir enfie de tonner ain coup d'épée dans sti sac. — Ah, Monsieur ! gardez-vous-en bien. — Montre-le moi un peu, fous, ce que c'estre là. — Tout beau, Monsieur. — Quement tout beau ? — Vous n'avez que faire de vouloir voir ce que je porte. — Et moi je le fouloir foir, moi. — Vous ne le verrez point. — Oh ! que de badinemente ! — Ce sont hardes qui m'appartiennent. — Montre-moi, fous, te dis-je. — Je n'en ferai rien. — Toi ne faire rien ? — Non. — Moi pailler de ste bâtonne sur les épaules de toi. — Je me moque de cela. — Ah ! toi faire le trôle ! — (Donnant des coups de bâton sur le sac, et criant comme s'il les recevait) Ahi, ahi, ahi, ahi, Monsieur ! Ah, ah, ah, ah ! — Jusqu'au refoir ; l'être là un petit leçon pour li apprendre à toi à parler insolentement. — — Ah ! peste soit du baragouineux ! Ah !

GÉRONTE, sortant sa tête hors du sac

Ah ! je suis roué.

SCAPIN

Ah ! je suis mort.

GÉRONTE

Pourquoi diantre faut-il qu'ils frappent sur mon dos?

[1] Comme celui.

SCAPIN, lui remettant la tête dans le sac

Prenez garde ! voici une demi-douzaine de soldats tout ensemble. (Il contrefait plusieurs personnes ensemble.) « Allons, tâchons à trouver ce Géronte ; cherchons partout. N'épargnons point nos pas. Courons toute la ville. — N'oublions aucun lieu. Visitons tout. Furetons de tous les côtés. Par où irons-nous ? — Tournons par là. — Non, par ici. A gauche. A droite. — Nenni. — Si fait. » — Cachez-vous bien. — Ah ! camarades, voici son valet. Allons, coquin, il faut que tu nous enseignes où est ton maître. — Eh ! Messieurs, ne me maltraitez point. — Allons, dis-nous où il est. Parle. Hâte-toi. Expédions. Dépêche vite. — Tôt. — Eh ! Messieurs, doucement ! (Géronte met doucement la tête hors du sac et aperçoit la fourberie de Scapin.) — Si tu ne nous fais trouver ton maître tout à l'heure, nous allons faire pleuvoir sur toi une ondée de coups de bâton. — J'aime mieux souffrir toute chose que de vous découvrir mon maître. — Nous allons t'assommer. — Faites tout ce qu'il vous plaira. — Tu as envie d'être battu ? — Je ne trahirai point mon maître. — Ah ! tu en veux tâter ? Voilà... Oh ! (Comme il est près de frapper, Géronte sort du sac et Scapin s'enfuit.)

GÉRONTE

Ah ! infâme ! Ah ! traître ! Ah ! scélérat ! C'est ainsi que tu m'assassines !

Comme il arrive toujours dans ces légères comédies d'intrigue, tout se débrouille et s'arrange. On reconnaît que la jeune fille épousée par Octave est justement Hyacinthe, fille de Géronte qui lui était destinée, et qu'une autre jeune fille, Zerbinette, qu'on croyait esclave égyptienne est fille d'Argante et par conséquent digne de Léandre qui désirait l'épouser... Reste Scapin qui est en fort mauvaise passe à cause des coups donnés à Géronte. Mais il saura raccommoder ses affaires, comme on va le voir.

ARGANTE, GÉRONTE, LÉANDRE, OCTAVE, HYACINTHE, ZERBINETTE, NÉRINE, SILVESTRE, CARLE

CARLE

Ah ! Messieurs, il vient d'arriver un accident étrange.

GÉRONTE

Quoi ?

CARLE

Le pauvre Scapin...

GÉRONTE

C'est un coquin que je veux faire pendre.

CARLE

Hélas ! Monsieur, vous ne serez pas en peine de cela. En passant contre un bâtiment, il lui est tombé sur la tête un marteau de tailleur de pierre, qui lui a brisé l'os et découvert toute la cervelle. Il se meurt ; et il a prié qu'on l'apportât ici pour vous pouvoir parler avant que de mourir.

ARGANTE

Où est-il ?

CARLE

Le voilà.

ARGANTE, GÉRONTE, LÉANDRE, OCTAVE, HYACINTHE, ZERBINETTE, NÉRINE, SCAPIN, SILVESTRE, CARLE

SCAPIN, apporté par deux hommes, et la tête entourée de linges, comme s'il avait été blessé

Ahi, ahi. Messieurs, vous me voyez... ahi, vous me voyez dans un étrange état !... Ahi. Je n'ai pas voulu mourir sans venir demander pardon à toutes les personnes que je puis avoir offensées. Ahi. Oui, Messieurs, avant que de rendre le dernier soupir, je vous conjure, de tout mon cœur, de vouloir me pardonner tout ce que je puis vous avoir fait, et principalement le seigneur Argante et le seigneur Géronte. Ahi.

ARGANTE

Pour moi, je te pardonne ; va, meurs en repos.

SCAPIN, à Géronte

C'est vous, Monsieur, que j'aie le plus offensé par les coups de bâton...

GÉRONTE

Ne parle point davantage [1] ; je te pardonne aussi.

SCAPIN

C'a été une témérité bien grande à moi, que les coups de bâton que je...

GÉRONTE

Laissons cela.

SCAPIN

J'ai, en mourant, une douleur inconcevable des coups de bâton que...

GÉRONTE

Mon Dieu, tais-toi !

[1] Géronte ne tient pas à ce que son aventure s'ébruite.

SCAPIN

Les malheureux coups de bâton que je vous...

GÉRONTE

Tais-toi, te dis-je, j'oublie tout.

SCAPIN

Hélas! quelle bonté! Mais est-ce de bon cœur, Monsieur, que vous me pardonnez ces coups de bâton que...

GÉRONTE

Eh! oui. Ne parlons plus de rien; je te pardonne tout; voilà qui est fait.

SCAPIN

Ah! Monsieur, je me sens tout soulagé depuis cette parole.

GÉRONTE

Oui; mais je te pardonne à la charge que tu mourras.

SCAPIN

Comment, monsieur?

GÉRONTE

Je me dédis de ma parole si tu réchappes.

SCAPIN

Ahi, ahi. Voilà mes faiblesses qui me reprennent.

ARGANTE

Seigneur Géronte, en faveur de notre joie, il faut lui pardonner sans condition.

GÉRONTE

Soit.

ARGANTE

Allons souper ensemble pour mieux goûter notre plaisir.

SCAPIN

Et moi, qu'on me porte au bout de la table, en attendant que je meure.

LES
FEMMES SAVANTES

Comédie
Représentée sur le théâtre du Palais-Royal, le 11 mars 1672, par la troupe du Roi

PERSONNAGES

CHRYSALE, bon bourgeois [1].
PHILAMINTE, femme de Chrysale.
ARMANDE,
HENRIETTE, } filles de Chrysale et de Philaminte.
ARISTE, frère de Chrysale.
BÉLISE, sœur de Chrysale.
CLITANDRE.
TRISSOTIN, bel esprit.
VADIUS, savant.
MARTINE, servante de cuisine.
L'ÉPINE, laquais.
JULIEN, valet de Vadius.
Un NOTAIRE.

La scène est à Paris, dans la maison de Chrysale.

---

[1] Dans le langage du temps, bon bourgeois signifie homme de bonne bourgeoisie.

NOTICE SUR LES FEMMES SAVANTES

Les Femmes savantes sont une comédie de mœurs, c'est-à-dire la représentation satirique d'un travers particulier à un pays ou à une époque. La comédie de mœurs diffère de la comédie de caractère en ceci, qu'au lieu de mettre sur le théâtre un type universel, un vice qui soit de l'humanité tout entière, elle prend un ridicule passager, une mode, un trait spécial, une manière d'être de la société du temps. Cependant, elle n'a vraiment toute sa valeur et toute sa portée que si, à la satire du travers particulier, elle joint une peinture plus large et plus générale de la vie. C'est ce que nous trouverons dans *les Femmes savantes*.

Déjà, dans *les Précieuses*, Molière avait fait un tableau burlesque de l'affectation du bel esprit, des belles manières, du langage recherché et romanesque. Mais *les Précieuses*, enlevées de verve, n'étaient qu'une légère pochade; *les Femmes savantes* seront l'œuvre achevée, mûrie par la réflexion et l'observation, exécutée dans la plénitude du génie, d'une main sûre et ferme. En livrant à la risée publique ces femmes à qui l'envie de se distinguer de leur sexe fait oublier qu'elles doivent être avant tout mères, épouses et maîtresses de maison, Molière a fait une œuvre de suprême bon sens et enrayé par le ridicule un entraînement dangereux.

Il ne faudrait d'ailleurs pas voir en lui un adversaire de la culture de l'esprit chez les femmes. Ne cherchons pas sa vraie pensée dans la plaisante diatribe que Chrysale adresse à sa femme sous le couvert de Bélise. Le porte-parole de Molière, celui qui exprime son sentiment sur cette question si importante de l'instruction féminine, c'est Clitandre, homme d'esprit et de bonne éducation, qui a pris l'air de la cour, qui s'y est élargi les idées et qui, en un mot, a toutes les qualités de l'*honnête homme* au sens où l'entendait le xviie siècle. Or, Clitandre, s'il a en horreur les pédants qui assassinent les gens de leurs « grands mots » et ne savent prononcer une parole « sans y clouer de l'esprit », Clitandre dira cependant :

> Je consens qu'une femme ait des clartés de tout.

Voilà, certes, qui est élastique et qui s'étendra, si on le veut, à tout ce qui peut orner une intelligence féminine.

Mais ce ne sont pas seulement les extravagantes prétentions de certaines femmes que Molière a visées dans cette pièce d'un comique si franc et si fin, ce sont aussi ces écrivains de coterie, ces poètes sans talent qui, à force de suffisance et de manèges, trouvaient moyen de se faufiler dans l'admiration de quelques belles dames et de se faire par elles une réputation factice. Tel l'abbé Cotin[1] à peine déguisé sous le nom de Trissotin, aux œuvres duquel Molière a emprunté le ridicule sonnet et le madrigal ampoulé qui font pâmer d'aise Philaminte, Armande et Bélise... Tel Ménage, que Molière a décoré du nom savant de Vadius, célèbre par son érudition, la lourdeur de sa plume et ses plagiats effrontés.

Les Femmes savantes, très supérieures aux *Précieuses* par la vigueur et le piquant de la satire, le sont encore par la conduite de l'action et l'étude plus profonde et plus complète des caractères. Il y a là une peinture vraie de la vie et des dissensions qu'amène, dans une famille, le renversement du rôle du mari et de la femme. L'intrigue est fort simple, mais intéressante. Henriette, l'aimable et sage Henriette, épousera-t-elle Clitandre, l'homme de cœur et de sens qui la recherche pour elle-même, ou Trissotin, le pédant cupide qui n'en veut qu'à sa dot? Elle a pour elle son père, faible appui! car, brave et résolu quand sa femme n'est pas là, devant elle, il perd contenance et abandonne la partie.

Les reculades de ce mari débonnaire et trop épris de ses aises ont fourni à Molière quelques scènes très plaisantes. Sous le comique, il y a cependant une situation grave; car le bonheur de toute la famille est fort compromis par la nature impérieuse de Philaminte et son entêtement pour la science. Chez elle, le travers de l'esprit réagit sur le caractère et aveugle la conscience. Elle cajole Armande, dont les goûts tournés au bel esprit flattent les siens et malmène Henriette, dont tout le tort est de préférer les joies simples de la vie de famille aux « nobles plaisirs » de l'étude du grec et de la philosophie. En obligeant Henriette à épouser Trissotin, Philaminte la sacrifie autant au dépit d'Armande, qui ne pardonne pas à sa sœur d'avoir su charmer Clitandre, qu'à son propre engouement pour le poète artificieux qui s'est insinué dans ses bonnes grâces.

Est-il nécessaire de montrer avec quel art Molière a fait ressortir les personnages par le contraste et gradué chez chacun d'eux la sottise ou le bon sens, de Philaminte à Bélise d'une part, de Martine à Clitandre, de l'autre? Philaminte et Armande, toutes gâtées qu'elles sont par la fureur de paraître savantes et leurs défauts de caractère, ne manquent ni de mérite, ni d'esprit. Quant à Bélise, naturellement bornée et privée de jugement, elle a la tête tournée par la lecture des fades romans à la mode, et l'on ne sait ce qui la rend plus grotesque, de ses visions de vieille fille en quête d'un soupirant ou ses dissertations pédantes sur la grammaire. Même gradation savante dans l'autre camp. Au bas de l'échelle, Martine avec son bon sens villageois, tout d'instinct, naïf, ignorant et grossier;

---

[1] Molière avait d'abord écrit Tricotin. En prenant le malheureux abbé pour type de la nullité vaine et de la basse cupidité, Molière a exercé une vengeance personnelle, trop cruelle et trop directe peut-être. Cotin l'avait attaqué dans une satire écrite en réponse à celle du Repas ridicule de Boileau, où Cotin était représenté comme un prédicateur sans auditoire.

On ne sait si Molière a eu quelques raisons particulières de maltraiter Ménage. C'est un cas unique chez Molière que d'avoir ridiculisé des individus réels.

au-dessus Chrysale, fort terre-à-terre encore, malgré l'éducation et le milieu relevé. Son idéal ne va guère au-delà de la « bonne soupe », du rôti cuit à point et de la tranquillité domestique. Au sommet, Clitandre et Henriette, c'est-à-dire chez l'un, la haute et saine raison jointe à la distinction et à l'élégance des manières ; chez l'autre, la justesse de l'esprit avec la simplicité, les grâces de la jeunesse et la fraîcheur des sentiments.

Quant au style, qu'en dire qui ne soit pas une redite ? Cent fois on a loué le naturel des tours et des expressions, l'art avec lequel les effets sont ménagés, la verve du dialogue et les amusantes saillies qui lui donnent tant de montant. Partout l'esprit éclate sans être cherché... Partout, malgré la hardiesse et la franchise du langage, on sent le ton de la bonne compagnie. Le vers, si facile et si souple, n'ôte rien à l'aisance des conversations, car il semble qu'il naisse spontanément sur les lèvres des interlocuteurs et que ce soit là leur manière habituelle de s'exprimer.

LES
FEMMES SAVANTES

ACTE PREMIER

Scène I

ARMANDE, HENRIETTE

ARMANDE

Quoi ! le beau nom de fille[1] est un titre, ma sœur,
Dont vous voulez quitter la charmante douceur,
Et de vous marier vous osez faire fête[2] ?
Ce vulgaire dessein vous peut monter en tête ?

HENRIETTE

Oui, ma sœur.

---

[1] Les Précieuses affectaient une grande répugnance pour le mariage. C'est *le Grand Cyrus* de Mlle de Scudéry qui avait mis à la mode ce genre d'affectation.

[2] Vous faire fête à vous-même, vous promettre une joie.

MOLIÈRE

ARMANDE

Ah! ce « oui » se peut-il supporter,
Et, sans un mal de cœur, saurait-on l'écouter?

HENRIETTE

Qu'a donc le mariage en soi qui vous oblige,
Ma sœur?...

ARMANDE

Ah, mon Dieu! fi!

HENRIETTE

Comment?

ARMANDE

Ah, fi! vous dis-je.

. . . .

HENRIETTE

Et qu'est-ce qu'à mon âge on a de mieux à faire
Que d'attacher à soi, par le titre d'époux,
Un homme qui vous aime et soit aimé de vous;
Et de cette union, de tendresse suivie,
Se faire les douceurs d'une innocente vie?
Ce nœud, bien assorti, n'a-t-il pas des appas[1]?

ARMANDE

Mon Dieu, que votre esprit est d'un étage bas[2]!
Que vous jouez au monde un petit personnage,
De vous claquemurer[3] aux choses du ménage,
Et de n'entrevoir point de plaisirs plus touchants
Qu'un[4] idole d'époux, et des marmots d'enfants!
Laissez aux gens grossiers, aux personnes vulgaires,
Les bas amusements de ces sortes d'affaires;
A de plus hauts objets élevez vos désirs,
Songez à prendre un goût[5] des plus nobles plaisirs;
Et, traitant de mépris[6] les sens et la matière,
A l'esprit, comme nous, donnez-vous toute[7] entière.

---

[1] Molière donne souvent à ce mot le sens de charme, d'agréments.
[2] Nous disons aujourd'hui dans une acception analogue: « de bas étage ».
[3] *Se claquemurer*, se renfermer étroitement.
[4] Le genre de ce mot n'était pas encore fixé.
[5] Nous disons maintenant *prendre goût* à quelque chose.
[6] Avec mépris.
[7] Ancienne orthographe.

Vous avez notre mère en exemple à nos yeux,
Que du nom de savante on honore en tout lieux ;
Tâchez, ainsi que moi, de vous montrer sa fille,
Aspirez aux clartés[1] qui sont dans la famille,
Et vous rendez sensible aux charmantes douceurs
Que l'amour de l'étude épanche dans les cœurs.
Loin d'être aux lois d'un homme en esclave asservie,
Mariez-vous, ma sœur, à la philosophie,
Qui nous monte[2] au-dessus de tout le genre humain,
Et donne à la raison l'empire souverain,
Soumettant à ses lois la partie animale,
Dont l'appétit grossier aux bêtes nous ravale.
Ce sont là les beaux feux, les doux attachements,
Qui doivent de la vie occuper les moments ;
Et les soins où je vois tant de femmes sensibles
Me paraissent aux yeux des pauvretés horribles.

HENRIETTE

Le Ciel, dont nous voyons que l'ordre est tout-puissant,
Pour différents emplois nous fabrique en naissant ;
Et tout esprit n'est pas composé d'une étoffe
Qui se trouve taillée à faire un philosophe.
Si le vôtre est né propre aux élévations[3],
Où montent des savants les spéculations[4],
Le mien est fait, ma sœur, pour aller terre à terre,
Et dans les petits soins son faible se resserre.
Ne troublons point du Ciel les justes règlements,
Et de nos deux instincts suivons les mouvements.
Habitez, par l'essor d'un grand et beau génie,
Les hautes régions de la philosophie,
Tandis que mon esprit, se tenant ici-bas,
Goûtera de l'hymen les terrestres appas.
Ainsi, dans nos desseins, l'une à l'autre contraire,
Nous saurons toutes deux imiter notre mère :
Vous, aux productions d'esprit et de lumière ;
Moi, dans celles, ma sœur, qui sont de la matière.

---

[1] Aux lumières.
[2] Qui nous élève.
[3] Aux sublimes conceptions.
[4] Recherches abstraites.

ARMANDE

Quand sur une personne on prétend se régler,
C'est par les beaux côtés qu'il lui faut ressembler;
Et ce n'est point du tout la prendre pour modèle,
Ma sœur, que de tousser et de cracher comme elle.

HENRIETTE

Mais vous ne seriez pas ce dont vous vous vantez,
Si ma mère n'eût eu que de ces beaux côtés;
Et bien vous prend, ma sœur, que son noble génie
N'ait pas vaqué toujours à la philosophie.

Armande en vient enfin à la question qui surtout la préoccupe: est-ce Clitandre que sa sœur prétend épouser? Henriette avoue ingénument que oui, et Armande de se récrier; car elle a d'abord été recherchée de Clitandre, et ce n'est que rebuté par ses hauteurs et ses prétentions qu'il s'est retourné vers Henriette...

Au moment où Armande, dépitée, cherche à prouver à sa sœur qu'elle ne doit pas se fier aux empressements de Clitandre, celui-ci entre à l'improviste, et, sommé de s'expliquer, déclare hautement sa préférence pour l'aimable Henriette. Armande sort, après avoir échangé avec sa cadette quelques propos assez aigres.

Scène III

CLITANDRE, HENRIETTE

HENRIETTE

Votre sincère aveu ne l'a pas peu surprise.

CLITANDRE

Elle mérite assez une telle franchise,
Et toutes les hauteurs de sa folle fierté
Sont dignes, tout au moins, de ma sincérité.
Mais, puisqu'il m'est permis, je vais à votre père,
Madame...

HENRIETTE

Le plus sûr est de gagner ma mère.
Mon père est d'une humeur à consentir à tout:
Mais il met peu de poids[1] aux choses qu'il résout:
Il a reçu du ciel certaine bonté d'âme[2]
Qui le soumet d'abord à ce que veut sa femme;

---

[1] C'est-à-dire il ne donne pas de poids à ses résolutions, il ne sait pas les faire respecter.

[2] Allusion délicate à la faiblesse de son père, qu'elle qualifie de bonté d'âme par euphémisme.

C'est elle qui gouverne, et d'un ton absolu,
Elle dicte pour loi ce qu'elle a résolu.
Je voudrais bien vous voir pour elle et pour ma tante
Une âme, je l'avoue, un peu plus complaisante,
Un esprit qui, flattant les visions¹ du leur,
Vous pût, de leur estime, attirer la chaleur.

CLITANDRE

Mon cœur n'a jamais pu, tant il est né sincère,
Même dans votre sœur, flatter leur caractère,
Et les femmes docteurs ne sont point de mon goût.
Je consens qu'une femme ait des clartés² de tout ;
Mais je ne lui veux point la passion choquante
De se rendre savante afin d'être savante,
Et j'aime que souvent, aux questions qu'on fait,
Elle sache ignorer les choses qu'elle sait ;
De son étude, enfin, je veux qu'elle se cache,
Et qu'elle ait du savoir sans vouloir qu'on le sache,
Sans citer les auteurs, sans dire de grands mots
Et clouer de l'esprit à ses moindres propos³.
Je respecte beaucoup Madame votre mère ;
Mais je ne puis du tout approuver sa chimère
Et me rendre l'écho des choses qu'elle dit,
Aux encens⁴ qu'elle donne à son héros d'esprit.
Son Monsieur Trissotin me chagrine, m'assomme,
Et j'enrage de voir qu'elle estime un tel homme,
Qu'elle nous mette au rang des grands et beaux esprits
Un benêt dont partout on siffle les écrits,
Un pédant dont on voit la plume libérale
D'officieux⁵ papiers fournir toute la halle.

HENRIETTE

Ses écrits, ses discours, tout m'en semble ennuyeux.
Et je me trouve assez votre goût et vos yeux ;
Mais, comme sur ma mère il a grande puissance,
Vous devez vous forcer à quelque complaisance.

---

¹ Chimères, imaginations.
² Même sens que plus haut.
³ C'est dans cette tirade de Clitandre qu'est exprimée la vraie pensée de Molière sur l'instruction à donner aux femmes.
⁴ Quand elle se met à donner des louanges à...
⁵ Qui rendent de bons offices.

CLITANDRE

Oui, vous avez raison ; mais Monsieur Trissotin
M'inspire au fond de l'âme un dominant chagrin.
Je ne puis consentir, pour gagner ses suffrages,
A me déshonorer en prisant ses ouvrages ;
C'est par eux qu'à mes yeux il a d'abord paru,
Et je le connaissais avant que l'avoir vu.
Je vis, dans le fatras des écrits qu'il nous donne,
Ce qu'étale en tous lieux sa pédante personne :
La constante hauteur de sa présomption,
Cette intrépidité de bonne opinion,
Cet indolent état de confiance extrême
Qui le rend en tout temps si content de soi-même ;
Qui fait qu'à son mérite incessamment il rit,
Qu'il se sait si bon gré de tout ce qu'il écrit,
Et qu'il ne voudrait pas changer sa renommée
Contre tous les honneurs d'un général d'armée [1]

HENRIETTE

C'est avoir de bons yeux que de voir tout cela

CLITANDRE

Jusques à sa figure encor la chose alla,
Et je vis, par les vers qu'à la tête il nous jette,
De quel air il fallait que fût fait le poète ;
Et j'en avais si bien deviné tous les traits
Que, rencontrant un homme un jour dans le Palais [2].
Je gageai que c'était Trissotin en personne,
Et je vis qu'en effet la gageure était bonne.

HENRIETTE

Quel conte !

CLITANDRE

Non ; je dis la chose comme elle est.
Mais je vois votre tante. Agréez, s'il vous plaît,
Que mon cœur lui déclare ici notre mystère,
Et gagne sa faveur auprès de votre mère.

---

[1] Dans la satire II, adressée à Molière, Boileau écrivait, en 1664 :

Un sot, en écrivant, fait tout avec plaisir,
Il n'a point en ses vers l'embarras de choisir.
Et toujours amoureux de ce qu'il vient d'écrire,
Ravi d'étonnement, en soi-même s'admire.

— Ce portrait est fait de verve.

[2] Les galeries du Palais-de-Justice, garnies de boutiques où l'on voyait étalés des livres et des objets de toilette, étaient alors un lieu de promenade pour la belle société.

Clitandre essaye d'intéresser à son union avec Henriette Bélise, vieille fille à qui la fade et fausse sentimentalité des romans à la mode a tourné la cervelle. Par la plus ridicule des méprises, elle s'imagine que Clitandre a recours à un stratagème ingénieux et délicat pour lui offrir, sous le nom de sa nièce, l'hommage de son cœur, le respect ne lui permettant pas de faire un aveu direct... Il aura beau protester, Bélise persistera dans son erreur ; elle n'en démordra même pas lorsque, dans l'acte suivant, elle entendra Ariste demander à Chrysale la main d'Henriette pour Clitandre, et les deux frères se moqueront d'elle sans parvenir à la désabuser.

« De ces chimères-là vous devez vous défaire,

dira Chrysale, et Bélise quittera la place en s'écriant :

« Ah, chimères ! ce sont des chimères, dit-on !
Chimères, moi ! Vraiment, chimères est fort bon !
Je me réjouis fort de chimères, mes frères ;
Et je ne savais pas que j'eusse des chimères. »

Scène IV

CHRYSALE, ARISTE

CHRYSALE

Notre sœur est folle, oui.

ARISTE

Cela croît tous les jours.
Mais, encore une fois, reprenons le discours[1].
Clitandre vous demande Henriette pour femme :
Voyez quelle réponse on doit faire à sa flamme.

CHRYSALE

Faut-il le demander ? J'y consens de bon cœur
Et tiens son alliance à singulier honneur.

ARISTE

Vous savez que de bien il n'a pas l'abondance[2],
Que...

CHRYSALE

C'est un intérêt qui n'est pas d'importance :
Il est riche en vertu, cela vaut des trésors,
Et puis son père et moi n'étions qu'un en deux corps.

---

[1] *Le discours*, la conversation commencée tout à l'heure et interrompue.

[2] On dirait aujourd'hui : *il n'a pas abondance*.

MOLIÈRE

ARISTE

Parlons à votre femme, et voyons à la rendre
Favorable...

CHRYSALE

Il suffit [1] ; je l'accepte pour gendre.

ARISTE

Oui ; mais pour appuyer votre consentement,
Mon frère, il n'est pas mal d'avoir son agrément ;
Allons...

CHRYSALE

Vous moquez-vous ? Il n'est pas nécessaire :
Je réponds de ma femme, et prends sur moi l'affaire.

ARISTE

Mais...

CHRYSALE

Laissez faire, dis-je, et n'appréhendez pas ;
Je la vais disposer aux choses de ce pas.

ARISTE

Soit. Je vais là-dessus sonder votre Henriette,
Et reviendrai savoir...

CHRYSALE

C'est une affaire faite,
Et je vais à ma femme en parler sans délai.

Scène V

CHRYSALE, MARTINE

MARTINE

Me voilà bien chanceuse [2] ! Hélas ! l'an dit bien vrai.
Qui veut noyer son chien l'accuse de la rage,
Et service d'autrui n'est pas un héritage [3].

CHRYSALE

Qu'est-ce donc? Qu'avez-vous, Martine?

---

[1] Quelle assurance ! Mais Philaminte n'est pas là.
Devant elle, Chrysale ne sera pas si brave.

[2] Contre-vérité : je n'ai pas de chance, veut dire Martine.
[3] N'est pas chose sur laquelle on puisse compter.

MARTINE

    Ce que j'ai ?

CHRYSALE

Oui.

MARTINE

J'ai que l'an[1] me donne aujourd'hui mon congé,
Monsieur.

CHRYSALE

 Votre congé ?

MARTINE

  Oui. Madame me chasse.

CHRYSALE

Je n'entends pas cela. Comment ?

MARTINE

    On me menace,
Si je ne sors d'ici, de me bailler cent coups[2].

CHRYSALE

Non, vous demeurerez ; je suis content de vous.
Ma femme bien souvent a la tête un peu chaude,
Et je ne veux pas, moi...

Scène VI

PHILAMINTE, BÉLISE, CHRYSALE, MARTINE

PHILAMINTE, apercevant Martine

  Quoi ! je vous vois, maraude ?
Vite, sortez, friponne ; allons, quittez ces lieux,
Et ne vous présentez jamais devant mes yeux.

CHRYSALE

Tout doux.

PHILAMINTE

 Non, c'en est fait.

CHRYSALE

  Eh !

---

[1] Prononciation rustique de l'on.
[2] *Bailler*, donner. Menaces qui, au temps de Molière, se changeaient quelquefois en réalité. Il arrivait fort bien aux domestiques des gens de qualité d'être battus par leurs maîtres.

PHILAMINTE

Je veux qu'elle sorte.

CHRYSALE

Mais qu'a-t-elle commis, pour vouloir de la sorte?...

PHILAMINTE

Quoi? vous la soutenez?

CHRYSALE

En aucune façon [1].

PHILAMINTE

Prenez-vous son parti contre moi?

CHRYSALE

Mon Dieu! non;
Je ne fais seulement que demander son crime.

PHILAMINTE

Suis-je pour la chasser [2] sans cause légitime?

CHRYSALE

Je ne dis pas cela; mais il faut de nos gens...

PHILAMINTE

Non; elle sortira, vous dis-je, de céans.

CHRYSALE

Hé bien! oui. Vous dit-on quelque chose là contre?

PHILAMINTE

Je ne veux point d'obstacle aux désirs que je montre.

CHRYSALE

D'accord.

PHILAMINTE

Et vous devez, en raisonnable époux,
Être pour moi contre elle et prendre mon courroux.

CHRYSALE

(Se tournant vers Martine.)

Aussi fais-je [3]. Oui, ma femme avec raison vous chasse,
Coquine, et votre crime est indigne de grâce.

---

[1] Voilà déjà Chrysale qui baisse pavillon. Le ton si assuré de tout à l'heure pouvait bien n'être qu'une manière de parler haut pour se persuader qu'on n'a pas peur.
[2] Suis-je femme à la chasser...
[3] *Je le dois*, aussi le fais-je.

MARTINE

Qu'est-ce donc que j'ai fait ?

CHRYSALE, bas

Ma foi, je ne sais pas.

PHILAMINTE

Elle est d'humeur encore à n'en faire aucun cas.

CHRYSALE

A-t-elle, pour donner matière à votre haine,
Cassé quelque miroir ou quelque porcelaine ?

PHILAMINTE

Voudrais-je la chasser, et vous figurez-vous
Que pour si peu de chose on se mette en courroux ?

CHRYSALE

(A Martine.) (A Philaminte.)
Qu'est-à dire ? L'affaire est donc considérable ?

PHILAMINTE

Sans doute. Me voit-on femme déraisonnable ?

CHRYSALE

Est-ce qu'elle a laissé, d'un esprit négligent,
Dérober quelque aiguière ou quelque plat d'argent ?

PHILAMINTE

Cela ne serait rien.

CHRYSALE, à Martine

Oh ! oh ! peste, la belle !
(A Philaminte.)
Quoi ? l'avez-vous surprise à n'être pas fidèle ?

PHILAMINTE

C'est pis que tout cela.

CHRYSALE

Pis que tout cela ?

PHILAMINTE

Pis.

CHRYSALE

(A Martine.) (A Philaminte.)
Comment, diantre, friponne ! Euh ? a-t-elle commis ?...

PHILAMINTE

Elle a, d'une insolence à nulle autre pareille,
Après trente leçons [1], insulté mon oreille
Par l'impropriété d'un mot sauvage [2] et bas,
Qu'en termes décisifs condamne Vaugelas [3].

CHRYSALE

Est-ce là...

PHILAMINTE

Quoi ? toujours, malgré nos remontrances,
Heurter le fondement de toutes les sciences,
La grammaire qui sait régenter jusqu'aux rois [4],
Et les fait, la main haute, obéir à ses lois !

CHRYSALE

Du plus grand des forfaits je la croyais coupable.

PHILAMINTE

Quoi ? vous ne trouvez pas ce crime impardonnable ?

CHRYSALE

Si fait.

PHILAMINTE

Je voudrais bien que vous l'excusassiez !

CHRYSALE

Je n'ai garde.

BÉLISE

Il est vrai que ce sont des pitiés [5].
Toute construction est par elle détruite,
Et des lois du langage on l'a cent fois instruite.

MARTINE

Tout ce que vous prêchez est, je crois, bel et bon ;
Mais je ne saurais, moi, parler votre jargon.

PHILAMINTE

L'impudente ! appeler un jargon le langage
Fondé sur la raison et sur le bel usage !

---

[1] Ce ne sont pas des leçons de cuisine qu'on donne à Martine, mais des leçons de beau langage!
[2] Grossier.
[3] Grammairien célèbre dont les remarques sur la langue française faisaient autorité au xviie siècle. Il y avait distingué ce qui, dans les termes et les locutions, était selon le bon ou le mauvais usage.
[4] Vaugelas avait dit qu'il n'était permis à personne, pas même au souverain, de faire de nouveaux mots.
[5] Pluriel inusité. On dit ordinairement : c'est une pitié.

MARTINE

Quand on se fait entendre, on parle toujours bien,
Et tous vos biaux dictons[1] ne servent pas de rien.

PHILAMINTE

Hé bien! ne voilà pas encore de son style ?
Ne servent pas de rien !

BÉLISE

O cervelle indocile !
Faut-il qu'avec les soins qu'on prend incessamment,
On ne te puisse apprendre à parler congrûment ?
De *pas* mis avec *rien* tu fais la récidive[2] ;
Et c'est, comme on t'a dit, trop d'une négative.

MARTINE

Mon Dieu ! je n'avons pas étugué comme vous,
Et je parlons tout droit comme on parle cheux nous.

PHILAMINTE

Ah ! peut-on y tenir ?

BÉLISE

Quel solécisme[3] horrible !

PHILAMINTE

En voilà pour tuer une oreille sensible.

BÉLISE

Ton esprit, je l'avoue, est bien matériel,
Je n'est qu'un singulier, *avons* est pluriel.
Veux-tu toute ta vie offenser la grammaire ?

MARTINE

Qui parle d'offenser grand'mère[4] ni grand'père ?

PHILAMINTE

O Ciel !

BÉLISE

Grammaire est prise à contre-sens par toi;
Et je t'ai déjà dit d'où vient ce mot.

---

[1] *Dictons* n'est pas pris ici dans le sens ordinaire de proverbes. Il signifie *propos*.

[2] *Tu fais la récidive*, tu retombes dans ta faute habituelle. — *Trop d'une négative*, c'est une négative de trop.

[3] Faute contre la syntaxe.

[4] Grammaire se prononçait alors granmaire, ce qui explique la méprise comique de Martine.

MARTINE

                Ma foi !
Qu'il vienne de Chaillot, d'Auteuil ou de Pontoise,
Cela ne me fait rien.

BÉLISE

              Quelle âme villageoise !
La grammaire, du verbe et du nominatif[1],
Comme de l'adjectif avec le substantif,
Nous enseigne les lois.

MARTINE

             J'ai, Madame, à vous dire
Que je ne connais point ces gens-là.

PHILAMINTE

               Quel martyre !

BÉLISE

Ce sont les noms des mots ; et l'on doit regarder
En quoi c'est qu'il les faut faire ensemble accorder.

MARTINE

Qu'ils s'accordent entr'eux, ou se gourment[2], qu'importe ?

PHILAMINTE, à Bélise

Eh, mon Dieu ! finissez un discours de la sorte.
  (A Chrysale.)
Vous ne voulez pas, vous, me la faire sortir ?

CHRYSALE

  (A part.)
Si fait. A son caprice il me faut consentir.
Va, ne l'irrite point ; retire-toi, Martine.

PHILAMINTE

Comment ? vous avez peur d'offenser la coquine ?
Vous lui parlez d'un ton tout à fait obligeant !

CHRYSALE

  (D'un ton ferme.)   (D'un ton plus doux.)
Moi ? point. Allons, sortez. Va-t'en ma pauvre enfant !

---

[1] La grammaire nous enseigne les lois de l'accord du verbe avec le sujet, de l'adjectif avec le substantif ; c'est là ce que veut dire Bélise, mais ce sont mots trop simples pour une femme qui veut être savante.

[2] Se disputent, se battent entre eux. *Gourmade*, coup de poing.

Scène VII

PHILAMINTE, CHRYSALE, BÉLISE

CHRYSALE

Vous êtes satisfaite, et la voilà partie;
Mais je n'approuve point une telle sortie[1] :
C'est une fille propre aux choses qu'elle fait,
Et vous me la chassez pour un maigre sujet.

PHILAMINTE

Vous voulez que toujours je l'aie à mon service,
Pour mettre incessamment mon oreille au supplice?
Pour rompre toute loi d'usage et de raison,
Par un barbare amas de vices d'oraison[2],
De mots estropiés, cousus par intervalles,
De proverbes traînés dans les ruisseaux des Halles?

BÉLISE

Il est vrai que l'on sue à souffrir ses discours :
Elle y met Vaugelas en pièces tous les jours;
Et les moindres défauts de ce grossier génie[3]
Sont ou le pléonasme, ou la cacophonie.

CHRYSALE

Qu'importe qu'elle manque aux lois de Vaugelas,
Pourvu qu'à la cuisine elle ne manque pas?
J'aime bien mieux, pour moi, qu'en épluchant ses herbes,
Elle accommode mal les noms avec les verbes
Et redise cent fois un bas ou méchant mot
Que de brûler ma viande ou saler trop mon pot :
Je vis de bonne soupe, et non de beau langage.
Vaugelas n'apprend point à bien faire un potage;
Et Malherbe et Balzac[4], si savants en beaux mots,
En cuisine, peut-être, auraient été des sots.

---

[1] *Sortie*, départ. Je n'approuve pas que vous la fassiez sortir ainsi de ma maison.
[2] *Oraison*, langage; du latin *orare*, parler.
[3] Esprit, intelligence, du latin *ingenium*.
[4] Écrivains célèbres du commencement du XVIIe siècle, dont l'un fut le réformateur de la poésie, et l'autre éleva la prose au ton de l'éloquence.

PHILAMINTE

Que ce discours grossier terriblement assomme !
Et quelle indignité, pour ce qui s'appelle homme
D'être baissé sans cesse aux soins matériels,
Au lieu de se hausser vers les spirituels !
Le corps, cette guenille, est-il d'une importance,
D'un prix à mériter seulement qu'on y pense,
Et ne devons-nous pas laisser cela bien loin [1] ?

CHRYSALE

Oui, mon corps est moi-même, et j'en veux prendre soin :
Guenille, si l'on veut, ma guenille m'est chère.

BÉLISE

Le corps avec l'esprit fait figure [2] mon frère ;
Mais si vous en croyez tout le monde savant,
L'esprit doit sur le corps prendre le pas devant [3] ;
Et notre plus grand soin, notre première instance,
Doit être à le nourrir du suc de la science.

CHRYSALE

Ma foi, si vous songez à nourrir votre esprit,
C'est de viande [4] bien creuse, à ce que chacun dit ;
Et vous n'avez nul soin, nulle sollicitude
Pour...

PHILAMINTE

Ah ! *sollicitude* à mon oreille est rude ;
Il put [5] étrangement son ancienneté.

BÉLISE

Il est vrai que le mot est bien collet monté [6].

CHRYSALE

Voulez-vous que je dise ? il faut qu'enfin j'éclate,
Que je lève le masque et décharge ma rate [7].
De folles on vous traite, et j'ai fort sur le cœur...

---

[1] Philaminte et Chrysale se font ressortir par deux excès différents, la femme méprisant le corps jusqu'à n'en tenir aucun compte, et le mari prisant par-dessus tout le bien-être matériel.

[2] *Fait figure*, a son importance.

[3] Doit passer avant le corps dans notre esprit.

[4] *Viande*, *vivenda*, ce dont on doit vivre. Ici, au sens de nourriture de l'esprit.

[5] *Put*, du verbe *puir*, employé jusqu'au XVIIIe siècle aussi souvent que le verbe puer.

[6] Collet soutenu par du fer et du carton. La mode en était passée, et le mot de *collet monté* avait pris le sens de suranné.

[7] Synonyme de décharger sa bile. On regardait autrefois la rate comme le siège de l'humeur noire ou atrabile.

PHILAMINTE

Comment donc ?

CHRYSALE, à Bélise

C'est à vous que je parle, ma sœur :
Le moindre solécisme en parlant vous irrite ;
Mais vous en faites, vous, d'étranges en conduite.
Vos livres éternels ne me contentent pas ;
Et, hors un gros Plutarque à mettre mes rabats [1],
Vous devriez brûler tout ce meuble inutile,
Et laisser la science aux docteurs de la ville ;
M'ôter, pour faire bien, du grenier de céans
Cette longue lunette à faire peur aux gens,
Et cent brimborions dont l'aspect importune ;
Ne point aller chercher ce qu'on fait dans la lune,
Et vous mêler un peu de ce qu'on fait chez vous,
Où nous voyons aller tout sens dessus dessous.
Il n'est pas bien honnête, et pour beaucoup de causes,
Qu'une femme étudie et sache tant de choses.
Former aux bonnes mœurs l'esprit de ses enfants,
Faire aller son ménage, avoir l'œil sur ses gens,
Et régler la dépense avec économie,
Doit être son étude et sa philosophie.
Nos pères, sur ce point, étaient gens bien sensés,
Qui disaient qu'une femme en sait toujours assez,
Quand la capacité de son esprit se hausse
A connaître un pourpoint d'avec un haut-de-chausse [2],
Les leurs ne lisaient point, mais elles vivaient bien ;
Leurs ménages étaient tout leur docte entretien ;
Et leurs livres, un dé, du fil et des aiguilles,
Dont elles travaillaient au trousseau de leurs filles.
Les femmes d'à présent sont bien loin de ces mœurs :
Elles veulent écrire et devenir auteurs.
Nulle science n'est pour elles trop profonde,
Et céans beaucoup plus qu'en aucun lieu du monde :
Les secrets les plus hauts s'y laissent concevoir,
Et l'on sait tout chez moi, hors de ce qu'il faut savoir.

---

[1] Trait spirituel et comique. *A mettre,* propre à mettre. On mettait souvent alors les rabats en presse dans les livres.
[2] *Connaître,* reconnaître, distinguer.

Pourpoint, vêtement qui couvrait le corps du cou à la ceinture ; et *haut-de-chausses,* sorte de pantalon bouffant qui allait jusqu'aux genoux.

On y sait comme vont lune, étoile polaire,
Vénus, Saturne et Mars, dont je n'ai point affaire ;
Et, dans ce vain savoir, qu'on va chercher si loin,
On ne sait comme va mon pot, dont j'ai besoin.
Mes gens à la science aspirent pour vous plaire,
Et tous ne font rien moins que ce qu'ils ont à faire ;
Raisonner est l'emploi de toute ma maison,
Et le raisonnement en bannit la raison :
L'un me brûle mon rôt, en lisant quelque histoire ;
L'autre rêve à des vers, quand je demande à boire ;
Enfin je vois par eux votre exemple suivi,
Et j'ai des serviteurs et ne suis point servi.
Une pauvre servante au moins m'était restée,
Qui de ce mauvais air n'était point infectée,
Et voilà qu'on la chasse avec un grand fracas,
A cause qu'elle manque à parler Vaugelas [1].
Je vous le dis, ma sœur, tout ce train-là me blesse,
(Car c'est, comme j'ai dit, à vous que je m'adresse [2]),
Je n'aime point céans tous vos gens à latin,
Et principalement ce Monsieur Trissotin :
C'est lui qui dans des vers vous a tympanisées [3] ;
Tous les propos qu'il tient sont des billevesées ;
On cherche ce qu'il dit après qu'il a parlé,
Et je lui crois, pour moi, le timbre un peu fêlé.

PHILAMINTE

Quelle bassesse, ô Ciel, et d'âme et de langage !

BÉLISE

Est-il de petits corps [4] un plus lourd assemblage,
Un esprit composé d'atomes plus bourgeois ?
Et de ce même sang se peut-il que je sois ?

---

[1] A la manière de Vaugelas ; à peu près comme on dit parler français, grec, etc.
[2] Rien de plus plaisant que l'insistance avec laquelle Chrysale revient à cette précaution oratoire, lorsqu'il craint d'avoir parlé trop franc à sa femme.
[3] *Tympaniser*, souvent employé dans le sens de décrier publiquement, signifie ici célébrer avec bruit, comme en battant le tambour.
[4] Selon certains philosophes, il n'existe rien qui ne soit composé d'éléments indivisibles, ténus et subtils. Bélise, charmée d'employer un terme savant, veut dire : est-il rien de plus grossier que mon frère ? — *Bourgeois*, commun, trivial.

Je me veux mal de mort [1] d'être de votre race,
Et de confusion j'abandonne la place.

Scène VIII

PHILAMINTE, CHRYSALE

PHILAMINTE

Avez-vous à lâcher encore quelque trait ?

CHRYSALE

Moi ? Non. Ne parlons plus de querelle ; c'est fait..
Discourons d'autre affaire. A votre fille aînée
On voit quelque dégoût pour les nœuds d'hyménée ;
C'est une philosophe enfin, je n'en dis rien :
Elle est bien gouvernée, et vous faites fort bien.
Mais de toute autre humeur se trouve sa cadette,
Et je crois qu'il est bon de pourvoir Henriette,
De choisir un mari...

PHILAMINTE

C'est à quoi j'ai songé,
Et je veux vous ouvrir [2] l'intention que j'ai.
Ce Monsieur Trissotin, dont on nous fait un crime,
Et qui n'a pas l'honneur d'être dans votre estime,
Est celui que je prends pour l'époux qu'il lui faut,
Et je sais mieux que vous juger de ce qu'il vaut.
La contestation est ici superflue,
Et de tout point chez moi l'affaire est résolue.
Au moins ne dites mot du choix de cet époux ;
Je veux à votre fille en parler avant vous.
J'ai des raisons à faire [3] approuver ma conduite,
Et je connaîtrai bien si vous l'aurez instruite.

Scène IX

ARISTE, CHRYSALE

ARISTE

Hé bien ? la femme sort, mon frère, et je vois bien
Que vous venez d'avoir ensemble un entretien.

---

[1] Manière énergique de dire : je me veux beaucoup de mal.
[2] Vous découvrir. Chrysale a eu vite la parole coupée et ne pourra seulement achever sa phrase.
[3] Propres à faire.

CHRYSALE

Oui.

ARISTE

Quel est le succès ? Aurons-nous Henriette ?
A-t-elle consenti ? l'affaire est-elle faite ?

CHRYSALE

Pas tout à fait encor.

ARISTE

Refuse-t-elle ?

CHRYSALE

Non.

ARISTE

Est-ce qu'elle balance ?

CHRYSALE

En aucune façon.

ARISTE

Quoi donc ?

CHRYSALE

C'est que pour gendre elle m'offre un autre homme.

ARISTE

Un autre homme pour gendre !

CHRYSALE

Un autre.

ARISTE

Qui se nomme ?

CHRYSALE

Monsieur Trissotin.

ARISTE

Quoi ? ce Monsieur Trissotin !...

CHRYSALE

Oui, qui parle toujours de vers et de latin.

ARISTE

Vous l'avez accepté ?

CHRYSALE

Moi, point, à Dieu ne plaise !

ARISTE

Qu'avez-vous répondu ?

CHRYSALE

Rien ; et je suis bien aise
De n'avoir point parlé pour ne m'engager pas [1].

ARISTE

La raison est fort belle, et c'est faire un grand pas.
Avez-vous su du moins lui proposer Clitandre?

CHRYSALE

Non ; car comme j'ai vu qu'on parlait d'autre gendre,
J'ai cru qu'il était mieux de ne m'avancer point.

ARISTE

Certes, votre prudence est rare au dernier point.
N'avez-vous point de honte, avec votre mollesse?
Et se peut-il qu'un homme ait assez de faiblesse
Pour laisser à sa femme un pouvoir absolu
Et n'oser attaquer ce qu'elle a résolu ?

CHRYSALE

Mon Dieu! vous en parlez, mon frère, bien à l'aise,
Et vous ne savez pas comme le bruit me pèse.
J'aime fort le repos, la paix et la douceur,
Et ma femme est terrible avecque son humeur.
Du nom de philosophe elle fait grand mystère [2] ;
Mais elle n'en est pas pour cela moins colère ;
Et sa morale, faite à mépriser le bien [3],
Sur l'aigreur de sa bile opère comme rien.
Pour peu que l'on s'oppose à ce que veut sa tête,
On en a pour huit jours d'effroyable tempête.
Elle me fait trembler dès qu'elle prend son ton ;
Je ne sais où me mettre, et c'est un vrai dragon ;
Et cependant, avec toute sa diablerie,
Il faut que je l'appelle et « mon cœur » et « ma mie ».

ARISTE

Allez, c'est se moquer. Votre femme, entre nous,
Est, par vos lâchetés, souveraine sur vous.

---

[1] Honteux de sa faiblesse, Chrysale la pallie comme il peut. Mais il n'échappera pas aux railleries de son frère, qu'il mérite si bien.

[2] *Faire grand mystère* équivaut à faire grand embarras, grande affaire.
[3] Les richesses.

Son pouvoir n'est fondé que sur votre faiblesse,
C'est de vous qu'elle prend le titre de maîtresse ;
Vous-même à ses hauteurs vous vous abandonnez
Et vous faites mener en bête par le nez.
Quoi ? vous ne pouvez pas, voyant comme on vous nomme [1],
Vous résoudre une fois à vouloir être un homme ?
A faire condescendre une femme à vos vœux,
Et prendre assez de cœur pour dire un : « Je le veux ».
Vous laisserez, sans honte, immoler votre fille
Aux folles visions qui tiennent la famille,
Et de tout votre bien revêtir un nigaud,
Pour six mots de latin qu'il leur fait sonner haut.
Un pédant qu'à tous coups votre femme apostrophe
Du nom de bel esprit et de grand philosophe,
D'homme qu'en vers galants jamais on n'égala,
Et qui n'est, comme on sait, rien moins que tout cela ?
Allez, encore un coup, c'est une moquerie,
Et votre lâcheté mérite qu'on en rie.

CHRYSALE

Oui, vous avez raison, et je vois que j'ai tort.
Allons, il faut enfin montrer un cœur fort,
Mon frère.

ARISTE

C'est bien dit.

CHRYSALE

C'est une chose infâme
Que d'être si soumis au pouvoir d'une femme.

ARISTE

Fort bien.

CHRYSALE

De ma douceur elle a trop profité.

ARISTE

Il est vrai.

CHRYSALE

Trop joui de ma facilité.

ARISTE

Sans doute.

[1] Un sot mari, peut-être ? ou un homme mené par le nez ?

CHRYSALE

Et je lui veux faire aujourd'hui connaître
Que ma fille est ma fille, et que j'en suis le maître
Pour lui prendre un mari qui soit selon mes vœux.

ARISTE

Vous voilà raisonnable, et comme je vous veux.

CHRYSALE

Vous êtes pour Clitandre, et savez sa demeure :
Faites-le moi venir, mon frère, tout à l'heure.

ARISTE

J'y cours tout de ce pas.

CHRYSALE

C'est souffrir trop longtemps,
Et je m'en vais être homme à la barbe des gens [1].

ACTE TROISIÈME

Scène Première

PHILAMINTE, ARMANDE, BÉLISE, TRISSOTIN, L'ÉPINE

PHILAMINTE

Ah! mettons-nous ici pour écouter à l'aise
Ces vers que mot à mot il est besoin qu'on pèse.

ARMANDE

Je brûle de les voir.

BÉLISE

Et l'on s'en meurt chez nous.

PHILAMINTE, à Trissotin

Ce sont charmes pour moi que ce qui part de vous.

ARMANDE

Ce m'est une douceur à nulle autre pareille.

BÉLISE

Ce sont repas friands qu'on donne à mon oreille.

[1] Expression fort comique appliquée à Philaminte, qui serait digne de porter la barbe.

PHILAMINTE

Ne faites point languir de si pressants désirs.

ARMANDE

Dépêchez.

BÉLISE

Faites tôt, et hâtez nos plaisirs.

PHILAMINTE

A notre impatience offrez votre épigramme.

TRISSOTIN, à Philaminte

Hélas ! c'est un enfant tout nouveau-né, Madame ;
Son sort assurément a lieu de vous toucher.

. . . .

PHILAMINTE

Pour me le rendre cher, il suffit de son père.

TRISSOTIN

Votre approbation lui peut servir de mère [1].

BÉLISE

Qu'il a d'esprit !

Scène II

HENRIETTE, PHILAMINTE, BÉLISE, ARMANDE, TRISSOTIN, L'ÉPINE

PHILAMINTE, à Henriette, qui veut se retirer

Holà ! pourquoi donc fuyez-vous ?

HENRIETTE

C'est de peur de troubler un entretien si doux.

PHILAMINTE

Approchez, et venez, de toutes vos oreilles,
Prendre part au plaisir d'entendre des merveilles.

HENRIETTE

Je sais peu les beautés de tout ce qu'on écrit,
Et ce n'est pas mon fait que les choses d'esprit.

---

[1] Quelle affectation ! Il suffit qu'un des personnages risque une métaphore pour que les autres s'en emparent et renchérissent jusqu'à épuisement.

PHILAMINTE

Il n'importe : aussi bien ai-je à vous dire ensuite
Un secret dont il faut que vous soyez instruite.

TRISSOTIN, à Henriette

Les sciences n'ont rien qui vous puisse enflammer,
Et vous ne vous piquez que de savoir charmer.

HENRIETTE

Aussi peu l'un que l'autre, et je n'ai nulle envie...

BÉLISE

Ah! songeons à l'enfant nouveau-né, je vous prie.

PHILAMINTE, à L'Épine

Allons, petit garçon, vite de quoi s'asseoir.
(Le laquais tombe avec la chaise.)
Voyez l'impertinent! Est-ce que l'on doit choir,
Après avoir appris l'équilibre des choses[1]?

BÉLISE

De ta chute, ignorant, ne vois-tu pas les causes,
Et qu'elle vient d'avoir, du point fixe, écarté
Ce que nous appelons centre de gravité?

L'ÉPINE

Je m'en suis aperçu, Madame, étant par terre.

PHILAMINTE, à L'Épine, qui sort

Le lourdaud!

TRISSOTIN

Bien lui prend de n'être pas de verre.

ARMANDE

Ah! de l'esprit partout!

BÉLISE

Cela ne tarit pas.
(Ils s'asseyent.)

PHILAMINTE

Servez-nous promptement votre aimable repas.

TRISSOTIN

Pour cette grande faim qu'à mes yeux on expose,
Un plat seul de huit vers me semble peu de chose ;

---

[1] Pour complaire à sa maîtresse, L'Épine a sans doute étudié: Mes gens à la science aspirent pour vous plaire, a dit Chrysale.

Et je pense qu'ici je ne ferai pas mal
De joindre à l'épigramme [1], ou bien au madrigal [2],
Le ragoût d'un sonnet, qui chez un princesse
A passé pour avoir quelque délicatesse.
Il est de sel attique [3] assaisonné partout,
Et vous le trouverez, je crois, d'assez bon goût [4].

ARMANDE

Ah ! je n'en doute point.

PHILAMINTE

Donnons vite audience.

BÉLISE, interrompant Trissotin chaque fois qu'il se dispose à lire

Je sens d'aise mon cœur tressaillir par avance.
J'aime la poésie avec entêtement,
Et surtout quand les vers sont tournés galamment.

PHILAMINTE

Si nous parlons toujours, il ne pourra rien dire.

TRISSOTIN

So...

BÉLISE, à Henriette

Silence, ma nièce.

ARMANDE

Ah ! laissez-le donc lire.

TRISSOTIN

Sonnet à la princesse Uranie, sur sa fièvre [5].
Votre prudence est endormie,
De traiter magnifiquement,
Et de loger superbement
Votre plus cruelle ennemie.

BÉLISE

Ah ! le joli début !

---

[1] Satire abrégée, de deux à huit vers.
[2] Petite pièce de vers d'un tour facile et galant.
[3] *Sel attique* (esprit, goût de l'Attique ou des Athéniens) désigne encore ce qu'il y a de plus délicat dans le goût ou l'esprit.
[4] Remarquez comme la métaphore se suit et se développe, chacun la reprenant à son tour pour y ajouter un trait. Molière en a probablement pris l'idée dans une petite pièce ridiculement précieuse de l'abbé Cotin.
[5] Sonnet tiré des œuvres de Cotin.

LES FEMMES SAVANTES

ARMANDE

Qu'il a le tour galant!

PHILAMINTE

Lui seul des vers aisés possède le talent.

ARMANDE

A *prudence endormie* il faut rendre les armes.

BÉLISE

Loger son ennemie est pour moi plein de charmes.

PHILAMINTE

J'aime *superbement* et *magnifiquement*;
Ces deux adverbes joints font admirablement!

BÉLISE

Prêtons l'oreille au reste.

TRISSOTIN

Votre prudence est endormie,
De traiter magnifiquement
Et de loger superbement
Votre plus cruelle ennemie.

ARMANDE

Prudence endormie!

BÉLISE

Loger son ennemie!

PHILAMINTE

Superbement et *magnifiquement!*

TRISSOTIN

Faites-la sortir, quoi qu'on die,
De votre riche appartement,
Où cette ingrate insolemment
Attaque votre belle vie.

BÉLISE

Ah! tout doux! laissez-moi, de grâce, respirer.

ARMANDE

Donnez-nous, s'il vous plaît, le loisir d'admirer.

PHILAMINTE

On se sent, à ces vers, jusques au fond de l'âme
Couler je ne sais quoi qui fait que l'on se pâme.

ARMANDE

Faites-la sortir, quoi qu'on die,
De votre riche appartement.
Que *riche appartement* est là joliment dit !
Et que la métaphore [1] est mise avec esprit !

PHILAMINTE

Faites-la sortir, quoi qu'on die.
Ah ! que ce *quoi qu'on die* est d'un goût admirable !
C'est, à mon sentiment, un endroit impayable [2].

ARMANDE

De *quoi qu'on die* aussi mon cœur est amoureux.

BÉLISE

Je suis de votre avis, *quoi qu'on die* est heureux.

ARMANDE

Je voudrais l'avoir fait.

BÉLISE

Il vaut toute une pièce.

PHILAMINTE

Mais en comprend-on bien, comme moi, la finesse ?

ARMANDE ET BÉLISE

Oh ! oh !

PHILAMINTE

Faites-la sortir, quoi qu'on die :
Que de la fièvre on prenne ici les intérêts :
N'ayez aucun égard, moquez-vous des caquets,
Faites-la sortir, quoi qu'on die,
Quoi qu'on die, quoi qu'on die [3].
Ce *quoi qu'on die* en dit beaucoup plus qu'il ne semble.
Je ne sais pas, pour moi, si chacun me ressemble,
Mais j'entends là-dessous un million de mots.

BÉLISE

Il est vrai qu'il dit plus de choses qu'il n'est gros.

---

[1] *Riche appartement* est mis pour votre personne.
[2] *Impayable*, qui ne se peut payer tant il a de prix.
[3] Ce *quoi qu'on die* ne signifie rien ; c'est une cheville, un remplissage. L'enthousiasme de Philaminte s'attachant à cette pauvreté est le comble du ridicule.

LES FEMMES SAVANTES

PHILAMINTE, à Trissotin

Mais, quand vous avez fait ce charmant *quoi qu'on die*,
Avez-vous compris, vous, toute son énergie ?
Songiez-vous bien vous-même à tout ce qu'il nous dit ?
Et pensiez-vous alors y mettre tant d'esprit ?

TRISSOTIN

Hay, hay.

ARMANDE

J'ai fort aussi *l'ingrate* dans la tête.
Cette ingrate de fièvre, injuste, malhonnête,
Qui traite mal les gens qui la logent chez eux.

PHILAMINTE

Enfin, les quatrains sont admirables tous deux.
Venons-en promptement aux tiercets, je vous prie.

ARMANDE

Ah ! s'il vous plaît, encore une fois *quoi qu'on die*.

TRISSOTIN

Faites-la sortir, quoi qu'on die...

PHILAMINTE, ARMANDE ET BÉLISE

Quoi qu'on die !

TRISSOTIN

De votre riche appartement...

PHILAMINTE, ARMANDE ET BÉLISE

Riche appartement !

TRISSOTIN

Où cette ingrate insolemment...

PHILAMINTE, ARMANDE ET BÉLISE

Cette *ingrate* de fièvre !

TRISSOTIN

Attaque votre belle vie.

PHILAMINTE

Votre belle vie !

ARMANDE ET BÉLISE

Ah !

TRISSOTIN

Quoi ! sans respecter votre rang,
Elle se prend à votre sang...

PHILAMINTE, ARMANDE ET BÉLISE

Ah !
TRISSOTIN
Et nuit et jour vous fait outrage !
Si vous la conduisez aux bains,
Sans la marchander davantage,
Noyez-la de vos propres mains.

PHILAMINTE
On n'en peut plus.
BÉLISE
On pâme.
ARMANDE
On se meurt de plaisir.

PHILAMINTE
De mille doux frissons vous vous sentez saisir.

ARMANDE
Si vous la conduisez aux bains,

BÉLISE
Sans la marchander davantage,

PHILAMINTE
Noyez-la de vos propres mains.
De vos propres mains, là, noyez-la dans les bains.

ARMANDE
Chaque pas dans vos vers rencontre un trait charmant.

BÉLISE
Partout on s'y promène avec ravissement.

PHILAMINTE
On n'y saurait marcher que sur de belles choses.

ARMANDE
Ce sont petits chemins tout parsemés de roses.

TRISSOTIN
Le sonnet donc vous semble...

PHILAMINTE
Admirable, nouveau ;
Et personne jamais n'a rien fait de si beau.

BÉLISE, à Henriette

Quoi ? sans émotion pendant cette lecture ?
Vous faites là, ma nièce, une étrange figure !

HENRIETTE

Chacun fait ici-bas la figure qu'il peut,
Ma tante ; et bel esprit, il ne l'est pas qui veut.

TRISSOTIN

Peut-être que mes vers importunent Madame.

HENRIETTE

Point : je n'écoute pas.

PHILAMINTE

Ah ! voyons l'épigramme.

TRISSOTIN

Sur un carrosse de couleur amarante donné à une dame de ses amies [1].

PHILAMINTE

Ces titres ont toujours quelque chose de rare.

ARMANDE

A cent beaux traits d'esprit leur nouveauté prépare.

TRISSOTIN

L'Amour si chèrement m'a vendu son lien,

PHILAMINTE, ARMANDE ET BÉLISE

Ah !

TRISSOTIN

Qu'il m'en coûte déjà la moitié de mon bien ;
Et, quand tu vois ce beau carrosse,
Où tant d'or se relève en bosse,
Qu'il étonne tout le pays
Et fait pompeusement triompher ma Laïs...

PHILAMINTE

Ah ! *ma Laïs* [2] *!* voilà de l'érudition.

BÉLISE

L'enveloppe est jolie, et vaut un million.

TRISSOTIN

Et quand tu vois ce beau carrosse,
Où tant d'or se relève en bosse,

---

[1] Tiré des œuvres de l'abbé Cotin. | [2] Nom grec.

> *Qu'il étonne tout le pays*
> *Et fait pompeusement triompher ma Laïs,*
> *Ne dis plus qu'il est amarante,*
> *Dis plutôt qu'il est de ma rente* [1].

ARMANDE

Oh! oh! oh! celui-là ne s'attend point du tout.

PHILAMINTE

On n'a que lui qui puisse écrire de ce goût.

BÉLISE

> *Ne dis plus qu'il est amarante,*
> *Dis plutôt qu'il est de ma rente.*

Voilà qui se décline, *ma rente, de ma rente, à ma rente.*

PHILAMINTE

Je ne sais, du moment que je vous ai connu,
Si, sur votre sujet, j'ai l'esprit prévenu,
Mais j'admire partout vos vers et votre prose.

TRISSOTIN, à Philaminte

Si vous vouliez de vous nous montrer quelque chose,
A notre tour aussi nous pourrions admirer.

PHILAMINTE

Je n'ai rien fait en vers; mais j'ai lieu d'espérer
Que je pourrai bientôt vous montrer, en amie,
Huit chapitres du plan de notre académie.
Platon s'est au projet simplement arrêté
Quand de sa République [2] il a fait le traité;
Mais à l'effet entier je veux pousser l'idée
Que j'ai sur le papier en prose accommodée.
Car enfin je me sens un étrange dépit
Du tort que l'on nous fait du côté de l'esprit;
Et je veux nous venger, toutes tant que nous sommes,
De cette indigne classe où nous rangent les hommes.

---

[1] Nous voilà dans le calembour, et tout à l'heure Bélise en fera la déclinaison, bien que le français moderne ne se décline pas.

[2] Un des chapitres de la République de Platon développe cette thèse que les hommes et les femmes, ayant des facultés à peu près équivalentes, doivent recevoir une éducation semblable et remplir les mêmes devoirs envers l'Etat.

C'est sans doute pour pousser cette idée jusqu'à son *effet entier* que Philaminte veut admettre hommes et femmes sur un pied d'égalité dans son académie.

De borner nos talents à des futilités,
Et nous fermer la porte aux sublimes clartés.

ARMANDE

C'est faire à notre sexe une trop grande offense
De n'étendre l'effort de notre intelligence
Qu'à juger d'une jupe et de l'air d'un manteau,
Ou des beautés d'un point, ou d'un brocart nouveau.

BÉLISE

Il faut se relever de ce honteux partage
Et mettre hautement notre esprit hors de page [1].

TRISSOTIN

Pour les dames, on sait mon respect en tous lieux ;
Et, si je rends hommage aux brillants de leurs yeux,
De leur esprit aussi j'honore les lumières.

PHILAMINTE

Le sexe aussi vous rend justice en ces matières ;
Mais nous voulons montrer à de certains esprits,
Dont l'orgueilleux savoir nous traite avec mépris,
Que de science aussi les femmes sont meublées ;
Qu'on peut faire, comme eux, de doctes [2] assemblées,
Conduites en cela par des ordres meilleurs ;
Qu'on y veut réunir ce qu'on sépare ailleurs,
Mêler le beau langage et les hautes sciences [3],
Découvrir la nature en mille expériences,
Et, sur les questions qu'on pourra proposer,
Faire entrer chaque secte, et n'en point épouser.

TRISSOTIN

Je m'attache pour l'ordre au péripatétisme [4].

PHILAMINTE

Pour les abstractions [5], j'aime le platonisme.

---

[1] *Hors de page*, synonyme de hors de tutelle. A l'époque de la chevalerie, les garçons de noble lignée étaient placés comme pages chez quelque seigneur : passer écuyer, c'était être *hors de page*.

[2] *Doctes*, savantes.

[3] L'académie de Philaminte équivaudrait à l'Académie française et à l'Académie des Sciences réunies. Ses prétentions ne sont pas petites.

[4] *Péri*, préfixe qui signifie autour. On donne à la doctrine d'Aristote le nom de péripatétisme, parce que le maître enseignait en se promenant autour du Lycée, portique et promenade d'Athènes.
L'ordre et l'enseignement logique sont, en effet, un des caractères de la doctrine d'Aristote.

[5] *Abstractions*. Platon ayant abordé les plus hautes questions de la métaphysique et rapporté l'existence des choses à des types ou modèles éternels qu'il nomme idées et que notre raison seule peut concevoir, sa philosophie est forcément abstraite.

MOLIÈRE

ARMANDE

Épicure [1] me plaît, et ses dogmes sont forts.

BÉLISE

Je m'accommode assez, pour moi, des petits corps ;
Mais le vide à souffrir me semble difficile,
Et je goûte bien mieux la matière subtile [2].

TRISSOTIN

Descartes, pour l'aimant, donne fort dans mon sens.

ARMANDE

J'aime ses tourbillons.

PHILAMINTE

Moi, ses mondes tombants.

ARMANDE

Il me tarde de voir notre assemblée ouverte
Et de nous signaler par quelque découverte.

TRISSOTIN

On en attend beaucoup de vos vives clartés,
Et pour vous la nature a peu d'obscurités.

PHILAMINTE

Pour moi, sans me flatter, j'en ai déjà fait une,
Et j'ai vu clairement des hommes dans la lune.

BÉLISE

Je n'ai point encor vu d'hommes, comme je crois,
Mais j'ai vu des clochers tout comme je vous vois.

ARMANDE

Nous approfondirons, ainsi que la physique,
Grammaire, histoire, vers, morale et politique.

PHILAMINTE

La morale a des traits dont mon cœur est épris,
Et c'était autrefois l'amour des grands esprits ;

---

[1] *Épicure*, philosophe grec, père de la funeste doctrine du matérialisme, reprise et enseignée par Gassendi, dont Molière avait suivi les leçons, mais avec quelques atténuations. Épicure attribuait au hasard, par la rencontre fortuite des atomes, la formation du monde, et admettait le vide.

[2] Le philosophe français Descartes (XVIIe siècle) expliquait le système du monde par l'hypothèse des *tourbillons de matière subtile*, au sein desquels évolueraient le soleil et les planètes. L'expression de *mondes tombants* désigne probablement les comètes.

Mais aux Stoïciens [1] je donne l'avantage,
Et je ne trouve rien de si beau que leur sage.

ARMANDE

Pour la langue, on verra dans peu nos règlements,
Et nous y prétendons faire des remuements.
Par une antipathie, ou juste, ou naturelle,
Nous avons pris chacune une haine mortelle
Pour un nombre de mots, soit ou verbes ou noms,
Que mutuellement nous nous abandonnons ;
Contre eux nous préparons de mortelles sentences,
Et nous devons ouvrir nos doctes conférences
Par les proscriptions de tous ces mots divers,
Dont nous voulons purger et la prose et les vers.

TRISSOTIN

Voilà certainement d'admirables projets !

BÉLISE

Vous verrez nos statuts quand ils seront tous faits.

TRISSOTIN

Ils ne sauraient manquer d'être tous beaux et sages.

ARMANDE

Nous serons, par nos lois, les juges des ouvrages ;
Par nos lois, prose et vers, tout nous sera soumis ;
Nul n'aura de l'esprit, hors nous et nos amis [2] ;
Nous chercherons partout à trouver à redire,
Et ne verrons que nous qui sache [3] bien écrire.

Scène III

PHILAMINTE, BÉLISE, ARMANDE, HENRIETTE,
TRISSOTIN, L'ÉPINE

L'ÉPINE, à Trissotin

Monsieur, un homme est là qui veut parler à vous [4] ;
Il est vêtu de noir, et parle d'un ton doux.
(Ils se lèvent.)

---

[1] Secte de philosophes qui prétendaient être invulnérables à la douleur. Ils ne reconnaissaient d'autre mal que le mal moral. Leur *sage* était le type de la vertu poussée jusqu'à l'héroïsme, qu'ils proposaient à l'imitation de leurs disciples.

[2] Trait de satire à l'adresse des coteries littéraires, si étroites dans leurs préventions et leurs engouements. Boileau s'en est moqué aussi :
« Qui méprise Cotin n'estime point son roi,
« Et n'a, selon Cotin, ni Dieu, ni foi, ni loi. »

[3] Le verbe à la troisième personne s'explique par l'ellipse du mot *personne*.

[4] Forme du régime très commune dans la langue du temps.

TRISSOTIN

C'est cet ami savant qui m'a fait tant d'instance
De lui donner l'honneur de votre connaissance.

PHILAMINTE

Pour le faire venir vous avez tout crédit.
(Trissotin va au-devant de Vadius.)

Scène IV

PHILAMINTE, BÉLISE, ARMANDE, HENRIETTE

PHILAMINTE, à Armande et à Bélise

Faisons bien les honneurs au moins de notre esprit.
(A Henriette, qui veut sortir.)
Holà ! Je vous ai dit en paroles bien claires
Que j'ai besoin de vous.

HENRIETTE

Mais pour quelles affaires ?

PHILAMINTE

Venez, on va dans peu vous les faire savoir.

Scène V

TRISSOTIN, VADIUS, PHILAMINTE, BÉLISE, ARMANDE, HENRIETTE

TRISSOTIN, présentant Vadius

Voici l'homme qui meurt du désir de vous voir.
En vous le produisant, je ne crains point le blâme
D'avoir admis chez vous un profane, Madame :
Il peut tenir son coin [1] parmi de beaux esprits.

PHILAMINTE

La main qui le présente en dit assez le prix.

TRISSOTIN

Il a, des vieux auteurs, la pleine intelligence,
Et sait du grec, Madame, autant qu'homme de France.

---

[1] Terme du jeu de paume. Bien tenir son coin, c'est renvoyer la balle avec adresse ; ou, au figuré, savoir soutenir la conversation et riposter avec esprit.

PHILAMINTE, à Bélise

Du grec, ô Ciel! du grec! Il sait du grec, ma sœur!

BÉLISE, à Armande

Ah! ma nièce, du grec!

ARMANDE

Du grec! quelle douceur!

PHILAMINTE

Quoi? Monsieur sait du grec? Ah! permettez, de grâce,
Que pour l'amour du grec, Monsieur, on vous embrasse.
(Vadius embrasse aussi Bélise et Armande.)

HENRIETTE, à Vadius, qui veut aussi l'embrasser

Excusez-moi, Monsieur, je n'entends pas le grec.
(Ils s'asseyent.)

PHILAMINTE

J'ai pour les livres grecs un merveilleux respect.

VADIUS

Je crains d'être fâcheux par l'ardeur qui m'engage
A vous rendre aujourd'hui, Madame, mon hommage,
Et j'aurai pu troubler quelque docte entretien.

PHILAMINTE

Monsieur, avec du grec on ne peut gâter rien.

TRISSOTIN

Au reste, il fait merveille en vers ainsi qu'en prose,
Et pourrait, s'il voulait, vous montrer quelque chose.

VADIUS

Le défaut des auteurs, dans leurs productions,
C'est d'en tyranniser les conversations,
D'être au Palais, au Cours[1], aux ruelles[2], aux tables,
De leurs vers fatigants lecteurs infatigables.
Pour moi, je ne vois rien de plus sot, à mon sens
Qu'un auteur qui partout va gueuser des encens,
Qui, des premiers venus saisissant les oreilles,
En fait le plus souvent les martyrs de ses veilles.

---

[1] Le Cours-la-Reine, promenade au bord de la Seine, très fréquentée du grand monde.

[2] Voyez, sur le sens de ce mot, *les Précieuses*, note 3, p. 55.

On ne m'a jamais vu ce fol entêtement ;
Et d'un Grec, là-dessus, je suis le sentiment,
Qui, par un dogme exprès, défend à tous ses sages
L'indigne empressement de lire leurs ouvrages.
Voici de petits vers pour de jeunes amants [1],
Sur quoi je voudrais bien avoir vos sentiments.

TRISSOTIN

Vos vers ont des beautés que n'ont point tous les autres.

VADIUS

Les Grâces et Vénus règnent dans tous les vôtres.

TRISSOTIN

Vous avez le tour libre, et le beau choix des mots.

VADIUS

On voit partout chez vous l'*ithos* et le *pathos* [2].

TRISSOTIN

Nous avons vu de vous des églogues d'un style
Qui passe en doux attraits Théocrite et Virgile [3].

VADIUS

Vos odes ont un air noble, galant et doux,
Qui laisse de bien loin votre Horace après vous.

TRISSOTIN

Est-il rien d'amoureux comme vos chansonnettes ?

VADIUS

Peut-on voir rien d'égal aux sonnets que vous faites ?

TRISSOTIN

Rien qui soit plus charmant que vos petits rondeaux ?

VADIUS

Rien de si plein d'esprit que tous vos madrigaux ?

TRISSOTIN

Aux ballades surtout vous êtes admirable.

---

[1] Vadius parle en sage de la vanité d'autrui.. Rien de plus piquant que de le voir donner si grossièrement dans le travers qu'il vient de blâmer.

[2] En termes de rhétorique, les *mœurs* et les *passions*.
Mais il est probable que Vadius indique par ces deux mots grecs le talent d'exprimer les sentiments doux et tendres aussi bien que les passions véhémentes.

[3] Allusion transparente au *Recueil des Poésies* de Ménage, qui comprend des idylles, des églogues, des ballades, etc.

VADIUS
Et dans les bouts-rimés je vous trouve adorable.

TRISSOTIN
Si la France pouvait connaître votre prix,

VADIUS
Si le siècle rendait justice aux beaux esprits,

TRISSOTIN
En carrosse doré vous iriez par les rues.

VADIUS
On verrait le public vous dresser des statues.
(A Trissotin.)
Hom ! C'est une ballade, et je veux que tout net
Vous m'en...

TRISSOTIN, à Vadius
Avez-vous vu certain petit sonnet [1]
Sur la fièvre qui tient la princesse Uranie ?

VADIUS
Oui. Hier il me fut lu dans une compagnie.

TRISSOTIN
Vous en savez l'auteur?

VADIUS
Non. Mais je sais fort bien,
Qu'à ne le point flatter, son sonnet ne vaut rien.

TRISSOTIN
Beaucoup de gens pourtant le trouvent admirable.

VADIUS
Cela n'empêche pas qu'il ne soit misérable ;
Et, si vous l'avez vu, vous serez de mon goût.

TRISSOTIN
Je sais que là-dessus je n'en suis point du tout,
Et que d'un tel sonnet peu de gens sont capables.

VADIUS
Me préserve le Ciel d'en faire de semblables !

[1] Pièce de vers qui se compose de deux quatrains et de deux tercets, et qui est assujettie à des règles très rigoureuses.

TRISSOTIN

Je soutiens qu'on ne peut en faire de meilleur ;
Et ma grande raison, c'est que j'en suis l'auteur.

VADIUS

Vous ?

TRISSOTIN

Moi.

VADIUS

Je ne sais donc comment se fit l'affaire.

TRISSOTIN

C'est qu'on fut malheureux de ne pouvoir vous plaire.

VADIUS

Il faut qu'en écoutant j'aie eu l'esprit distrait,
Ou bien que le lecteur m'ait gâté le sonnet.
Mais laissons ce discours, et voyons ma ballade.

TRISSOTIN

La ballade, à mon goût, est une chose fade :
Ce n'en est plus la mode ; elle sent son vieux temps [1].

VADIUS

La ballade pourtant charme beaucoup de gens.

TRISSOTIN

Cela n'empêche pas qu'elle ne me déplaise.

VADIUS

Elle n'en reste pas pour cela plus mauvaise.

TRISSOTIN

Elle a pour les pédants de merveilleux appas.

VADIUS

Cependant nous voyons qu'elle ne vous plaît pas.

TRISSOTIN

Vous donnez sottement vos qualités aux autres.
(Ils se lèvent tous.)

VADIUS

Fort impertinemment vous me jetez les vôtres [2].

TRISSOTIN

Allez, petit grimaud [3], barbouilleur de papier.

---

[1] *Ballade*, espèce de romance souvent accompagnée de danse (*baller*, danser), qui avait été fort cultivée aux xiv° et xv° siècles.

[2] Ces deux répliques sont passées en proverbe.

[3] Ecolier, homme de collège, synonyme de pédant.

TRISSOTIN. — Allez petit grimaud, barbouilleur de papier.
VADIUS. — Allez, rimeur de balle, opprobre du métier.

VADIUS

Allez, rimeur de balle[1], opprobre du métier.

TRISSOTIN

Allez, fripier d'écrits, impudent plagiaire.

VADIUS

Allez, cuistre.....

PHILAMINTE

Eh! Messieurs, que prétendez-vous faire?

TRISSOTIN, à Vadius

Va, va restituer tous les honteux larcins
Que réclament sur toi les Grecs et les Latins.

VADIUS

Va, va-t'en faire amende honorable au Parnasse
D'avoir fait à tes vers estropier Horace.

TRISSOTIN

Souviens-toi de ton livre et de son peu de bruit.

VADIUS

Et toi, de ton libraire à l'hôpital réduit.

TRISSOTIN

Ma gloire est établie; en vain tu la déchires.

VADIUS

Oui, oui, je te renvoie à l'auteur des *Satires* [2].

TRISSOTIN

Je t'y renvoie aussi.

VADIUS

J'ai le contentement
Qu'on voit qu'il m'a traité plus honorablement :
Il me donne en passant une atteinte légère
Parmi plusieurs auteurs qu'au Palais on révère;
Mais jamais dans ses vers il ne te laisse en paix,
Et l'on t'y voit partout être en butte à ses traits.

---

[1] *Rimeur de balle*, rimeur sans talent. On appelait marchandise de balle un objet de valeur infime, comme ceux que les colporteurs portaient dans leur ballot.

[2] A Boileau, qui a impitoyablement raillé Cotin dans ses satires.

TRISSOTIN

C'est par là que j'y tiens un rang plus honorable.
Il te met dans la foule ainsi qu'un misérable,
Il croit que c'est assez d'un coup pour t'accabler,
Et ne t'a jamais fait l'honneur de redoubler ;
Mais il m'attaque à part, comme un noble adversaire
Sur qui tout son effort lui semble nécessaire ;
Et ses coups contre moi redoublés en tous lieux
Montrent qu'il ne se croit jamais victorieux.

VADIUS

Ma plume t'apprendra quel homme je puis être.

TRISSOTIN

Et la mienne saura te faire voir ton maître.

VADIUS

Je te défie en vers, prose, grec et latin.

TRISSOTIN

Hé bien ! nous nous verrons seul à seul chez Barbin [1].

Scène VI

TRISSOTIN, PHILAMINTE, ARMANDE, BÉLISE, HENRIETTE

TRISSOTIN

A mon emportement ne donnez aucun blâme :
C'est votre jugement que je défends, Madame,
Dans le sonnet qu'il a l'audace d'attaquer.

PHILAMINTE

A vous remettre bien je me veux appliquer.
Mais parlons d'autre affaire. Approchez, Henriette.
Depuis assez longtemps mon âme s'inquiète
De ce qu'aucun esprit en vous ne se fait voir ;
Mais je trouve un moyen de vous en faire avoir.

HENRIETTE

C'est prendre un soin pour moi qui n'est pas nécessaire :
Les doctes entretiens ne sont point mon affaire ;

---

[1] Fameux libraire du temps. L'idée de cette scène paraît avoir été suggérée à Molière par une altercation réelle entre Cotin et Ménage à propos d'un sonnet du premier.

J'aime à vivre aisément ; et, dans tout ce qu'on dit,
Il faut se trop peiner pour avoir de l'esprit ;
C'est une ambition que je n'ai point en tête.
Je me trouve fort bien, ma mère, d'être bête,
Et j'aime mieux n'avoir que de communs propos,
Que de me tourmenter pour dire de beaux mots.

PHILAMINTE

Oui ; mais j'y suis blessée, et ce n'est pas mon compte
De souffrir dans mon sang une pareille honte.
La beauté du visage est un frêle ornement,
Une fleur passagère, un éclat d'un moment,
Et qui n'est attaché qu'à la simple épiderme ;
Mais celle de l'esprit est inhérente [1] et ferme.
J'ai donc cherché longtemps un biais de vous donner
La beauté que les ans ne peuvent moissonner,
De faire entrer chez vous le désir des sciences,
De vous insinuer les belles connaissances ;
Et la pensée enfin où mes vœux ont souscrit,
C'est d'attacher à vous un homme plein d'esprit :
(Montrant Trissotin.)
Et cet homme est Monsieur, que je vous détermine
A voir comme l'époux que mon choix vous destine.

HENRIETTE

Moi, ma mère ?

PHILAMINTE

Oui, vous. Faites la sotte un peu.

BÉLISE, à Trissotin

Je vous entends : vos yeux demandent mon aveu
Pour engager ailleurs un cœur que je possède.
Allez, je le veux bien. A ce nœud je vous cède ;
C'est un hymen qui fait votre établissement.

TRISSOTIN, à Henriette

Je ne sais que vous dire en mon ravissement,
Madame ; et cet hymen dont je vois qu'on m'honore,
Me met...

HENRIETTE

Tout beau, Monsieur, il n'est pas fait encore ;
Ne vous pressez pas tant.

[1] Terme philosophique ; inséparablement attaché et uni au sujet, ne pouvant s'en séparer.

PHILAMINTE

Comme vous répondez !
Savez-vous bien que si... Suffit, vous m'entendez.
(A Trissotin.)
Elle se rendra sage. Allons, laissons-la faire.

Après une altercation assez vive entre les deux sœurs, Armande raillant méchamment Henriette sur le mari que leur mère lui destine, vient une scène où Chrysale déclare à Henriette qu'il veut qu'elle épouse Clitandre... Armande proteste que sa mère s'y opposera; mais Chrysale lui ferme la bouche d'un : « Taisez-vous, péronnelle », et l'acte finit sur l'expression de la joie du père à la vue du bonheur des deux fiancés.

ACTE QUATRIÈME

Armande, outrée de dépit, s'efforce de monter sa mère contre Henriette et Clitandre, et de noircir ce dernier dans l'esprit de Philaminte. Mais, sur ces entrefaites, Clitandre arrive sans être vu... Il reproche à Armande sa perfidie, affirme de nouveau qu'il renonce à sa main; puis, s'adressant à Philaminte, il lui représente que Trissotin n'est pas un parti sortable pour sa fille cadette.

CLITANDRE

Eh, Madame ! voyez votre choix, je vous prie ;
Exposez-moi, de grâce, à moins d'ignominie,
Et ne me rangez pas à l'indigne destin
De me voir le rival de monsieur Trissotin.
L'amour des beaux esprits, qui chez vous m'est contraire,
Ne pouvait m'opposer un moins noble adversaire.
Il en est, et plusieurs, que pour le bel esprit
Le mauvais goût du siècle a su mettre en crédit ;
Mais monsieur Trissotin n'a pu duper personne,
Et chacun rend justice aux écrits qu'il nous donne :
Hors céans, on le prise en tous lieux ce qu'il vaut;
Et ce qui m'a vingt fois fait tomber de mon haut,
C'est de vous voir au ciel élever des sornettes
Que vous désavoueriez, si vous les aviez faites.

PHILAMINTE

Si vous jugez de lui tout autrement que nous,
C'est que nous le voyons par d'autres yeux que vous.

Scène III

TRISSOTIN, PHILAMINTE, ARMANDE, CLITANDRE

TRISSOTIN, à Philaminte

Je viens vous annoncer une grande nouvelle.
Nous l'avons en dormant, Madame, échappé belle.
Un monde près de nous a passé tout du long,
Est chu tout au travers de notre tourbillon,
Et, s'il eût en chemin rencontré notre terre,
Elle eût été brisée en morceaux comme verre.

PHILAMINTE

Remettons ce discours pour une autre saison :
Monsieur n'y trouverait ni rime ni raison ;
Il fait profession de chérir l'ignorance
Et de haïr surtout l'esprit et la science.

CLITANDRE

Cette vérité veut quelque adoucissement.
Je m'explique, Madame, et je hais seulement
La science et l'esprit qui gâtent les personnes.
Ce sont choses de soi qui sont belles et bonnes ;
Mais j'aimerais mieux être au rang des ignorants
Que de me voir savant comme certaines gens.

TRISSOTIN

Pour moi, je ne tiens pas, quelque effet qu'on suppose,
Que la science soit pour gâter quelque chose.

CLITANDRE

Et c'est mon sentiment qu'en faits, comme en propos,
La science est sujette à faire de grands sots.

TRISSOTIN

Le paradoxe est fort.

CLITANDRE

    Sans être fort habile,
La preuve m'en serait, je pense, assez facile :
Si les raisons manquaient, je suis sûr, qu'en tout cas,
Les exemples fameux ne me manqueraient pas.

TRISSOTIN

Vous en pourriez citer qui ne concluraient guère.

CLITANDRE

Je n'irais pas bien loin pour trouver mon affaire.

TRISSOTIN

Pour moi, je ne vois pas ces exemples fameux.

CLITANDRE

Moi, je les vois si bien qu'ils me crèvent les yeux.

TRISSOTIN

J'ai cru jusques ici que c'était l'ignorance
Qui faisait les grands sots et non pas la science.

CLITANDRE

Vous avez cru fort mal, et je vous suis garant
Qu'un sot savant est sot plus qu'un sot ignorant.

TRISSOTIN

Le sentiment commun est contre vos maximes,
Puisque ignorant et sot sont termes synonymes.

CLITANDRE

Si vous le voulez prendre aux usages du mot,
L'alliance est plus grande entre pédant et sot.

TRISSOTIN

La sottise dans l'un se fait voir toute pure.

CLITANDRE

Et l'étude dans l'autre ajoute à la nature.

TRISSOTIN

Le savoir garde en soi son mérite éminent.

CLITANDRE

Le savoir dans un fat devient impertinent.

TRISSOTIN

Il faut que l'ignorance ait pour vous de grands charmes,
Puisque pour elle ainsi vous prenez tant les armes.

CLITANDRE

Si pour moi l'ignorance a des charmes bien grands,
C'est depuis qu'à mes yeux s'offrent certains savants.

TRISSOTIN

Ces certains savants-là peuvent, à les connaître,
Valoir certaines gens que nous voyons paraître.

CLITANDRE

Oui, si l'on s'en rapporte à ces certains savants ;
Mais on n'en convient pas chez ces certaines gens.

PHILAMINTE, à Clitandre

Il me semble, Monsieur...

CLITANDRE

Eh, Madame ! de grâce :
Monsieur est assez fort sans qu'à son aide on passe ;
Je n'ai déjà que trop d'un si rude assaillant,
Et, si je me défends, ce n'est qu'en reculant [1].

ARMANDE

Mais l'offensante aigreur de chaque repartie
Dont vous...

CLITANDRE

Autre second ! Je quitte la partie.

PHILAMINTE

On souffre aux entretiens ces sortes de combats,
Pourvu qu'à la personne on ne s'attaque pas.

CLITANDRE

Eh, mon Dieu ! tout cela n'a rien dont il s'offense :
Il entend raillerie autant qu'homme de France ;
Et de bien d'autres traits il s'est senti piquer,
Sans que jamais sa gloire [2] ait fait que s'en moquer.

TRISSOTIN

Je ne m'étonne pas, au combat que j'essuie,
De voir prendre, à Monsieur, la thèse qu'il appuie ;
Il est fort enfoncé dans la cour, c'est tout dit [3].
La cour, comme l'on sait, ne tient pas pour l'esprit ;
Elle a quelque intérêt d'appuyer l'ignorance,
Et c'est en courtisan qu'il en prend la défense.

---

[1] Ironie, car si le combat est inégal, c'est sur l'infortuné Trissotin que tombe tout le ridicule.

[2] Sentiment élevé et fier que la gloire inspire à celui qui la possède (*Littré*). C'est ironiquement que Clitandre emploie ce mot.

[3] C'est tout dire.

CLITANDRE

Vous en voulez beaucoup à cette pauvre cour [1],
Et son malheur est grand de voir que chaque jour
Vous autres, beaux esprits, vous déclamiez contre elle ;
Que de tous vos chagrins vous lui fassiez querelle,
Et, sur son méchant goût lui faisant son procès,
N'accusiez que lui seul de vos méchants succès.
Permettez-moi, monsieur Trissotin, de vous dire,
Avec tout le respect que votre nom m'inspire,
Que vous feriez fort bien, vos confrères et vous,
De parler de la cour d'un ton un peu plus doux :
Qu'à le bien prendre, au fond, elle n'est pas si bête
Que, vous autres Messieurs, vous vous mettez en tête ;
Qu'elle a du sens commun pour se connaître à tout ;
Que chez elle on se peut former quelque bon goût ;
Et que l'esprit du monde y vaut, sans flatterie,
Tout le savoir obscur de la pédanterie.

TRISSOTIN

De son bon goût, Monsieur, nous voyons des effets.

CLITANDRE

Où voyez-vous, Monsieur, qu'elle l'ait si mauvais ?

TRISSOTIN

Ce que je vois, Monsieur ? C'est que pour la science
Rasius et Baldus [2] font honneur à la France,
Et que tout leur mérite, exposé fort au jour,
N'attire point les yeux et les dons de la cour.

CLITANDRE

Je vois votre chagrin, et que par modestie
Vous ne vous mettez point, Monsieur, de la partie ;

---

[1] Molière a plus d'une fois rendu hommage au goût de cette cour de Louis XIV, qui l'avait accueilli avec faveur ; notamment dans la *Critique de l'École desFemmes*, par la bouche de Dorante, le personnage sensé de la pièce : « Sachez, s'il vous plaît, M. Lysidas, que les courtisans ont d'aussi bons yeux que d'autres ; qu'on peut être habile avec un point de Venise et des plumes aussi bien qu'avec une perruque courte et un petit rabat uni ; que la grande épreuve de toutes vos comédies, c'est le jugement de la cour ; que c'est son goût qu'il faut étudier pour trouver l'art de réussir ; qu'il n'y a point de lieu où les décisions soient si justes ; et sans mettre en ligne de compte tous les gens savants qui y sont, que, du simple bon sens naturel et du commerce de tout le beau monde, on s'y fait une manière d'esprit qui, sans comparaison, juge plus finement les choses que tout le savoir enrouillé des pédants. »

[2] Noms de fantaisie.

Et pour ne vous point mettre aussi dans le propos,
Que font-ils pour l'Etat, vos habiles héros ?
Qu'est-ce que leurs écrits lui rendent de service,
Pour accuser la cour d'une horrible injustice,
Et se plaindre en tous lieux que sur leurs doctes noms
Elle manque à verser la faveur de ses dons ?
Leur savoir à la France est beaucoup nécessaire !
Et des livres qu'ils font, la cour a bien affaire !
Il semble à trois gredins [1], dans leur petit cerveau,
Que, pour être imprimés et reliés en veau,
Les voilà dans l'État d'importantes personnes ;
Qu'avec leur plume ils font les destins des couronnes ;
Qu'au moindre petit bruit de leurs productions
Ils doivent voir chez eux voler les pensions ;
Que sur eux l'univers a la vue attachée ;
Que partout de leur nom la gloire est épanchée ;
Et qu'en science ils sont des prodiges fameux,
Pour savoir ce qu'ont dit les autres avant eux,
Pour avoir eu trente ans des yeux et des oreilles,
Pour avoir employé neuf ou dix mille veilles
A se bien barbouiller de grec ou de latin
Et se charger l'esprit d'un ténébreux butin
De tous les vieux fatras qui traînent dans les livres :
Gens qui de leur savoir paraissent toujours ivres,
Riches, pour tout mérite, en babil importun,
Inhabiles à tout, vides de sens commun,
Et pleins d'un ridicule et d'une impertinence
A décrier partout l'esprit et la science.

PHILAMINTE

Votre chaleur est grande, et cet emportement
De la nature en vous marque le mouvement.
C'est le nom de rival qui dans votre âme excite...

---

[1] Le sens ancien du mot était *mendiant*, puis il a signifié gueux, mesquin. Ici, il est synonyme de pauvres hères.

Scène IV

TRISSOTIN, PHILAMINTE, CLITANDRE, ARMANDE, JULIEN

JULIEN

Le savant qui tantôt vous a rendu visite,
Et de qui j'ai l'honneur de me voir le valet,
Madame, vous exhorte à lire ce billet.

PHILAMINTE

Quelque important que soit ce qu'on veut que je lise,
Apprenez, mon ami, que c'est une sottise
De se venir jeter au travers d'un discours,
Et qu'aux gens d'un logis il faut avoir recours,
Afin de s'introduire en valet qui sait vivre.

JULIEN

Je noterai cela, Madame, dans mon livre.

PHILAMINTE

Trissotin s'est vanté, Madame, qu'il épouserait votre fille. Je vous donne avis que sa philosophie n'en veut qu'à vos richesses, et que vous ferez bien de ne point conclure ce mariage que vous n'ayez vu le poëme que je compose contre lui. En attendant cette peinture, où je prétends vous le dépeindre de toutes ses couleurs, je vous envoie Horace, Virgile, Térence et Catulle, où vous verrez, notés en marge tous les endroits qu'il a pillés.

PHILAMINTE poursuit

Voilà sur cet hymen que je me suis promis
Un mérite attaqué de beaucoup d'ennemis ;
Et ce déchaînement aujourd'hui me convie
A faire une action qui confonde l'envie,
Qui lui fasse sentir que l'effort qu'elle fait,
De ce qu'elle veut rompre aura pressé l'effet.
(A Julien).
Reportez tout cela sur l'heure à votre maître
Et lui dites qu'afin de lui faire connaître
Quel grand état je fais de ses nobles avis,
Et comme je les crois dignes d'être suivis,

(Montrant Trissotin).
Dès ce soir, à Monsieur, je marierai ma fille.

Scène V

PHILAMINTE, ARMANDE, CLITANDRE

PHILAMINTE, à Clitandre

Vous, Monsieur, comme ami de toute la famille,
A signer leur contrat vous pourrez assister ;
Et je vous y veux bien, de ma part, inviter.
Armande, prenez soin d'envoyer au Notaire
Et d'aller avertir votre sœur de l'affaire.

ARMANDE

Pour avertir ma sœur, il n'en est pas besoin ;
Et Monsieur que voilà saura prendre le soin
De courir lui porter bientôt cette nouvelle,
Et disposer son cœur à vous être rebelle.

PHILAMINTE

Nous verrons qui, sur elle, aura plus de pouvoir,
Et si je la saurai réduire à son devoir.
(Elle s'en va.)

Scène VI

ARMANDE, CLITANDRE

ARMANDE

J'ai grand regret, Monsieur, de voir qu'à vos visées
Les choses ne soient pas tout à fait disposées.

CLITANDRE

Je m'en vais travailler, Madame, avec ardeur,
A ne vous point laisser ce grand regret au cœur.

ARMANDE

J'ai peur que votre effort n'ait pas trop bonne issue.

CLITANDRE

Peut-être verrez-vous votre crainte déçue.

ARMANDE

Je le souhaite ainsi.

CLITANDRE

J'en suis persuadé,
Et que de votre appui je serai secondé.

ARMANDE

Oui, je vais vous servir de toute ma puissance.

CLITANDRE

Et ce service est sûr de ma reconnaissance.

L'acte IV finit sur une nouvelle promesse de Chrysale de bien soutenir Henriette et Clitandre.

ACTE CINQUIÈME

Scène Première

Henriette, qui a du caractère et de la volonté, a voulu s'expliquer elle-même avec Trissotin; elle a fait appel à son honneur, à sa générosité, pour obtenir qu'il ne prête pas les mains à la violence qu'on veut lui faire. Mais tout a été vain : Trissotin, qui n'aspire qu'à la dot de la jeune fille, a feint de ne pas comprendre, et persiste dans l'intention de profiter des bonnes dispositions de Philaminte à son égard. Si bien que Henriette, poussée à bout par tant d'impertinence et de duplicité, lui jure que jamais elle ne l'épousera.

Scène II

CHRYSALE, CLITANDRE, HENRIETTE, MARTINE

CHRYSALE

Ah! ma fille, je suis bien aise de vous voir;
Allons, venez-vous-en faire votre devoir
Et soumettre vos vœux aux volontés d'un père.
Je veux, je veux apprendre à vivre à votre mère;
Et, pour la mieux braver, voilà, malgré ses dents [1],
Martine que j'amène et rétablis céans.

HENRIETTE

Vos résolutions sont dignes de louange.
Gardez que cette humeur, mon père, ne vous change;

---

[1] Malgré qu'elle en ait, malgré elle.

Soyez ferme à vouloir ce que vous souhaitez,
Et ne vous laissez point séduire à vos bontés [1].
Ne vous relâchez pas, et faites bien en sorte
D'empêcher que sur vous ma mère ne l'emporte.

CHRYSALE

Comment! Me prenez-vous ici pour un benêt?

HENRIETTE

M'en préserve le Ciel!

CHRYSALE

Suis-je un fat, s'il vous plaît?

HENRIETTE

Je ne dis pas cela.

CHRYSALE

Me croit-on incapable
Des fermes sentiments d'un homme raisonnable?

HENRIETTE

Non, mon père.

CHRYSALE

Est-ce donc qu'à l'âge où je me vois
Je n'aurais pas l'esprit d'être maître chez moi?

HENRIETTE

Si fait.

CHRYSALE

Et que j'aurais cette faiblesse d'âme
De me laisser mener par le nez à ma femme?

HENRIETTE

Eh! non, mon père.

CHRYSALE

Ouais! Qu'est-ce donc que ceci?
Je vous trouve plaisante à me parler ainsi!

HENRIETTE

Si je vous ai choqué, ce n'est pas mon envie.

CHRYSALE

Ma volonté céans doit être en tout suivie.

HENRIETTE

Fort bien, mon père.

---

[1] Par votre bonté naturelle.

CHRYSALE

Aucun, hors moi, dans la maison,
N'a droit de commander.

HENRIETTE

Oui, vous avez raison.

CHRYSALE

C'est moi qui tiens le rang de chef de la famille.

HENRIETTE

D'accord.

CHRYSALE

C'est moi qui dois disposer de ma fille.

HENRIETTE

Eh! oui!

CHRYSALE

Le Ciel me donne un plein pouvoir sur vous.

HENRIETTE

Qui vous dit le contraire?

CHRYSALE

Et, pour prendre un époux,
Je vous ferai bien voir que c'est à votre père
Qu'il vous faut obéir, non pas à votre mère.

HENRIETTE

Hélas! vous flattez là les plus doux de mes vœux ;
Veuillez être obéi, c'est tout ce que je veux.

CHRYSALE

Nous verrons si ma femme à mes désirs rebelle...

CLITANDRE

La voici qui conduit le Notaire avec elle.

CHRYSALE

Secondez-moi bien tous.

MARTINE

Laissez-moi, j'aurai soin
De vous encourager, s'il en est de besoin[1].

---

[1] *De besoin*, tour vieilli.

Scène III

PHILAMINTE, BÉLISE, ARMANDE, TRISSOTIN, UN NOTAIRE, CHRYSALE, CLITANDRE, HENRIETTE, MARTINE

PHILAMINTE, au notaire

Vous ne sauriez changer votre style sauvage,
Et nous faire un contrat qui soit en beau langage ?

LE NOTAIRE

Notre style est très bon, et je serais un sot,
Madame, de vouloir y changer un seul mot.

BÉLISE

Ah ! quelle barbarie au milieu de la France !
Mais au moins, en faveur, Monsieur, de la science,
Veuillez, au lieu d'écus, de livres et de francs,
Nous exprimer la dot en mines et talents[1],
Et dater par les mots d'ides et de calendes[2].

LE NOTAIRE

Moi ? Si j'allais, Madame, accorder vos demandes,
Je me ferais siffler de tous mes compagnons.

PHILAMINTE

De cette barbarie en vain nous nous plaignons.
Allons, Monsieur, prenez la table pour écrire.
  (Apercevant Martine.)
Ah ! ah ! cette impudente ose encor se produire ?
Pourquoi donc, s'il vous plaît, la ramener chez moi ?

CHRYSALE

Tantôt, avec loisir, on vous dira pourquoi.
Nous avons maintenant autre chose à conclure.

LE NOTAIRE

Procédons au contrat. Où donc est la future ?

PHILAMINTE

Celle que je marie est la cadette.

---

[1] Noms de poids grecs, qu'on employait pour énoncer de grosses sommes d'or ou d'argent.
[2] *Calendes*, le premier jour du mois, *ides*, le milieu du mois, chez les Romains. Bélise, confondant les deux pays, veut qu'on compte à la grecque et qu'on date à la romaine.

LE NOTAIRE
>
> Bon.

CHRYSALE, montrant Henriette

Oui. La voilà, Monsieur : Henriette est son nom.

LE NOTAIRE

Fort bien. Et le futur ?

PHILAMINTE, montrant Trissotin
> L'époux que je lui donne
> Est Monsieur.

CHRYSALE, montrant Clitandre
> Et celui, moi, qu'en propre personne
> Je prétends qu'elle épouse, est Monsieur.

LE NOTAIRE
> Deux époux ?
> C'est trop pour la coutume.

PHILAMINTE, au notaire
> Où[1] vous arrêtez-vous ?
> Mettez, mettez, Monsieur, Trissotin pour mon gendre.

CHRYSALE

Pour mon gendre mettez, mettez, Monsieur, Clitandre.

LE NOTAIRE
> Mettez-vous donc d'accord, et d'un jugement mûr
> Voyez à convenir entre vous du futur.

PHILAMINTE

Suivez, suivez, Monsieur, le choix où je m'arrête.

CHRYSALE

Faites, faites, Monsieur, les choses à ma tête.

LE NOTAIRE

Dites-moi donc à qui j'obéirai des deux ?

PHILAMINTE, à Chrysale

Quoi donc ? Vous combattez les choses que je veux ?

CHRYSALE
> Je ne saurais souffrir qu'on ne cherche ma fille
> Que pour l'amour du bien qu'on voit dans ma famille.

---

[1] *A quoi* vous arrêtez-vous ?

PHILAMINTE
Vraiment, à votre bien on songe bien ici !
Et c'est là, pour un sage, un fort digne souci !

CHRYSALE
Enfin, pour son époux, j'ai fait choix de Clitandre.

PHILAMINTE
(Montrant Trissotin.)
Et moi pour son époux, voici qui je veux prendre :
Mon choix sera suivi ; c'est un point résolu.

CHRYSALE
Ouais ! Vous le prenez là d'un ton bien absolu.

MARTINE
Ce n'est point à la femme à prescrire, et je sommes
Pour céder le dessus en toute chose aux hommes.

CHRYSALE
C'est bien dit.

MARTINE
      Mon congé cent fois me fût-il hoc[1].
La poule ne doit point chanter devant le coq.

CHRYSALE
Sans doute.

MARTINE
      Et nous voyons que d'un homme on se gausse
Quand sa femme, chez lui, porte le haut-de-chausse.

CHRYSALE
Il est vrai.

MARTINE
      Si j'avais un mari, je le dis,
Je voudrais qu'il se fit le maître du logis ;
Je ne l'aimerais point, s'il faisait le Jocrisse[2] ;
Et si je contestais contre lui par caprice,
Si je parlais trop haut, je trouverais fort bon
Qu'avec quelques soufflets il rabaissât mon ton

CHRYSALE
C'est parler comme il faut.

---

[1] Terme de jeu de cartes. *Me fût-il hoc,* me fût-il assuré. Le joueur qui faisait la levée disait *hoc* en jetant sa carte.
[2] Le nigaud.

MARTINE

     Monsieur est raisonnable
De vouloir pour sa fille un mari convenable.

CHRYSALE

Oui.

MARTINE

 Par quelle raison, jeune et bien fait qu'il est,
Lui refuser Clitandre? et pourquoi, s'il vous plaît,
Lui bailler un savant, qui sans cesse épilogue ?
Il lui faut un mari, non pas un pédagogue ;
Et ne voulant savoir le grais[1] ni le latin,
Elle n'a pas besoin de monsieur Trissotin.

CHRYSALE

Fort bien.

PHILAMINTE

    Il faut souffrir qu'elle jase à son aise.

MARTINE

Les savants ne sont bons que pour prêcher en chaise[2];
Et pour mon mari, moi, mille fois je l'ai dit,
Je ne voudrais jamais prendre un homme d'esprit.
L'esprit n'est point du tout ce qu'il faut en ménage.
Les livres cadrent mal avec le mariage ;
Et je veux, si jamais on engage ma foi,
Un mari qui n'ait point d'autre livre que moi,
Qui ne sache A ne[3] B, n'en déplaise à Madame,
Et ne soit, en un mot, docteur que pour sa femme.

PHILAMINTE, à Chrysale

Est-ce fait ? et sans trouble ai-je assez écouté
Votre digne interprète ?

CHRYSALE

     Elle a dit vérité.

PHILAMINTE

Et moi, pour trancher court toute cette dispute,
Il faut qu'absolument mon désir s'exécute.

---

[1] Prononciation populaire du mot *grec*.
[2] *Chaire* et *chaise* ont la même étymologie ; chaise, avant de prendre un sens distinct de chaire, a été la prononciation populaire de ce mot.
[3] *Ne* pour *ni*.

(Montrant Trissotin.)
Henriette et Monsieur seront joints de ce pas ;
Je l'ai dit, je le veux : ne me répliquez pas ;
Et si votre parole à Clitandre est donnée,
Offrez-lui le parti d'épouser son aînée.

CHRYSALE

Voilà, dans cette affaire, un accommodement.
(A Henriette et à Clitandre.)
Voyez ; y donnez-vous votre consentement ?

HENRIETTE

Eh, mon père !

CLITANDRE, à Chrysale

Eh, Monsieur !

. . . .

Scène IV

ARISTE, CHRYSALE, PHILAMINTE, BÉLISE, HENRIETTE,
ARMANDE, TRISSOTIN, UN NOTAIRE, CLITANDRE, MARTINE

ARISTE

J'ai le regret de troubler un mystère joyeux
Par le chagrin qu'il faut que j'apporte en ces lieux.
Ces deux lettres me font porteur de deux nouvelles
Dont j'ai senti pour vous les atteintes cruelles ;
(A Philaminte.)
L'une, pour vous, me vient de votre procureur ;
(A Chrysale.)
L'autre, pour vous, me vient de Lyon.

PHILAMINTE

Quel malheur,
Digne de nous troubler, pourrait-on nous écrire ?

ARISTE

Cette lettre en contient un que vous pouvez lire.

PHILAMINTE

Madame, j'ai prié Monsieur votre frère de vous rendre cette lettre, qui vous dira ce que je n'ai osé vous aller dire. La grande négligence que vous avez pour vos affaires a été cause que le clerc de votre rapporteur ne m'a point averti, et vous avez perdu absolument votre procès que vous deviez gagner.

CHRYSALE, à Philaminte

Votre procès perdu ?

PHILAMINTE, à Chrysale

Vous vous troublez beaucoup !
Mon cœur n'est point du tout ébranlé de ce coup.
Faites, faites paraître une âme moins commune
A braver, comme moi, les traits de la fortune.
Le peu de soin que vous avez vous coûte quarante mille écus ; et c'est à payer cette somme, avec les dépens, que vous êtes condamnée par arrêt de la Cour.
Condamnée ! Ah ! ce mot est choquant[1] et n'est fait
Que pour les criminels.

ARISTE

Il a tort, en effet ;
Et vous vous êtes là justement récriée.
Il devrait avoir mis que vous êtes priée,
Par arrêt de la Cour, de payer au plus tôt
Quarante mille écus et les dépens qu'il faut.

PHILAMINTE

Voyons l'autre.

CHRYSALE

Monsieur, l'amitié qui me lie à Monsieur votre frère me fait prendre intérêt à tout ce qui vous touche. Je sais que vous avez mis votre bien entre les mains d'Argante et de Damon, et je vous donne avis qu'en même jour ils ont fait tous deux banqueroute.
O Ciel ! tout à la fois perdre ainsi tout mon bien !

PHILAMINTE, à Chrysale

Ah ! quel honteux transport ! Fi ! tout cela n'est rien :
Il n'est pour le vrai sage aucun revers funeste ;
Et perdant toute chose, à soi-même il se reste.
Achevons notre affaire, et quittez votre ennui :

---

[1] Comme ce caractère reste conséquent avec lui-même !
Philaminte se montre peu touchée d'une perte d'argent qu'elle a causée par son incurie et dont d'autres qu'elle souffriront, mais elle est choquée d'une expression qui blesse son oreille et sa fierté.

(En montrant Trissotin.)
Son bien nous peut suffire, et pour nous, et pour lui [1].

TRISSOTIN

Non, Madame : cessez de presser cette affaire.
Je vois qu'à cet hymen tout le monde est contraire,
Et mon dessein n'est point de contraindre les gens.

PHILAMINTE

Cette réflexion vous vient en peu de temps !
Elle suit de bien près, Monsieur, notre disgrâce.

TRISSOTIN

De tant de résistance à la fin je me lasse.
J'aime mieux renoncer à tout cet embarras,
Et ne veux point d'un cœur qui ne se donne pas.

PHILAMINTE

Je vois, je vois de vous, non pas pour votre gloire,
Ce que jusques ici j'ai refusé de croire.

TRISSOTIN

Vous pouvez voir de moi tout ce que vous voudrez,
Et je regarde peu comment vous le prendrez.
Mais je ne suis point homme à souffrir l'infamie
Du refus offensant qu'il faut qu'ici j'essuie ;
Je vaux bien que de moi l'on fasse plus de cas,
Et je baise les mains à qui ne me veut pas.

Scène V

ARISTE, CHRYSALE, PHILAMINTE, BÉLISE, ARMANDE,
HENRIETTE, CLITANDRE, UN NOTAIRE, MARTINE

PHILAMINTE

Qu'il a bien découvert son âme mercenaire !
Et que peu philosophe est ce qu'il vient de faire !

CLITANDRE

Je ne me vante point de l'être, mais enfin
Je m'attache, Madame, à tout votre destin,

[1] Faut-il admirer cet excès de confiance de Philaminte ou en rire? Désintéressée elle-même, elle croit au désintéressement de son héros d'esprit.

Et j'ose vous offrir avecque ma personne
Ce qu'on sait que de bien la fortune me donne.

PHILAMINTE

Vous me charmez, Monsieur, par ce trait généreux,
Et je veux couronner vos désirs amoureux.
Oui, j'accorde Henriette à l'ardeur empressée...

HENRIETTE

Non, ma mère : je change à présent de pensée.
Souffrez que je résiste à votre volonté.

CLITANDRE

Quoi ? vous vous opposez à ma félicité ?
Et lorsqu'à mon amour je vois chacun se rendre...

HENRIETTE

Je sais le peu de bien que vous avez, Clitandre ;
Et je vous ai toujours souhaité pour époux,
Lorsqu'en satisfaisant à mes vœux les plus doux,
J'ai vu que mon hymen ajustait vos affaires ;
Mais lorsque nous avons les destins si contraires,
Je vous chéris assez, dans cette extrémité,
Pour ne vous charger point de notre adversité.

CLITANDRE

Tout destin avec vous me peut être agréable ;
Tout destin me serait, sans vous, insupportable.

HENRIETTE

L'amour, dans son transport, parle toujours ainsi.
Des retours importuns évitons le souci.
Rien n'use tant l'ardeur de ce nœud qui nous lie
Que les fâcheux besoins des choses de la vie ;
Et l'on en vient souvent à s'accuser tous deux
De tous les noirs chagrins qui suivent de tels feux[1].

ARISTE, à Henriette

N'est-ce que le motif que nous venons d'entendre
Qui vous fait résister à l'hymen de Clitandre ?

---

[1] Caractère bien soutenu aussi que celui d'Henriette. Elle a plus de sens que d'imagination, et son affection pour Clitandre ne l'aveugle pas sur le danger que les embarras d'argent peuvent faire courir à l'union d'un ménage.

HENRIETTE

Sans cela vous verriez tout mon cœur y courir,
Et je ne fuis sa main que pour le trop chérir.

ARISTE

Laissez-vous donc lier par des chaînes si belles.
Je ne vous ai porté que de fausses nouvelles ;
Et c'est un stratagème, un surprenant secours,
Que j'ai voulu tenter pour servir vos amours,
Pour détromper ma sœur et lui faire connaître
Ce que son philosophe à l'essai pouvait être.

CHRYSALE

Le ciel en soit loué !

PHILAMINTE

J'en ai la joie au cœur,
Par le chagrin qu'aura ce lâche déserteur.
Voilà le châtiment de sa basse avarice,
De voir qu'avec éclat cet hymen s'accomplisse.

CHRYSALE, à Clitandre

Je le savais bien, moi, que vous l'épouseriez.

ARMANDE, à Philaminte

Ainsi donc à leurs vœux vous me sacrifiez ?

PHILAMINTE

Ce ne sera point vous que je leur sacrifie,
Et vous avez l'appui de la philosophie,
Pour voir d'un œil content couronner leur ardeur.

BÉLISE

Qu'il prenne garde au moins que je suis dans son cœur :
Par un prompt désespoir souvent on se marie
Qu'on s'en repent après tout le temps de sa vie.

CHRYSALE, au Notaire

Allons, Monsieur, suivez l'ordre que j'ai prescrit,
Et faites le contrat ainsi que je l'ai dit.

LE MALADE IMAGINAIRE

Comédie

Représentée pour la première fois sur le théâtre du Palais-Royal
le 10 février 1673

PERSONNAGES

ARGAN, malade imaginaire.
BÉLINE, seconde femme d'Argan.
ANGÉLIQUE, fille d'Argan.
LOUISON, petite fille d'Argan et sœur d'Angélique.
BÉRALDE, frère d'Argan.
CLÉANTE.
M. DIAFOIRUS, médecin.
THOMAS DIAFOIRUS, fils de M. Diafoirus.
M. PURGON, médecin.
M. FLEURANT, apothicaire.
M. BONNEFOY, notaire.
TOINETTE, servante d'Argan.

La scène est à Paris.

NOTICE SUR LE MALADE IMAGINAIRE

La dernière pièce de Molière ! celle qui lui a coûté la vie, puisque c'est en jouant ce rôle de malade que l'homme courageux, qui depuis longtemps, pour le bien de sa troupe et l'amour de son art, luttait contre la maladie, a succombé. Une ombre s'étend donc sur ces scènes d'un si brillant comique, l'ombre d'un douloureux souvenir, surtout quand on songe que c'est en quelque sorte du fond de sa propre souffrance et de l'expérience personnelle de la maladie avec son cortège d'humiliantes infirmités, que Molière a tiré le sujet de sa comédie. Seulement il n'a pas donné à Argan cette indépendance d'âme, cette hauteur d'intelligence qui rendent le mal du corps si lourd à porter. Il a fait de ce personnage un maniaque répugnant et ridicule, borné d'esprit, chez qui le soin de la santé et la préoccupation de se conserver, après s'être emparés de l'imagination, ont fini par tout absorber : pensée, volonté, affections, si bien qu'Argan est devenu un parfait égoïste.

Les malades d'imagination ne sont pas rares ; mais Molière, grâce à l'intensité de sa puissance créatrice, a ramassé en celui-ci toutes les pusillanimités, toutes les sujétions, toute la crédulité, toutes les dégoûtantes manies de l'espèce. Jamais Molière n'a peint l'humanité en beau ; ici elle est réduite à sa condition la plus abjecte ; le corps fait la loi à l'âme et l'avilit.

Toutefois comme Molière est essentiellement un comique, lorsqu'il regarde en lui-même ou dans les autres, les faiblesses, les travers, le fond misérable ou corrompu, c'est le côté grotesque qui surgit et le frappe... Éliminant donc du souvenir de sa propre misère ce qu'elle a de pénible et de tragique, il compose ce type du *Malade Imaginaire*, un des plus bouffons de son théâtre, mais aussi un des plus vrais, car les éléments en sont empruntés à la réalité vécue.

Il y a, dans *le Malade imaginaire*, une farce et une comédie. La farce, ce sont ces divertissements burlesques, avec entrées de médecins et d'apothicaires sous les armes, portant les insignes de leurs fonctions ; ce sont les facéties de Toinette qui se gausse de son maître et s'ingénie à le faire enrager, qui se déguise en médecin et fait des ordonnances extravagantes ; ce sont encore ces risibles docteurs avec leurs noms typiques et leurs consultations grotesques ; c'est ce dadais de prétendu, d'une niaiserie si exquise, d'une bêtise si achevée, qui débite ses périodes cicéroniennes du ton d'un écolier bien appris, qui donne du nez dans toutes les balourdises que comporte la situation, prenant la future pour la belle-mère, et restant court au milieu d'une phrase bien arrondie si l'on interrompt son compliment; c'est la colère bouffonne de M. Purgon dont on a méprisé l'ordonnance, et la peur plus bouffonne encore que ses menaces causent au malheureux et stupide Argan... Qui n'a ri dès l'enfance de cette succession de caricatures où les contorsions, les grimaces de la sottise ou de la malignité humaines sont si admirablement saisies et fixées d'un coup de pinceau? Cela, c'est le pur esprit gaulois, dans toute sa verve hardie, sa gaieté franche mais un peu grosse, et sa malice sans vergogne.

Mais la farce n'est, en quelque sorte, qu'à la superficie de la pièce ; en-dessous, il y a une véritable comédie, parce qu'il y a une peinture réelle de la vie et des mœurs.

Argan est un veuf remarié à une femme artificieuse et intéressée qui l'a épousé avec l'espoir de l'enterrer bientôt et de lui extorquer auparavant quelque grosse donation. Elle ne le soigne, ne flatte sa manie, ne le caresse que dans ce but. Il reste à Argan deux filles de son premier mariage ; bien entendu Béline les déteste, en est détestée en retour et le mérite, car elle travaille de tout son pouvoir à les mettre mal avec leur père, les épiant, les accusant et aigrissant les discussions. Il y a donc dans cette famille deux partis : celui de la marâtre, qui a pour elle son égoïste et faible mari ; et celui des enfants du premier lit, Angélique et Louison, soutenues du sage Béralde et de l'adroite Toinette qui embrasse chaudement les intérêts de ses jeunes maîtresses et ne ménage Béline que pour mieux déjouer ses intrigues. Cette situation rappelle celle du Nicomède de Corneille, où la perfide Arsinoé circonvient le vieux Prusias afin de le tourner contre Nicomède, fils aîné du roi, et de dépouiller celui-ci au profit de son propre fils Attale. Molière a dû certainement s'en souvenir. Si les complaisance abêties de Prusias pour son habile femme mettent une note comique dans la tragédie héroïque de Corneille, le complot tramé par Beline pour dépouiller les filles d'Argan de leur héritage et les faire chasser du domicile paternel, font entrer le drame dans une intrigue de comédie.

La grâce, la fraîcheur, et même l'émotion touchante y ont aussi trouvé place. D'abord par la peinture de l'inclination candide et pure d'Angélique et de Cléante, situation qui attire toujours les sympathies de Molière et lui inspire des scènes charmantes, d'agréables colloques. Puis cette scène ravissante entre Louison et son père, où l'enfance féminine nous apparaît au naturel, avec sa ruse et sa candeur, ses mensonges et sa naïveté. Enfin la scène du dénouement où se manifestent les bons sentiments et la tendresse filiale d'Angélique.

Quant à la satire des mœurs, c'est aux dépens des médecins, les victimes favorites de Molière qu'elle se fait, et avec quelle âpreté ! Jamais il n'a créé de types si parfaitement méprisables et grotesques que ceux de M. Purgon et des Diafoirus ; jamais il n'a plus cruellement raillé les prétentions, les ignorances, les étroitesses, l'entêtement routinier, le pédantisme sentencieux du corps médical.

Toinette est encore un de ces spécimens de la gent domestique de l'époque, dont Molière nous offre une si grande variété. Incorporée à la famille par ses longs et fidèles services, attachée aux enfants dont elle a sans doute connu la mère, elle a toujours son mot à dire et se mêle de tout, contrecarrant son maître, le taquinant à cœur joie et ne manquant pas une occasion de lui dire son fait, tantôt sur ses manies de malade tantôt sur ses absurdes projets de mariage pour Angélique. Finalement, par un stratagème bien inventé, elle amène le dénouement qui démasque Béline, couronne les vœux d'Angélique et de Cléante, et satisfait Argan en lui fournissant le moyen d'exercer la médecine sur lui-même. Cette fin qui, par l'incorporation burlesque d'Argan dans le corps médical, retourne à la farce, serait d'une extrême gaieté si le souvenir de la mort de Molière ne l'assombrissait.

Le Malade imaginaire est une pièce à peu près du même ordre que *le Bourgeois Gentilhomme*. L'étude générale de l'humanité, la peinture des mœurs, la fantaisie bouffonne s'y trouvent mêlées. La musique et la danse diversifient le spectacle et devaient servir à augmenter le plaisir du roi. Mais, par suite des démêlés de Molière avec Lulli, la musique ne fut pas confiée à celui-ci, et Louis XIV, de plus en plus engoué de son compositeur favori, n'ayant pas cette fois soutenu Molière, la pièce, au lieu d'être jouée à Versailles, parut devant le public du Palais-Royal. L'amertume et l'âpreté chagrine de la satire qu'on y remarque tiennent peut-être autant à ce suprême déboire qu'aux angoisses de la maladie qui, de plus en plus étreignait le poète. Il intervient directement dans la grande scène où Béralde fait le procès à la médecine et aux médecins pour déclarer, par la bouche de ce judicieux personnage, « que, s'il ne veut pas être soigné « par les doctes de la Faculté, c'est que cela n'est permis qu'aux gens « vigoureux et robustes qui ont des forces de reste pour supporter les « remèdes avec la maladie ; mais que pour lui, il n'a justement de la force « que pour porter son mal. »

Et maintenant, avant de clore ce volume qui a fait passer sous nos yeux tant de scènes plaisantes, de caractères finement observés, de tableaux aux couleurs vives et vraies, saluons encore une fois ce génie de Molière fait de robuste bon sens et de droiture de cœur, de pénétration et de noblesse d'âme, d'expérience douloureuse de la vie et de force comique. Apprenons à son école à haïr tout ce qui est faux et mensonger, tout ce qui s'écarte de la saine raison ; et garons-nous des ridicules ou des travers dans lesquels on tombe, sans s'en douter, quand on écoute les suggestions de l'égoïsme, de la vanité ou de l'intérêt !

LE MALADE IMAGINAIRE

ACTE PREMIER

(Le théâtre représente la chambre d'Argan.)

Scène Première

ARGAN, *assis, ayant une table devant lui, comptant avec des jetons les parties* [1] *de son apothicaire*

Trois et deux font cinq, et cinq font dix, et dix font vingt. Trois et deux font cinq. « Plus, du vingt-quatrième [2], un petit clystère insinuatif, préparatif et rémollient [3], pour amollir, humecter et

---

[1] *Parties*, les différents articles d'un mémoire détaillé. Pour faire son compte, Argan a placé des jetons en rangées sur sa table, la rangée d'en bas représentant des sous, celle qui vient au dessus, des livres ou des francs, etc. De plus chaque rangée est divisée en casiers, de telle sorte que les jetons du début de la rangée représentent des sous simples (ou des livres, dans la rangée des livres), ceux du second casier, des pièces de cinq sous, du troisième casier, des pièces de dix sous. Argan additionne ses jetons et les ajoute les uns aux autres comme si c'étaient des pièces de monnaie réelles. Quand il trouve cinq jetons au casier des unités, il les ôte et en met un au casier des quintuples ; s'il en trouve quatre au casier des cinq sous, il met un jeton au casier des livres, etc. Cette manière de compter était alors très fréquente. Mme de Sévigné plaisante dans ses lettres des jetons que son oncle, l'abbé de Coulanges, emporte en voyage pour supputer revenus, dettes et dépenses.

[2] Lorsque la scène commence, Argan en est au vingt-quatrième jour du mois dont le mémoire récapitule les fournitures.

[3] *Emollient*, qui amollit.

rafraîchir les entrailles de Monsieur... » Ce qui me plaît de Monsieur Fleurant, mon apothicaire, c'est que ses parties sont toujours fort civiles : « les entrailles de Monsieur, trente sols ». Oui ; mais, Monsieur Fleurant, ce n'est pas tout que d'être civil, il faut être aussi raisonnable, et ne pas écorcher les malades. Trente sols un lavement ! Je suis votre serviteur, je vous l'ai déjà dit. Vous ne me les avez mis, dans les autres parties qu'à vingt sols, et vingt sols, en langage d'apothicaire, c'est-à-dire dix sols. Les voilà, dix sols. « Plus, dudit jour, un bon clystère détersif [1], composé avec catholicon double, rhubarbe, miel rosat, et autres, suivant l'ordonnance, pour balayer, laver et nettoyer le bas-ventre de Monsieur, trente sols. » Avec votre permission, dix sols. « Plus, dudit jour, le soir, un julep [2] hépatique, soporatif et somnifère, composé pour faire dormir Monsieur, trente-cinq sols. » Je ne me plains pas de celui-là, car il me fit bien dormir [3]. Dix, quinze, seize et dix-sept sols, six deniers. « Plus, du vingt-cinquième, une bonne médecine purgative et corroborative [4], composée de casse récente avec séné levantin [5], et autres, suivant l'ordonnance de Monsieur Purgon, pour expulser et évacuer la bile de Monsieur, quatre livres. » Ah ! Monsieur Fleurant ! c'est se moquer ; il faut vivre avec les malades. Monsieur Purgon ne vous a pas ordonné de mettre quatre francs. Mettez, mettez, mettez trois livres, s'il vous plaît. Vingt et trente sols [6]. « Plus, dudit jour, une potion anodine et astringente pour faire reposer Monsieur, trente sols. » Bon, dix et quinze sols. « Plus, du vingt-sixième, un clystère carminatif [7], pour chasser les vents de Monsieur, trente sols. » Dix sols, Monsieur Fleurant. « Plus, le clystère de Monsieur, réitéré le soir, comme dessus, trente sols. » Monsieur Fleurant, dix sols. « Plus, du vingt-septième, une bonne médecine, composée pour hâter d'aller et chasser dehors les mauvaises humeurs de Monsieur, trois livres. » Bon, vingt et trente sols : je suis bien aise que vous soyez raisonnable. « Plus, du vingt-

---

[1] *Détersif*, propre à déterger, c'est-à-dire à nettoyer. — *Catholicon*, remède universel, drogue à guérir toutes les maladies.

[2] *Julep*, potion qui adoucit. — *Hépatique*, relatif au foie. Mais peut-être s'agit-il ici d'une préparation sulfurique qui s'appelait foie de soufre. — *Soporatif*, qui assoupit ; *somnifère*, qui fait dormir.

[3] Mais il le réduit à 17 sols 6 deniers.

[4] Fortifiante.

[5] *Casse fraîche* et *séné d'Orient*, plantes laxatives.

[6] Trois livres en langage d'apothicaire signifient trente sols : donc Argan met un jeton à la case des livres et un à celle des dix sols.

[7] *Carminatif* (de *carminare*, qui veut dire carder la laine, nettoyer).

huitième, une prise de petit-lait clarifié et dulcoré[1], pour adoucir, lénifier[2], tempérer et rafraîchir le sang de Monsieur, vingt sols. » Bon, dix sols. « Plus, une potion cordiale et préservative, composée avec douze grains de bézoard[3], sirops de limon et grenade, et autres, suivant l'ordonnance, cinq livres. » Ah! Monsieur Fleurant, tout doux, s'il vous plaît; si vous en usez comme cela, on ne voudra plus être malade : contentez-vous de quatre francs. Vingt et quarante sols. Trois et deux font cinq, et cinq font dix, et dix font vingt. Soixante et trois livres quatre sols six deniers. Si bien donc que de ce mois j'ai pris une, deux, trois, quatre, cinq, six, sept et huit médecines ; et un, deux, trois, quatre, cinq, six, sept, huit, neuf, dix, onze et douze lavements; et l'autre mois il y avait douze médecines, et vingt lavements. Je ne m'étonne pas si je ne me porte pas si bien ce mois-ci que l'autre. Je le dirai à Monsieur Purgon, afin qu'il mette ordre à cela. Allons, qu'on m'ôte tout ceci. (Voyant que personne ne vient et qu'il n'y a aucun de ses gens dans sa chambre.) Il n'y a personne? J'ai beau dire, on me laisse toujours seul; il n'y a pas moyen de les arrêter ici. (Après avoir sonné une sonnette qui est su[r] la table.) Ils n'entendent point, et ma sonnette ne fait pas assez de bruit. Drelin, drelin, drelin. (Après avoir sonné pour la deuxième fois.) Point d'affaire. Drelin, drelin, drelin. (Après avoir sonné encore.) Ils sont sourds. Toinette ! Drelin, drelin, drelin. (Après avoir fait le plus de bruit qu'il peut avec sa sonnette.) Tout comme si je ne sonnais point. Chienne! coquine! Drelin, drelin, drelin. (Voyant qu'il sonne encore inutilement.) J'enrage. (Il ne sonne plus, mais il crie :) Drelin, drelin, drelin. Carogne, à tous les diables ! Est-il possible qu'on laisse comme cela un pauvre malade tout seul? Drelin, drelin, drelin. Voilà qui est pitoyable! Drelin, drelin, drelin. Ah ! mon Dieu ! Ils me laisseront ici mourir. Drelin, drelin, drelin[4].

---

[1] Le mot usuel est *édulcoré*.
[2] *Adoucir* et *lénifier* sont synonymes.
[3] Pierre qui se forme dans les intestins des quadrupèdes et qu'on considérait dans l'ancienne médecine comme un préservatif.
[4] Les débuts des pièces de Molière sont toujours extraordinairement animés ; ils introduisent sur-le-champ dans le vif de l'action et des caractères.
Après une première scène qui nous montre Argan, jouet de sa manie et de ceux qui l'exploitent, en voici une seconde très risible avec une servante familière et avisée qui se plaît à tourmenter un maître à qui ses faiblesses ont fait perdre toute dignité.

Scène II

ARGAN, TOINETTE

TOINETTE, en entrant

On y va.

ARGAN

Ah! chienne! Ah! carogne!...

TOINETTE, faisant semblant de s'être cogné la tête

Diantre soit fait de votre impatience! Vous pressez si fort les personnes que je me suis donné un grand coup de la tête contre la carne[1] d'un volet.

ARGAN, en colère

Ah! traîtresse.

TOINETTE, pour l'interrompre et l'empêcher de crier, se plaint toujours en disant :

Ha!

ARGAN

Il y a...

TOINETTE

Ha!

ARGAN

Il y a une heure...

TOINETTE

Ha!

ARGAN

Tu m'as laissé...

TOINETTE

Ha!

ARGAN

Tais-toi donc, coquine, que je te querelle.

TOINETTE

Çamon[2], ma foi! j'en suis d'avis, après ce que je me suis fait.

ARGAN

Tu m'as fait égosiller, carogne.

TOINETTE

Et vous m'avez fait, vous, casser la tête. L'un vaut bien l'autre; quitte à quitte, si vous voulez.

ARGAN

Quoi? coquine...

---

[1] L'angle extérieur d'une pierre, le coin d'un objet quelconque.

[2] Çamon équivaut à ah! çà. — Voir la note 6, p. 51.

TOINETTE

Si vous querellez, je pleurerai.

ARGAN

Me laisser, traîtresse !

TOINETTE, interrompant encore Argan

Ha!

ARGAN

Chienne, tu veux...

TOINETTE

Ha!

ARGAN

Quoi! il faudra encore que je n'aie pas le plaisir de la quereller!

TOINETTE

Querellez tout votre soûl, je le veux bien.

ARGAN

Tu m'en empêches, chienne, en m'interrompant à tous coups.

TOINETTE

Si vous avez le plaisir de quereller, il faut bien que, de mon côté, j'aie le plaisir de pleurer : chacun le sien, ce n'est pas trop. Ha!

ARGAN

Allons, il faut en passer par là. Ote-moi ceci, coquine, ôte-moi ceci.

TOINETTE

Ce Monsieur Fleurant là et ce Monsieur Purgon s'égayent[1] bien sur votre corps : ils ont en vous une bonne vache à lait ; et je voudrais bien leur demander quel mal vous avez pour vous faire tant de remèdes.

ARGAN

Taisez-vous, ignorante ; ce n'est pas à vous à contrôler les ordonnances de la médecine. Qu'on me fasse venir ma fille Angélique, j'ai à lui dire quelque chose.

TOINETTE

La voici qui vient d'elle-même : elle a deviné votre pensée.

[1] Se jouent, s'en donnent.

Scène III

ARGAN, ANGÉLIQUE, TOINETTE

ARGAN

Approchez, Angélique; vous venez à propos, je voulais vous parler.

ANGÉLIQUE

Me voilà prête à vous ouïr.

. . . .

ARGAN

O ça, ma fille, je vais vous dire une nouvelle, où peut-être ne vous attendez-vous pas. On vous demande en mariage... Qu'est-ce que cela? vous riez. Cela est plaisant, oui. A ce que je puis voir, ma fille, je n'ai que faire de vous demander si vous voulez bien vous marier.

ANGÉLIQUE

Je dois faire, mon père, tout ce qu'il vous plaira de m'ordonner.

ARGAN

Je suis bien aise d'avoir une fille si obéissante. La chose est donc conclue, et je vous ai promise.

ANGÉLIQUE

C'est à moi, mon père, de suivre aveuglément toutes vos volontés.

ARGAN

Ma femme, votre belle-mère, avait envie que je vous fisse religieuse, et votre petite sœur Louison aussi; et, de tout temps, elle a été aheurtée à cela.

TOINETTE, à part

La bonne bête a ses raisons.

ARGAN

Elle ne voulait point consentir à ce mariage, mais je l'ai emporté et ma parole est donnée.

ANGÉLIQUE

Ah! mon père, que je vous suis obligée de toutes vos bontés!

TOINETTE, à Argan

En vérité, je vous sais bon gré de cela ; et voilà l'action la plus sage que vous ayez faite de votre vie.

ARGAN

Je n'ai point encore vu la personne ; mais on m'a dit que j'en serais content, et toi aussi.

ANGÉLIQUE

Assurément mon père [1].

ARGAN

Ils disent que c'est un grand jeune garçon bien fait.

ANGÉLIQUE

Oui, mon père.

ARGAN

De belle taille.

ANGÉLIQUE

Sans doute.

ARGAN

Agréable de sa personne.

ANGÉLIQUE

Assurément.

ARGAN

De bonne physionomie.

ANGÉLIQUE

Très bonne.

ARGAN

Sage et bien né.

ANGÉLIQUE

Tout à fait.

ARGAN

Fort honnête.

ANGÉLIQUE

Le plus honnête du monde.

ARGAN

Qui parle bien latin et grec.

ANGÉLIQUE

C'est ce que je ne sais pas.

ARGAN

Et qui sera reçu médecin dans trois jours.

[1] Il y a ici un quiproquo, Angélique croyant qu'il est question de Cléante qui lui plaît et doit la demander, tandis qu'Argan parle d'un autre, comme on le verra plus loin.

ANGÉLIQUE

Lui, mon père ?

ARGAN

Oui. Est-ce qu'il ne te l'a pas dit ?

ANGÉLIQUE

Non vraiment. Qui vous l'a dit à vous ?

ARGAN

Monsieur Purgon.

ANGÉLIQUE

Est-ce que monsieur Purgon le connaît ?

ARGAN

La belle demande ! Il faut bien qu'il le connaisse, puisque c'est son neveu.

ANGÉLIQUE

Cléante, neveu de monsieur Purgon ?

ARGAN

Quel Cléante ? Nous parlons de celui pour qui l'on t'a demandée en mariage.

ANGÉLIQUE

Hé ! oui.

ARGAN

Hé bien, c'est le neveu de monsieur Purgon qui est le fils de son beau-frère le médecin, monsieur Diafoirus[1] ; et ce fils s'appelle Thomas Diafoirus, et non pas Cléante ; et nous avons conclu ce mariage-là ce matin, monsieur Purgon, monsieur Fleurant et moi ; et demain ce gendre prétendu[2] doit m'être amené par son père... Qu'est-ce ? vous voilà toute ébaubie[3] ?

ANGÉLIQUE

C'est, mon père, que je connais que vous avez parlé d'une personne, et que j'ai entendu une autre.

TOINETTE

Quoi ! Monsieur, vous auriez fait ce dessein burlesque ? Et avec

---

[1] Quel nom trouvé pour un médecin grotesque !
[2] *Prétendu*, futur.
[3] Participe de l'ancien verbe *ébaubir* ; étonner quelqu'un au point de le rendre *baube*, c'est-à-dire bègue.

tout le bien que vous avez [1], vous voudriez marier votre fille avec un médecin ?

ARGAN

Oui. De quoi te mêles-tu, coquine, impudente que tu es ?

TOINETTE

Mon Dieu ! tout doux : vous allez d'abord aux invectives. Est-ce que nous ne pouvons pas raisonner ensemble sans nous emporter ? Là, parlons de sang-froid [2]. Quelle est votre raison, s'il vous plaît, pour un tel mariage ?

ARGAN

Ma raison est que, me voyant infirme et malade comme je suis, je veux me faire un gendre et des alliés médecins, afin de m'appuyer de bons secours contre ma maladie, d'avoir, dans ma famille, les sources des remèdes qui me sont nécessaires, et d'être à même des consultations et des ordonnances [3].

TOINETTE

Hé bien ! voilà dire une raison, et il y a plaisir à se répondre doucement les uns aux autres. Mais, Monsieur, mettez la main à la conscience : est-ce que vous êtes malade ?

ARGAN

Comment, coquine, si je suis malade ? si je suis malade, impudente [4] ?

TOINETTE

Hé bien ! oui, Monsieur, vous êtes malade, n'ayons point de querelle là-dessus. Oui, vous êtes fort malade, j'en demeure d'accord, et plus malade que vous ne pensez : voilà qui est fait. Mais votre fille doit épouser un mari pour elle ; et, n'étant point malade, il n'est pas nécessaire de lui donner un médecin.

---

[1] Voici le médecin cupide et intrigant qui profite du pouvoir qu'il a sur son malade pour faire épouser une grosse dot à un sien neveu. Nous avons vu, dans les Femmes savantes, un poète non moins cupide exploiter l'infatuation d'une mère, et, soutenu par elle, courtiser la dot de sa fille.

[2] Même situation que dans le Tartuffe entre Dorine et Orgon ; mais le flegme gouailleur de Toinette est peut-être encore plus comique.

[3] Molière a représenté toutes les variétés de l'égoïsme paternel. Harpagon sacrifie sa fille à la raison sans réplique de Sans dot! M. Jourdain, à sa fureur de gentilhommerie, Argan, au plaisir d'avoir toujours un médecin à ses ordres.
Il y a en lui plus que la personnification d'une manie, il y a un caractère. S'il est tout absorbé par sa santé, c'est qu'il est un monstrueux égoïste ; nous le verrons de plus époux complaisant et crédule d'une méchante femme qui s'est emparée de son esprit.

[4] Dites à un malade d'imagination qu'il se porte bien ou qu'il a bonne mine, vous le mettrez en fureur.

ARGAN

C'est pour moi que je lui donne ce médecin ; et une fille de bon naturel doit être ravie d'épouser ce qui est utile à la santé de son père[1].

TOINETTE

Ma foi ! Monsieur, voulez-vous qu'en amie je vous donne un conseil ?

ARGAN

Quel est-il ce conseil ?

TOINETTE

De ne point songer à ce mariage-là.

ARGAN

Hé la raison ?

TOINETTE

La raison ? c'est que votre fille n'y consentira point.

ARGAN

Elle n'y consentira point ?

TOINETTE

Non.

ARGAN

Ma fille ?

TOINETTE

Votre fille. Elle vous dira qu'elle n'a que faire de M. Diafoirus, ni de son fils Thomas Diafoirus, ni de tous les Diafoirus du monde.

ARGAN

J'en ai affaire, moi, outre que le parti est plus avantageux qu'on ne pense : monsieur Diafoirus n'a que ce fils-là pour tout héritier ; et, de plus, monsieur Purgon, qui n'a ni femme ni enfants, lui donne tout son bien, en faveur de ce mariage ; et monsieur Purgon est un homme qui a huit mille bonnes livres de rente.

TOINETTE

Il faut qu'il ait tué bien des gens pour s'être fait si riche.

ARGAN

Huit mille livres de rente sont quelque chose, sans compter le bien du père.

---

[1] Les égoïstes trouvent tout naturel qu'on se sacrifie pour eux, et ce sont eux qui exigent le plus de dévouement de la part des autres.

TOINETTE

Monsieur, tout cela est bel et bon; mais j'en reviens toujours là : je vous conseille, entre nous, de lui choisir un autre mari, et elle n'est point faite pour être madame Diafoirus.

ARGAN

Et je veux, moi, que cela soit.

TOINETTE

Eh, fi! ne dites pas cela.

ARGAN

Comment, que je ne dise pas cela?

TOINETTE

Hé! non!

ARGAN

Et pourquoi ne le dirai-je pas?

TOINETTE

On dira que vous ne songez pas à ce que vous dites.

ARGAN

On dira ce qu'on voudra; mais je vous dis que je veux qu'elle exécute la parole que j'ai donnée.

TOINETTE

Non, je suis sûre qu'elle ne le fera pas.

ARGAN

Je l'y forcerai bien.

TOINETTE

Elle ne le fera pas, vous dis-je.

ARGAN

Elle le fera, ou je la mettrai dans un couvent.

TOINETTE

Vous?

ARGAN

Moi.

TOINETTE

Bon!

ARGAN

Comment, « bon »?

TOINETTE

Vous ne la mettrez point dans un couvent.

ARGAN

Je ne la mettrai point dans un couvent ?

TOINETTE

Non.

ARGAN

Non ?

TOINETTE

Non.

ARGAN

Ouais ! voici qui est plaisant : je ne mettrai pas ma fille dans un couvent, si je veux ?

TOINETTE

Non, vous dis-je.

ARGAN

Qui m'en empêchera ?

TOINETTE

Vous-même.

ARGAN

Moi ?

TOINETTE

Oui ; vous n'aurez pas ce cœur-là.

ARGAN

Je l'aurai.

TOINETTE

Vous vous moquez.

ARGAN

Je ne me moque point.

TOINETTE

La tendresse paternelle vous prendra.

ARGAN

Elle ne me prendra point.

TOINETTE

Une petite larme ou deux, des bras jetés au cou, un « mon petit papa mignon » prononcé tendrement sera assez pour vous toucher.

ARGAN

Tout cela ne fera rien.

TOINETTE

Oui, oui.

ARGAN

Je vous dis que je n'en démordrai point.

TOINETTE

Bagatelles.

ARGAN

Il ne faut point dire « bagatelles ».

TOINETTE

Mon Dieu! je vous connais, vous êtes bon naturellement.

ARGAN, avec emportement

Je ne suis point bon, et je suis méchant quand je veux [1].

TOINETTE

Doucement, Monsieur; vous ne songez pas que vous êtes malade [2].

ARGAN

Je lui commande absolument de se préparer à prendre le mari que je dis.

TOINETTE

Et moi, je lui défends absolument d'en faire rien.

ARGAN

Où est-ce donc que nous sommes ? Et quelle audace est-ce là à une coquine de servante de parler de la sorte devant son maître ?

TOINETTE

Quand un maître ne songe pas à ce qu'il fait, une servante bien sensée est en droit de le redresser [3].

ARGAN, courant après Toinette

Ah ! insolente, il faut que je t'assomme.

TOINETTE, évitant Argan, et mettant la chaise entre elle et lui

Il est de mon devoir de m'opposer aux choses qui vous peuvent déshonorer.

ARGAN, courant après Toinette autour de la chaise avec son bâton

Viens, viens, que je t'apprenne à parler !

TOINETTE, se sauvant du côté où n'est point Argan

Je m'intéresse, comme je dois, à ne vous point laisser faire de folie.

ARGAN, de même

Chienne !

TOINETTE, de même

Non, je ne consentirai jamais à ce mariage.

---

[1] Argan ne veut pas plus être taxé d'être bon que de se bien porter.

[2] Ceci vaut le rappel à l'ordre de Dorine: Ah! vous êtes dévot et vous vous emportez?

[3] Prétention contestable !

ARGAN, de même

Pendarde !

TOINETTE, de même

Je ne veux point qu'elle épouse votre Thomas Diafoirus.

ARGAN, de même

Carogne !

TOINETTE, de même

Et elle m'obéira plutôt qu'à vous.

ARGAN, s'arrêtant

Angélique, tu ne veux pas m'arrêter cette coquine-là ?

ANGÉLIQUE

Eh ! mon père, ne vous faites point malade.

ARGAN, à Angélique

Si tu ne me l'arrêtes, je te donnerai ma malédiction.

TOINETTE, en s'en allant

Et moi, je la déshériterai, si elle vous obéit.

ARGAN, se jetant dans sa chaise

Ah ! ah ! je n'en puis plus. Voilà pour me faire mourir.

Scène VI

BÉLINE, ARGAN

ARGAN

Ah ! ma femme, approchez.

BÉLINE

Qu'avez-vous, mon pauvre mari ?

ARGAN

Venez-vous-en ici à mon secours.

BÉLINE

Qu'est-ce que c'est donc qu'il y a, mon petit fils ?

ARGAN

Mamie !

BÉLINE

Mon ami !

ARGAN

On vient de me mettre en colère.

BÉLINE

Hélas ! pauvre petit mari ! Comment donc, mon ami[1] ?

ARGAN

Votre coquine de Toinette est devenue plus insolente que jamais.

BÉLINE

Ne vous passionnez donc point.

ARGAN

Elle m'a fait enrager, mamie.

BÉLINE

Doucement, mon fils.

ARGAN

Elle a contrecarré, une heure durant, les choses que je veux faire.

BÉLINE

Là, là, tout doux !

ARGAN

Et a eu l'effronterie de me dire que je ne suis point malade.

BÉLINE

C'est une impertinente.

ARGAN

Vous savez, mon cœur, ce qui en est.

BÉLINE

Oui, mon cœur, elle a tort.

ARGAN

Mamour, cette coquine-là me fera mourir.

BÉLINE

Eh là, eh là !

ARGAN

Elle est cause de toute la bile que je fais.

BÉLINE

Ne vous fâchez point tant.

ARGAN

Et il y a je ne sais combien[2] que je vous dis de me la chasser.

---

[1] La doucereuse ! Comme elle sait bien entortiller son vieux mari de sa feinte tendresse.

[2] Sous entendu *de temps*.

BÉLINE

Mon Dieu! mon fils, il n'y a point de serviteurs et de servantes qui n'aient point leurs défauts. On est contraint parfois de souffrir leurs mauvaises qualités à cause des bonnes. Celle-ci est adroite, soigneuse, diligente, et surtout fidèle; et vous savez qu'il faut maintenant[1] de grandes précautions pour les gens que l'on prend. Holà! Toinette.

TOINETTE

Madame.

BÉLINE

Pourquoi donc est-ce que vous mettez mon mari en colère?

TOINETTE, d'un ton doucereux

Moi, Madame, hélas! Je ne sais pas ce que vous me voulez dire, et je ne songe qu'à complaire à Monsieur en toutes choses.

ARGAN

Ah! la traîtresse.

TOINETTE

Il nous a dit qu'il voulait donner sa fille en mariage au fils de de M. Diafoirus. Je lui ai répondu que je trouvais le parti avantageux pour elle, mais que je croyais qu'il ferait mieux de la mettre dans un couvent[2].

BÉLINE

Il n'y a pas grand mal à cela, et je trouve qu'elle a raison.

ARGAN

Ah! mamour, vous la croyez! C'est une scélérate; elle m'a dit cent insolences.

BÉLINE

Hé bien! je vous crois, mon ami. Là, remettez-vous. Écoutez, Toinette, si vous fâchez jamais mon mari, je vous mettrai dehors. Çà, donnez-moi son manteau fourré et des oreillers, que je l'accommode dans sa chaise. Vous voilà je ne sais comment. Enfoncez bien votre bonnet jusque sur vos oreilles : il n'y a rien qui enrhume tant que de prendre l'air par les oreilles.

ARGAN

Ah! mamie, que je vous suis obligé de tous les soins que vous prenez de moi!

---

[1] *Maintenant* : c'est ce qu'on dit à chaque génération. Faut-il croire à un progrès constant dans le mauvais sens ou à des plaintes qui se succèdent sans fondement?

[2] Cette Toinette sait fort bien ce qu'elle fait; elle flatte Béline qui voudrait se défaire de ses belles-filles afin de s'emparer plus facilement de la fortune de leur père, mais elle ne veut que défendre les intérêts d'Argan et de ses jeunes maîtresses.

BÉLINE, accommodant les oreillers qu'elle met autour d'Argan

Levez-vous, que je mette ceci sous vous. Mettons celui-ci pour vous appuyer, et celui-là de l'autre côté. Mettons celui-ci derrière votre dos, et cet autre-là pour soutenir votre tête.

TOINETTE, lui mettant rudement un oreiller sur la tête

Et celui-ci pour vous garder du serein.

ARGAN, se levant en colère, et jetant les oreillers à Toinette qui s'enfuit

Ah! coquine, tu veux m'étouffer!

BÉLINE

Eh là, eh là! qu'est-ce que c'est donc?

ARGAN, se jetant dans sa chaise

Ah, ah! je n'en puis plus.

BÉLINE

Pourquoi vous emporter ainsi? elle a cru faire bien.

ARGAN

Vous ne connaissez pas, mamour, la malice de la pendarde. Ah! elle m'a mis tout hors de moi; et il faudra plus de huit médecines et de douze lavements pour réparer tout ceci.

BÉLINE

Là, là, mon petit ami, apaisez-vous un peu.

ARGAN

Mamie, vous êtes toute ma consolation.

BÉLINE

Pauvre petit fils.

ARGAN

Pour tâcher de reconnaître l'amour que vous me portez, je veux, mon cœur, comme je vous ai dit, faire mon testament.

BÉLINE

Ah! mon ami, ne parlons point de cela, je vous prie : je ne saurais souffrir cette pensée, et le seul mot de testament me fait tressaillir de douleur.

ARGAN

Je vous avais dit de parler pour cela à votre notaire.

BÉLINE

Le voilà là dedans, que j'ai amené avec moi[1].

ARGAN

Faites-le donc entrer, mamour.

BÉLINE

Hélas! mon ami, quand on aime bien un mari, on n'est guère en état de songer à tout cela.

Scène VII

LE NOTAIRE, BÉLINE, ARGAN

ARGAN

Approchez, monsieur Bonnefoy, approchez. Prenez un siège, s'il vous plaît. Ma femme m'a dit, Monsieur, que vous étiez fort honnête homme, et tout à fait de ses amis, et je l'ai chargée de vous parler pour un testament que je veux faire.

BÉLINE

Hélas! je ne suis point capable de parler de ces choses-là.

LE NOTAIRE

Elle m'a, Monsieur, expliqué vos intentions et le dessein où vous êtes pour elle; et j'ai à vous dire, là-dessus, que vous ne sauriez rien donner à votre femme par votre testament.

ARGAN

Mais pourquoi?

LE NOTAIRE

La Coutume[2] y résiste. Si vous étiez en pays de droit écrit, cela se pourrait faire; mais, à Paris et dans les pays coutumiers, au moins dans la plupart, c'est ce qui ne se peut, et la disposition serait nulle. Tout l'avantage qu'homme et femme conjoints par mariage se peuvent faire l'un à l'autre, c'est un don mutuel entre-vifs; encore

---

[1] Ah? si le mot fait mourir Béline de douleur, cela ne l'empêche pas de pourvoir à la chose, car elle a le notaire tout prêt sous la main à la première réquisition.

[2] On entendait par *Coutume* les règles de droit particulières qui s'étaient introduites par l'usage dans chaque seigneurie;

et *par droit écrit*, le droit romain tel qu'il s'était conservé depuis l'antiquité par l'enseignement des juristes. Le *droit coutumier* était observé au nord et au centre de la France, et le *droit écrit* au sud. Tout ce que Molière fait dire au notaire des dispositions de la loi est exact.

faut-il qu'il n'y ait enfants, soit des deux conjoints, ou de l'un d'eux, lors du décès du premier mourant.

ARGAN

Voilà une coutume bien impertinente[1], qu'un mari ne puisse rien laisser à une femme dont il est aimé tendrement, et qui prend de lui tant de soin. J'aurais envie de consulter mon avocat pour voir comment je pourrais faire.

LE NOTAIRE

Ce n'est point à des avocats qu'il faut aller, car ils sont d'ordinaire sévères là-dessus, et s'imaginent que c'est un grand crime que de disposer en fraude de la loi : ce sont gens de difficultés, et qui sont ignorants des détours de la conscience[2]. Il y a d'autres personnes à consulter, qui sont bien plus accommodantes, qui ont des expédients pour passer doucement par-dessus la loi, et rendre juste ce qui n'est pas permis ; qui savent aplanir les difficultés d'une affaire et trouver des moyens d'éluder la Coutume par quelque avantage indirect. Sans cela, où en serions-nous tous les jours ? Il faut de la facilité dans les choses ; autrement nous ne ferions rien, et je ne donnerais pas un sou de notre métier.

ARGAN

Ma femme m'avait bien dit, Monsieur, que vous étiez fort habile et fort honnête homme. Comment puis-je faire, s'il vous plaît, pour lui donner mon bien et en frustrer mes enfants ?

LE NOTAIRE

Comment vous pouvez faire ? Vous pouvez choisir doucement un ami intime de votre femme, auquel vous donnerez en bonne forme, par votre testament, tout ce que vous pouvez[3] ; et cet ami ensuite lui rendra tout. Vous pouvez encore contracter un grand nombre d'obligations, non suspectes, au profit de divers créanciers[4], qui prêteront leur nom à votre femme, et entre les mains de laquelle ils mettront leur déclaration que ce qu'ils en ont fait n'a été que pour

---

[1] Voir la note 3, p. 51.
[2] Des moyens détournés que l'on peut prendre sans blesser la conscience. Ce M. Bonnefoy ne mérite guère son nom. Molière le lui a donné par ironie.
[3] C'est-à-dire tout ce dont vous êtes maître de disposer sans empiéter sur la part légitime de vos enfants.
[4] C'est-à-dire qu'Argan se déclarera le débiteur de créanciers fictifs qui, après sa mort, viendront réclamer les sommes pour lesquelles Argan leur aura signé des billets : mais ils ne seront, en réalité, que les prête-nom de sa femme, à laquelle ils remettront lesdites sommes. Procédé digne de l'intention qu'il sert !

lui faire plaisir. Vous pouvez aussi, pendant que vous êtes en vie, mettre entre ses mains de l'argent comptant, ou des billets que vous pourrez avoir, payables au porteur.

BÉLINE

Mon Dieu ! il ne faut point vous tourmenter de tout cela. S'il vient faute de vous[1], mon fils, je ne veux plus rester au monde.

ARGAN

Mamie !

BÉLINE

Oui, mon ami, si je suis assez malheureuse pour vous perdre...

ARGAN

Ma chère femme !

BÉLINE

La vie ne me sera plus de rien.

ARGAN

Mamour !

BÉLINE

Et je suivrai vos pas pour vous faire connaître la tendresse que j'ai pour vous.

ARGAN

Mamie, vous me fendez le cœur ! Consolez-vous, je vous en prie.

LE NOTAIRE, à Béline

Ces larmes sont hors de saison, et les choses n'en sont point encore là.

BÉLINE

Ah ! Monsieur, vous ne savez pas ce que c'est qu'un mari qu'on aime tendrement.

ARGAN

Il faut faire mon testament, mamour, de la façon que Monsieur dit ; mais, par précaution, je veux vous mettre entre les mains vingt mille francs en or, que j'ai dans le lambris[2] de mon alcôve, et deux billets payables au porteur, qui me sont dus, l'un par monsieur Damon, et l'autre par monsieur Gérante.

BÉLINE

Non, non, je ne veux point de tout cela. Ah !... Combien dites-vous qu'il y a dans votre alcôve ?

---

[1] Si vous venez à me manquer.   [2] Armoire dissimulée dans le lambris.

ARGAN

Vingt mille francs, mamour.

BÉLINE

Ne me parlez point de bien, je vous prie. Ah !... De combien sont les deux billets?

ARGAN

Ils sont, mamie, l'un de quatre mille francs, et l'autre de six.

BÉLINE

Tous les biens du monde, mon ami, ne me sont rien au prix [1] de vous.

LE NOTAIRE, à Argan

Voulez-vous que nous procédions au testament?

ARGAN

Oui, Monsieur. Mais nous serons mieux dans mon petit cabinet. Mamour, conduisez-moi, je vous prie.

BÉLINE

Allons, mon pauvre petit fils.

Scène VIII

ANGÉLIQUE, TOINETTE

TOINETTE

Les voilà avec un notaire, et j'ai ouï parler de testament. Votre belle-mère ne s'endort point, et c'est sans doute quelque conspiration contre vos intérêts où elle pousse votre père.

ANGÉLIQUE

Qu'il dispose de son bien à sa fantaisie pourvu qu'il ne dispose point de mon cœur. Tu vois, Toinette, les desseins violents que l'on fait sur lui ; ne m'abandonne point, je te prie, dans l'extrémité où je suis.

TOINETTE

Moi, vous abandonner ? j'aimerais mieux mourir. Votre belle-mère a beau me faire sa confidente et me vouloir jeter dans ses intérêts, je n'ai jamais pu avoir d'inclination pour elle, et j'ai tou-

---

[1] En comparaison de.

jours été de votre parti. Laissez-moi faire : j'emploierai toute chose pour vous servir. Mais, pour vous servir avec plus d'effet, je veux changer de batterie, couvrir le zèle que j'ai pour vous, et feindre d'entrer dans les sentiments de votre père et de votre belle-mère.

BÉLINE

Toinette !

TOINETTE, à Angélique

Voilà qu'on m'appelle. Bonsoir. Reposez-vous sur moi.

ACTE DEUXIÈME

. . . .

Scène II

ARGAN, TOINETTE, CLÉANTE [1]

ARGAN, se croyant seul et sans voir Toinette

Monsieur Purgon m'a dit de me promener le matin dans ma chambre, douze allées et douze venues ; mais j'ai oublié de lui demander si c'est en long ou en large.

TOINETTE

Monsieur, voilà un...

ARGAN

Parle bas ! pendarde ; tu viens m'ébranler tout le cerveau, et tu ne songes pas qu'il ne faut point parler si haut à des malades.

TOINETTE

Je voulais vous dire, Monsieur...

ARGAN

Parle bas, te dis-je.

TOINETTE

Monsieur...

(Elle fait semblant de parler.)

ARGAN

Eh ?

TOINETTE

Je vous dis que...

(Elle fait encore semblant de parler.)

[1] Cléante se présente comme remplaçant du maître de musique d'Angélique. Lorsque commence cette scène, Toinette l'a déjà reconnu et s'est chargée de l'introduire.

ARGAN

Qu'est-ce que tu dis?

TOINETTE, haut

Je dis que voilà un homme qui veut parler à vous.

ARGAN

Qu'il vienne.

(Toinette fait signe à Cléante d'avancer.)

CLÉANTE

Monsieur.

TOINETTE, à Cléante

Ne parlez pas si haut de peur d'ébranler le cerveau de Monsieur.

CLÉANTE

Monsieur, je suis ravi de vous trouver debout et de voir que vous vous portez mieux.

TOINETTE, feignant d'être en colère

Comment! « qu'il se porte mieux! » Cela est faux : Monsieur se porte toujours mal.

CLÉANTE

J'ai ouï dire que Monsieur était mieux, et je lui trouve bon visage.

TOINETTE

Que voulez-vous dire, avec votre bon visage? Monsieur l'a fort mauvais, et ce sont des impertinents qui vous ont dit qu'il était mieux. Il ne s'est jamais si mal porté.

ARGAN

Elle a raison.

TOINETTE

Il marche, dort, mange, et boit tout comme les autres; mais cela n'empêche pas qu'il ne soit fort malade.

ARGAN

Cela est vrai.

CLÉANTE

Monsieur, j'en suis au désespoir. Je viens de la part du maître à chanter de Mademoiselle votre fille. Il s'est vu obligé d'aller à la campagne pour quelques jours ; et, comme son ami intime, il m'envoie à sa place pour lui continuer ses leçons, de peur qu'en les interrompant elle ne vînt à oublier ce qu'elle sait déjà.

ARGAN

Fort bien. (A Toinette.) Appelez Angélique.

TOINETTE

Monsieur, cela ne fera que vous étourdir, et il ne faut rien pour vous émouvoir en l'état où vous êtes et vous ébranler le cerveau.

ARGAN

Point, point : j'aime la musique, et je serai bien aise de... Ah ! la voici. (A Toinette). Allez-vous-en voir, vous, si ma femme est habillée.

Scène III

ARGAN, ANGÉLIQUE, CLÉANTE

ARGAN

Venez, ma fille : votre maître de musique est allé aux champs, et voilà une personne qu'il envoie à sa place pour vous montrer.

ANGÉLIQUE, reconnaissant Cléante

Ah, Ciel !

ARGAN

Qu'est-ce ? D'où vient cette surprise ?

ANGÉLIQUE

C'est...

ARGAN

Quoi ? qui vous émeut de la sorte ?

ANGÉLIQUE

C'est, mon père, une aventure surprenante qui se rencontre ici.

ARGAN

Comment ?

ANGÉLIQUE

J'ai songé cette nuit que j'étais dans le plus grand embarras du monde, et qu'une personne faite tout comme Monsieur s'est présentée à moi, à qui j'ai demandé secours, et qui m'est venue tirer de la peine où j'étais ; et ma surprise a été grande de voir inopinément, en arrivant ici, ce que j'ai eu dans l'idée toute la nuit.

Scène IV

ARGAN, ANGÉLIQUE, CLÉANTE, TOINETTE

TOINETTE, à Argan

Ma foi, Monsieur, je suis pour vous maintenant, et je me dédis de tout ce que je disais hier. Voici Monsieur Diafoirus le père et

Monsieur Diafoirus le fils, qui viennent vous rendre visite. Que vous serez bien engendré[1]! Vous allez voir le garçon le mieux fait du monde et le plus spirituel. Il n'a dit que deux mots, qui m'ont ravie, et votre fille va être charmée de lui.

ARGAN, à Cléante, qui feint de vouloir s'en aller

Ne vous en allez point, Monsieur. C'est que je marie ma fille, et voilà qu'on lui amène son prétendu[2] mari qu'elle n'a point encore vu.

CLÉANTE

C'est m'honorer beaucoup, Monsieur, de vouloir que je sois témoin d'une entrevue si agréable.

ARGAN

C'est le fils d'un habile médecin, et le mariage se fera dans quatre jours[3].

CLÉANTE

Fort bien.

ARGAN

Mandez-le un peu à son maître de musique, afin qu'il se trouve à la noce.

CLÉANTE

Je n'y manquerai pas.

ARGAN

Je vous y prie aussi.

CLÉANTE

Vous me faites beaucoup d'honneur.

TOINETTE

Allons, qu'on se range, les voici.

Scène V

MONSIEUR DIAFOIRUS, THOMAS DIAFOIRUS, ARGAN, ANGÉLIQUE, CLÉANTE, TOINETTE, laquais

ARGAN, mettant la main à son bonnet sans l'ôter

Monsieur Purgon, Monsieur, m'a défendu de découvrir ma tête. Vous êtes du métier, vous savez les conséquences.

---

[1] Que vous aurez un bon gendre.
[2] Futur.
[3] Les choses se faisaient d'une façon expéditive dans ce temps-là.

MONSIEUR DIAFOIRUS

Nous sommes dans toutes nos visites pour porter secours aux malades, et non pour leur porter de l'incommodité.

(Ils parlent tous deux en même temps, interrompent et confondent.)

ARGAN

Je reçois, Monsieur...

MONSIEUR DIAFOIRUS

Nous venons ici, Monsieur...

ARGAN

Avec beaucoup de joie...

MONSIEUR DIAFOIRUS

Mon fils Thomas, et moi...

ARGAN

L'honneur que vous me faites...

MONSIEUR DIAFOIRUS

Vous témoigner, Monsieur...

ARGAN

Et j'aurais souhaité...

MONSIEUR DIAFOIRUS

Le ravissement où nous sommes...

ARGAN

De pouvoir aller chez vous...

MONSIEUR DIAFOIRUS

De la grâce que vous nous faites...

ARGAN

Pour vous en assurer...

MONSIEUR DIAFOIRUS

De vouloir bien nous recevoir...

ARGAN

Mais vous savez, Monsieur...

MONSIEUR DIAFOIRUS

Dans l'honneur, Monsieur...

ARGAN

Ce que c'est qu'un pauvre malade...

MONSIEUR DIAFOIRUS

De votre alliance...

LE MALADE IMAGINAIRE

ARGAN

Qui ne peut faire autre chose...

MONSIEUR DIAFOIRUS

Et vous assurer...

ARGAN

Que de vous dire ici...

MONSIEUR DIAFOIRUS

Que, dans les choses qui dépendront de notre métier...

ARGAN

Qu'il cherchera toutes les occasions...

MONSIEUR DIAFOIRUS

De même qu'en tout autre...

ARGAN

De vous faire connaître, Monsieur.

MONSIEUR DIAFOIRUS

Nous serons toujours prêts, Monsieur.

ARGAN

Qu'il est tout à votre service...

MONSIEUR DIAFOIRUS

A vous témoigner notre zèle. (A son fils.) Allons, Thomas, avancez : faites vos compliments.

Thomas Diafoirus est un grand dadais nouvellement sorti des Écoles, qui fait toutes choses de mauvaise grâce et à contretemps.

THOMAS DIAFOIRUS, à M. Diafoirus

N'est-ce pas par le père qu'il convient commencer [1] ?

MONSIEUR DIAFOIRUS

Oui.

THOMAS DIAFOIRUS, à Argan

Monsieur, je viens saluer, reconnaître, chérir, et révérer en vous un second père, mais un second père auquel j'ose dire que je me trouve plus redevable qu'au premier. D'autant plus je vous dois, et d'autant plus je tiens précieuse cette future filiation dont je viens aujourd'hui vous rendre, par avance, les très humbles et très respectueux hommages.

[1] A la première phrase de Thomas, on devine un benêt ; à la seconde on reconnaîtra le pédant, tout englué de sa rhétorique. C'est du Cicéron approprié à la circonstance qu'il débite.

TOINETTE

Vivent les collèges d'où l'on sort si habile homme !

THOMAS DIAFOIRUS, à M. Diafoirus

Cela a-t-il bien été, mon père ?

MONSIEUR DIAFOIRUS

Optime [1].

ARGAN, à Angélique

Allons, saluez Monsieur.

THOMAS DIAFOIRUS, à M. Diafoirus

Baiserai-je ?

MONSIEUR DIAFOIRUS

Oui, oui.

THOMAS DIAFOIRUS, à Angélique

Madame, c'est avec justice que le ciel vous a concédé le nom de belle-mère, puisque l'on [2]...

ARGAN, à Thomas Diafoirus

Ce n'est pas ma femme, c'est ma fille à qui vous parlez.

THOMAS DIAFOIRUS

Où donc est-elle ?

ARGAN

Elle va venir.

THOMAS DIAFOIRUS

Attendrai-je, mon père, qu'elle soit venue ?

MONSIEUR DIAFOIRUS

Faites toujours le compliment de Mademoiselle.

THOMAS DIAFOIRUS

Mademoiselle, ne [3] plus ne moins que la statue de Memnon [4] rendait un son harmonieux lorsqu'elle venait à être éclairée des rayons

---

[1] Très bien. — Molière s'est peut-être souvenu d'un trait de niaiserie que rapporte Tallemant des Réaux; il s'agit de Colletet et de son fils : « Pour son fils, il l'a toujours pris pour quelque chose de merveilleux... Ce fils, pourtant, n'est qu'un dadais. Un jour, dans je ne sais quelle compagnie, il lui dit : « Jean Colletet, saluez ces dames. » Il les salua toutes et puis il dit : « Mon père, j'ai fini. »

[2] Heureuse méprise pour un fiancé. Il semble que Molière ait ramassé pour la composition de ce rôle toute sa puissance comique. Thomas Diafoirus est la quintessence de la sottise contente d'elle-même;

et il ne laisse échapper aucune des bévues à commettre. Il s'est pourtant préparé à cette entrevue comme à une soutenance de thèse.

[3] Forme vieillie de *ni*. De même pour *dores-en-avant*. Thomas adopte une prononciation lourde et surannée. Ce mot signifie à partir de maintenant et dans l'avenir.

[4] Comparaison devenue tout à fait banale par l'abus qu'on en avait fait dans les harangues et les épîtres. On sent combien est ridicule le ton oratoire avec les figures ampoulées qu'affecte le jeune Diafoirus, dans un simple compliment.

du soleil, tout de même me sens-je animé d'un doux transport à l'apparition du soleil de vos beautés ; et comme les naturalistes remarquent que la fleur, nommée héliotrope, tourne sans cesse vers cet astre du jour, aussi mon cœur dores-en-avant tournera-t-il toujours vers les astres resplendissants de vos yeux adorables, ainsi que vers son pôle unique[1]. Souffrez donc, Mademoiselle, que j'appende aujourd'hui à l'autel de vos charmes l'offrande de ce cœur, qui ne respire et n'ambitionne autre gloire que d'être toute sa vie, Mademoiselle, votre très humble, très obéissant et très fidèle serviteur et mari.

TOINETTE

Voilà ce que c'est que d'étudier, on apprend à dire de belles choses.

ARGAN, à Cléante

Eh! que dites-vous de cela?

CLÉANTE

Que Monsieur fait merveilles, et que s'il est aussi bon médecin qu'il est bon orateur, il y aura plaisir à être de ses malades.

TOINETTE

Assurément. Ce sera quelque chose d'admirable s'il fait d'aussi belles cures qu'il fait de beaux discours.

ARGAN

Allons vite, ma chaise, et des sièges à tout le monde. (Les laquais donnent des sièges.) Mettez-vous là ma fille. (A M. Diafoirus.) Vous voyez, Monsieur, que tout le monde admire Monsieur votre fils, et je vous trouve bien heureux de vous voir un garçon comme cela.

MONSIEUR DIAFOIRUS [2]

Monsieur, ce n'est pas parce que je suis son père, mais je puis dire que j'ai sujet d'être content de lui, et que tous ceux qui le voient en parlent comme d'un garçon qui n'a point de méchanceté [3]. Il n'a jamais eu l'imagination bien vive, ni ce feu d'esprit qu'on remarque dans quelques-uns ; mais c'est par là que j'ai toujours bien auguré de sa judiciaire [4], qualité requise pour l'exercice de

---

[1] Les yeux d'Angélique attirent son cœur comme le pôle attire l'aimant.
[2] M. Diafoirus père est le meilleur commentaire de M. Diafoirus fils. Il n'est pas en reste de sottise, mais avec quelque chose de plus affirmé et de plus solennel. En croyant faire l'éloge de son fils, il achève le portrait d'un parfait imbécile.
[3] Il est trop bête pour être méchant.
[4] De son jugement.

notre art. Lorsqu'il était petit, il n'a jamais été ce qu'on appelle mièvre et éveillé : on le voyait toujours doux, paisible et taciturne, ne disant jamais mot et ne jouant jamais à tous ces petits jeux que l'on nomme enfantins. On eut toutes les peines du monde à lui apprendre à lire, et il avait neuf ans qu'il ne connaissait pas encore ses lettres. « Bon ! disais-je en moi-même, les arbres tardifs sont ceux qui portent les meilleurs fruits. On grave sur le marbre bien plus malaisément que sur le sable, mais les choses y sont conservées bien plus longtemps ; et cette lenteur à comprendre, cette pesanteur d'imagination, est la marque d'un bon jugement à venir. » Lorsque je l'envoyai au collège, il trouva de la peine, mais il se raidissait contre les difficultés, et ses régents se louaient toujours à moi de son assiduité et de son travail. Enfin, à force de battre le fer, il en est venu glorieusement à avoir ses licences ; et je puis dire, sans vanité, que, depuis deux ans qu'il est sur les bancs[1], il n'y a point de candidat qui ait fait plus de bruit que lui dans toutes les disputes de notre École. Il s'est rendu redoutable, et il ne s'y passe point d'acte où il n'aille argumenter à outrance pour la proposition contraire. Il est ferme dans la dispute, fort comme un Turc sur ses principes, ne démord jamais de son opinion[2], et poursuit un raisonnement jusque dans les derniers recoins de la logique. Mais, sur toute chose, ce qui me plaît en lui, et en quoi il suit mon exemple, c'est qu'il s'attache aveuglément aux opinions de nos anciens, et que jamais il n'a voulu comprendre ni écouter les raisons et les expériences des prétendues découvertes de notre siècle touchant la circulation du sang et autres opinions de même farine[3].

THOMAS DIAFOIRUS, *tirant de sa poche une grande thèse roulée qu'il présente à Angélique*

J'ai contre les circulateurs soutenu une thèse, qu'avec la permission (*saluant Argan*) de Monsieur, j'ose présenter à Mademoiselle comme un hommage que je lui dois des prémices de mon esprit.

ANGÉLIQUE

Monsieur, c'est pour moi un meuble inutile, et je ne me connais pas à ces choses-là.

---

[1] Sur les bancs des bacheliers qui, à leur réception, juraient de prendre part aux argumentations de l'École pendant deux ans.

[2] Ce qui est le propre d'un esprit étroit et borné. *Fort comme un Turc* se dit d'un homme physiquement vigoureux, et il est parfaitement ridicule d'appliquer cette comparaison à une chose intellectuelle.

[3] De même espèce. — La belle découverte du médecin anglais Harvey sur les lois de la circulation du sang avait à peu près cause gagnée, sauf parmi quelques routiniers entêtés de la vieille médecine.

TOINETTE, prenant la thèse

Donnez, donnez, elle est toujours bonne à prendre pour l'image ; cela servira à parer notre chambre.

THOMAS DIAFOIRUS, saluant encore Argan

Avec la permission aussi de Monsieur, je vous invite à venir voir l'un de ces jours, pour vous divertir, la dissection d'une femme, sur quoi je dois raisonner.

TOINETTE

Le divertissement sera agréable. Il y en a qui donnent la comédie à leurs maîtresses [1] ; mais donner une dissection est quelque chose de plus galant.

ARGAN

N'est-ce pas votre intention, Monsieur, de le pousser à la cour et d'y ménager pour lui une charge de médecin ?

MONSIEUR DIAFOIRUS

A vous en parler franchement, notre métier auprès des grands ne m'a jamais paru agréable, et j'ai toujours trouvé qu'il valait mieux pour nous autres demeurer au public. Le public est commode : vous n'avez à répondre de vos actions à personne ; et, pourvu que l'on suive le courant des règles de l'art, on ne se met point en peine de tout ce qui peut arriver. Mais ce qu'il y a de fâcheux auprès des grands, c'est que, quand ils viennent à être malades, ils veulent absolument que leurs médecins les guérissent.

TOINETTE

Cela est plaisant ! et ils sont bien impertinents de vouloir que vous autres, Messieurs, vous les guérissiez ; vous n'êtes point auprès d'eux pour cela ; vous n'y êtes que pour recevoir vos pensions et leur ordonner des remèdes : c'est à eux à guérir s'ils peuvent.

MONSIEUR DIAFOIRUS

Cela est vrai. On n'est obligé qu'à traiter les gens dans les formes [2].

ARGAN, à Cléante

Monsieur, faites un peu chanter ma fille devant la compagnie.

---

[1] Dans le sens de leurs belles, leurs fiancées.
Le franc bon sens de Toinette, assaisonné de gouaillerie rustique, sert de repoussoir à l'extravagance des grotesques.

[2] Bien sûr ! et s'ils meurent après cela, ils doivent se trouver contents. Un autre des médecins de Molière dit : « Vous aurez la consolation que votre fille sera morte dans les formes. »

CLÉANTE

J'attendais vos ordres, Monsieur; et il m'est venu en pensée, pour divertir la compagnie, de chanter avec Mademoiselle une scène d'un petit opéra qu'on a fait depuis peu. (A Angélique, lui donnant un papier.) Tenez, voilà votre partie.

<small>Cléante et Angélique chantent une sorte de scène d'opéra improvisée, dans laquelle chacun trouve moyen d'exprimer à l'autre la tristesse qu'il ressent du mariage projeté avec l'inepte Diafoirus. Argan les interrompt avec impatience. Sur ces entrefaites, arrive Béline.</small>

SCÈNE VI

BÉLINE, ARGAN, ANGÉLIQUE, MONSIEUR DIAFOIRUS, THOMAS DIAFOIRUS, TOINETTE

ARGAN

Mamour[1], voilà le fils de M. Diafoirus.

<small>THOMAS DIAFOIRUS, commence un compliment qu'il avait étudié, et, la mémoire lui manquant, il ne peut le continuer</small>

Madame, c'est avec justice que le Ciel vous a concédé le nom de belle-mère, puisque l'on voit sur votre visage...

BÉLINE

Monsieur, je suis ravie d'être venue ici à propos pour avoir l'honneur de vous voir.

THOMAS DIAFOIRUS

Puisque l'on voit sur votre visage... Puisque l'on voit sur votre visage... Madame, vous m'avez interrompu dans le milieu de ma période, et cela m'a troublé la mémoire[2].

MONSIEUR DIAFOIRUS

Thomas, réservez cela pour une autre fois.

ARGAN

Je voudrais, mamie, que vous eussiez été ici tantôt.

TOINETTE

Ah! Madame, vous avez bien perdu de n'avoir point été au second père, à la statue de Memnon, et à la fleur nommée héliotrope.

---

[1] Mon amour. Elision semblable à celle de mamie, remplacée dans le français actuel par l'illogique masculin *mon* devant un substantif féminin commençant par une voyelle.

[2] Admirons avec quel art Molière a su éviter la monotonie des effets, en coupant brusquement, par un manque de mémoire très comique, un discours qui n'eût été que la répétition du premier.

THOMAS DIAFOIRUS
Monsieur, je viens reconnaître, saluer et chérir en vous un second père.....

ARGAN

Allons, ma fille, touchez dans la main de Monsieur, et lui donnez votre foi, comme à votre mari.

ANGÉLIQUE

Mon père...

ARGAN

Hé bien ! « Mon père » ? qu'est-ce que cela veut dire ?

ANGÉLIQUE

De grâce, ne précipitez pas les choses. Donnez-nous au moins le temps de nous connaître, et de voir naître en nous, l'un pour l'autre, cette inclination si nécessaire à composer une union parfaite.

THOMAS DIAFOIRUS

Quant à moi, Mademoiselle, elle est déjà toute née en moi, et je n'ai pas besoin d'attendre davantage.

ANGÉLIQUE

Si vous êtes si prompt, Monsieur, il n'en est pas de même de moi ; et je vous avoue que votre mérite n'a pas encore fait assez d'impression dans mon âme.

ARGAN

Ho ! bien, bien ! cela aura tout le loisir de se faire, quand vous serez mariés ensemble.

ANGÉLIQUE

Eh ! mon père, donnez-moi du temps, je vous prie. Le mariage est une chaîne où l'on ne doit jamais soumettre un cœur par force ; et si Monsieur est honnête homme, il ne doit point vouloir accepter une personne qui serait à lui par contrainte.

THOMAS DIAFOIRUS

Nego consequentiam [1], Mademoiselle, et je puis être honnête homme et vouloir bien vous accepter des mains de Monsieur votre père.

ANGÉLIQUE

C'est un méchant moyen de se faire aimer de quelqu'un que de lui faire violence.

TOINETTE, à Angélique

Vous avez beau raisonner : Monsieur est frais émoulu du collège,

---

[1] « Je nie la conséquence. » Thomas Diafoirus emploie, pour faire sa cour, les formes en usage dans les discussions de l'École.

et il vous donnera toujours votre reste. Pourquoi tant résister, et refuser la gloire d'être attachée au corps de la Faculté?

BÉLINE

Elle a peut-être quelque inclination en tête.

ANGÉLIQUE

Si j'en avais, Madame, elle serait telle que la raison et l'honnêteté pourraient me la permettre.

ARGAN

Ouais! je joue ici un plaisant personnage.

BÉLINE

Si j'étais que de vous, mon fils, je ne la forcerais point à se marier, et je sais bien ce que je ferais.

ANGÉLIQUE

Je sais, Madame, ce que vous voulez dire, et les bontés que vous avez pour moi ; mais peut-être que vos conseils ne seront pas assez heureux pour être exécutés.

BÉLINE

C'est que les filles bien sages et bien honnêtes comme vous se moquent d'être obéissantes et soumises aux volontés de leurs pères. Cela était bon autrefois.

ANGÉLIQUE

Le devoir d'une fille a des bornes, Madame, et la raison et les lois ne l'étendent point à toutes sortes de choses.

BÉLINE

Vous êtes si sotte, ma mie, qu'on ne saurait plus vous souffrir.

ANGÉLIQUE

Vous voudriez bien, Madame, m'obliger à vous répondre quelque impertinence ; mais je vous avertis que vous n'aurez pas cet avantage.

BÉLINE

Il n'est rien d'égal à votre insolence.

ANGÉLIQUE

Non, Madame, vous avez beau dire.

BÉLINE

Et vous avez un ridicule orgueil, une impertinente présomption, qui fait hausser les épaules à tout le monde.

ANGÉLIQUE

Tout cela, Madame, ne servira de rien; je serai sage en dépit de vous; et, pour vous ôter l'espérance de pouvoir réussir dans ce que vous voulez, je vais m'ôter de votre vue.

ARGAN, à Angélique qui sort

Écoute, il n'y a point de milieu à cela : choisis d'épouser dans quatre jours, ou Monsieur, ou un couvent. (A Béline.) Ne vous mettez pas en peine; je la rangerai bien.

BÉLINE

Je suis fâchée de vous quitter, mon fils; mais j'ai une affaire en ville dont je ne puis me dispenser. Je reviendrai bientôt.

ARGAN

Allez, mamour, et passez chez votre notaire, afin qu'il expédie ce que vous savez.

BÉLINE

Adieu, mon petit ami.

ARGAN

Adieu, mamie. Voilà une femme qui m'aime... cela n'est pas croyable.

MONSIEUR DIAFOIRUS

Nous allons, Monsieur, prendre congé de vous.

ARGAN

Je vous prie, Monsieur, de me dire un peu comment je suis.

MONSIEUR DIAFOIRUS, tâtant le pouls d'Argan

Allons, Thomas, prenez l'autre bras de Monsieur, pour voir si vous saurez porter un bon jugement de son pouls. *Quid dicis?*

THOMAS DIAFOIRUS

Dico que le pouls de Monsieur est le pouls d'un homme qui ne se porte point bien.

MONSIEUR DIAFOIRUS

Bon.

THOMAS DIAFOIRUS

Qu'il est duriuscule, pour ne pas dire dur.

MONSIEUR DIAFOIRUS

Fort bien.

THOMAS DIAFOIRUS

Repoussant[1].

---

[1] Qui repousse le doigt par la force avec laquelle il bat.

MONSIEUR DIAFOIRUS

Bene.

THOMAS DIAFOIRUS

Et même un peu caprisant[1].

MONSIEUR DIAFOIRUS

Optime.

THOMAS DIAFOIRUS

Ce qui marque une intempérie[2] dans le *parenchyme splénique*[3], c'est-à-dire la rate.

MONSIEUR DIAFOIRUS

Fort bien.

ARGAN

Non : Monsieur Purgon dit que c'est mon foie qui est malade.

MONSIEUR DIAFOIRUS

Eh ! oui : qui dit *parenchyme* dit l'un et l'autre, à cause de l'étroite sympathie qu'ils ont ensemble par le moyen du *vas breve du pylore*[4], et souvent des *méats cholidoques*. Il vous ordonne sans doute de manger force rôti ?

ARGAN

Non, rien que du bouilli.

MONSIEUR DIAFOIRUS

Eh, oui : rôti, bouilli, même chose. Il vous ordonne fort prudemment, et vous ne pouvez être en de meilleures mains.

ARGAN

Monsieur, combien est-ce qu'il faut mettre de grains de sel dans un œuf ?

MONSIEUR DIAFOIRUS

Six, huit, dix, par les nombres pairs ; comme dans les médicaments par les nombres impairs.

ARGAN

Jusqu'au revoir, Monsieur.

---

[1] Etat du pouls qui marque un léger arrêt, puis une recrudescence brusque dans l'action du cœur.

[2] Selon l'ancienne médecine, mauvaise constitution des humeurs du corps.

[3] Tissu de la rate et des autres viscères.

[4] *Vas breve.* Vaisseau situé au fond de l'estomac, ainsi appelé à cause de son peu de longueur. — *Pylore*, orifice inférieur de l'estomac par où les aliments passent dans l'intestin grêle. *Méats cholidoques*, conduits qui versent la bile dans l'intestin. M. Diafoirus donne ces explications inintelligibles à son malade pour couvrir la contradiction entre le diagnostic de son fils et celui de M. Purgon.

Sur un rapport de Béline, Argan a fait venir sa seconde fille, Louison, pour l'interroger sur sa sœur Angélique, qu'il soupçonne d'avoir désobéi à ses ordres en recevant Cléante en présence de Louison.

Scène VIII

ARGAN, LOUISON

LOUISON

Qu'est-ce que vous voulez, mon papa ? ma belle-maman m'a dit que vous me demandez.

ARGAN

Oui, venez-çà ; avancez là. Tournez-vous, levez les yeux, regardez-moi. Eh !

LOUISON

Quoi, mon papa ?

ARGAN

Là.

LOUISON

Quoi ?

ARGAN

N'avez-vous rien à me dire ?

LOUISON

Je vous dirai, si vous voulez, pour vous désennuyer, le conte de Peau d'âne, ou bien la fable du Corbeau et du Renard, qu'on m'a apprise depuis peu.

ARGAN

Ce n'est pas là ce que je demande.

LOUISON

Quoi donc ?

ARGAN

Ah ! rusée vous savez bien ce que je veux dire.

LOUISON

Pardonnez-moi, mon papa.

ARGAN

Est-ce là comme vous m'obéissez ?

LOUISON

Quoi ?

ARGAN

Ne vous ai-je pas recommandé de me venir dire d'abord tout ce que vous voyez ?

LOUISON

Oui, mon papa.

ARGAN

L'avez-vous fait ?

LOUISON

Oui, mon papa. Je vous suis venue dire tout ce que j'ai vu.

ARGAN

Et vous n'avez rien vu aujourd'hui ?

LOUISON

Non, mon papa.

ARGAN

Non ?

LOUISON

Non, mon papa.

ARGAN

Assurément ?

LOUISON

Assurément.

ARGAN

Oh çà ! je m'en vais vous faire voir quelque chose, moi.

LOUISON, voyant une poignée de verges qu'Argan a été prendre

Ah ! mon papa !

ARGAN

Ah ! ah ! petite masque, vous ne me dites pas que vous avez vu un homme dans la chambre de votre sœur ?

LOUISON, pleurant

Mon papa !

ARGAN, prenant Louison par le bras

Voilà qui vous apprendra à mentir.

LOUISON, se jetant à genoux

Ah ! mon papa, je vous demande pardon. C'est que ma sœur m'avait dit de ne pas vous le dire, mais je m'en vais vous dire tout [1].

ARGAN

Il faut premièrement que vous ayez le fouet pour avoir menti. Puis après nous verrons au reste.

LOUISON

Pardon, mon papa.

---

[1] Cette scène est d'une vérité parfaite et conduite avec un art consommé.
La petite fille, trop bien stylée par sa sœur aînée, commence par mentir avec un aplomb naïf ; puis elle emploie la ruse afin d'échapper au châtiment ; enfin elle avoue et, bribe par bribe, elle finit par raconter ce qu'Argan veut savoir et ce qu'il est utile que le spectateur connaisse.

ARGAN

Non, non.

LOUISON

Mon pauvre papa, ne me donnez pas le fouet.

ARGAN

Vous l'aurez.

LOUISON

Au nom de Dieu, mon papa, que je ne l'aie pas.

ARGAN, voulant la fouetter

Allons, allons.

LOUISON

Ah! mon papa, vous m'avez blessée. Attendez: je suis morte.
(Elle contrefait la morte.)

ARGAN

Holà! Qu'est-ce là? Louison, Louison! Ah! mon Dieu, Louison! Ah! ma fille! Ah! malheureux! ma pauvre fille est morte! Qu'ai-je fait, misérable? Ah! chiennes de verges! La peste soit des verges! Ah! ma pauvre fille, ma pauvre petite Louison!

LOUISON

Là, là, mon papa, ne pleurez point tant, je ne suis pas morte tout à fait.

ARGAN

Voyez-vous la petite rusée? Oh, çà, çà! je vous pardonne pour cette fois-ci, pourvu que vous me disiez bien tout.

LOUISON

Ho! oui, mon papa.

ARGAN

Prenez-y bien garde au moins; car voilà un petit doigt qui sait tout, qui me dira si vous mentez.

LOUISON

Mais, mon papa, ne dites pas à ma sœur que je vous l'ai dit.

ARGAN

Non, non.

LOUISON, après avoir regardé si personne n'écoute

C'est, mon papa, qu'il est venu un homme dans la chambre[1] de ma sœur comme j'y étais.

ARGAN

Hé bien?

---

[1] Ainsi que nous avons déjà eu occasion de le dire, ce mot désignait une pièce où l'on recevait, et non une chambre à coucher.

LOUISON

Je lui ai demandé ce qu'il demandait, et il m'a dit qu'il était son maître à chanter.

ARGAN, à part

Hon, hon ! voilà l'affaire. (A Louison.) Hé bien ?

LOUISON

Ma sœur est venue après.

ARGAN

Hé bien ?

LOUISON

Elle lui a dit : « Sortez, sortez, sortez, mon Dieu ! sortez ; vous me mettez au désespoir. »

ARGAN

Hé bien ?

LOUISON

Et lui, il ne voulait pas sortir.

ARGAN

Qu'est-ce qu'il lui disait ?

LOUISON

Il lui disait je ne sais combien de choses.

ARGAN

Et quoi encore ?

LOUISON

Il lui disait tout ci, tout çà.

ARGAN

Et puis après ?

LOUISON

Et puis après, ma belle-maman est venue à la porte, et il s'est enfui.

ARGAN

Il n'y a point autre chose ?

LOUISON

Non, mon papa.

ARGAN

Voilà mon petit doigt pourtant qui gronde quelque chose. (Mettant son doigt à son oreille.) Attendez. Eh ! ah, ah ! Oui ? Oh, oh ! voilà mon petit doigt qui me dit quelque chose que vous avez vu, et que vous ne m'avez pas dit.

LOUISON

Ah ! mon papa, votre petit doigt est un menteur.

ARGAN

Prenez garde.

LOUISON

Non, mon papa, ne le croyez pas ; il ment, je vous assure.

ARGAN

Oh ! bien, bien ! nous verrons cela. Allez-vous en, et prenez bien garde à tout ; allez. (Seul.) Ah ! il n'y a plus d'enfants ! Ah ! que d'affaires ! je n'ai pas seulement le loisir de songer à ma maladie [1]. En vérité je n'en puis plus. (Il se laisse tomber dans sa chaise.)

Scène IX

BÉRALDE, ARGAN

BÉRALDE

Hé bien, mon frère, qu'est-ce ? Comment vous portez-vous ?

ARGAN

Ah ! mon frère, fort mal.

BÉRALDE

Comment, « fort mal » ?

ARGAN

Oui, je suis dans une faiblesse si grande que cela n'est pas croyable.

BÉRALDE

Voilà qui est fâcheux.

ARGAN

Je n'ai pas seulement la force de pouvoir parler.

BÉRALDE

J'étais venu ici, mon frère, vous proposer un parti pour ma nièce Angélique.

ARGAN, parlant avec emportement et se levant de sa chaise

Mon frère, ne me parlez point de cette coquine-là [2]. C'est une friponne, une impertinente, une effrontée, que je mettrai dans un couvent avant qu'il soit deux jours.

BÉRALDE

Ah ! voilà qui est bien ! Je suis bien aise que la force vous

---

[1] Ce mot, pris dans la nature, est d'une grande profondeur d'observation. On goûte un certain plaisir à vivre de son mal ou de son chagrin, et c'est souffrir que de s'y arracher.

[2] La colère donne des forces !

revienne un peu, et que ma visite vous fasse du bien. Oh çà ! nous parlerons d'affaires tantôt. Je vous amène ici un divertissement, que j'ai rencontré, qui dissipera votre chagrin, et vous rendra l'âme mieux disposée aux choses que nous avons à dire [1].....

ACTE TROISIÈME

Scène I

BÉRALDE, ARGAN, TOINETTE

BÉRALDE

Hé bien, mon frère, qu'en dites-vous ? Cela ne vaut-il pas bien une prise de casse ?

TOINETTE

Hon ! de bonne casse est bonne [2].

BÉRALDE

Oh çà ! voulez-vous que nous parlions un peu ensemble ?

ARGAN

Un peu de patience, mon frère, je vais revenir [3].

TOINETTE

Tenez, Monsieur, vous ne songez pas que vous ne sauriez marcher sans bâton.

ARGAN

Tu as raison.

Scène II

BÉRALDE, TOINETTE

TOINETTE

N'abandonnez pas, s'il vous plaît, les intérêts de votre nièce.

BÉRALDE

J'emploierai toutes choses pour lui obtenir ce qu'elle souhaite.

---

[1] L'acte se termine par un intermède mêlé de danses et de chansons.
[2] Terme proverbial.

[3] Les fréquentes sorties d'Argan font penser que son médecin, M. Purgon, est bien nommé.

TOINETTE

Il faut absolument empêcher ce mariage extravagant qu'il s'est mis dans la fantaisie, et j'avais songé en moi-même que ç'aurait été une bonne affaire de pouvoir introduire ici un médecin à notre poste [1] pour le dégoûter de son monsieur Purgon et lui décrier sa conduite. Mais, comme nous n'avons personne en main pour cela, j'ai résolu de jouer un tour de ma tête.

BÉRALDE

Comment ?

TOINETTE

C'est une imagination burlesque. Cela sera peut-être plus heureux que sage. Laissez-moi faire ; agissez de votre côté. Voici notre homme.

Scène III

ARGAN, BÉRALDE

BÉRALDE

Vous voulez bien, mon frère, que je vous demande, avant toute chose, de ne vous point échauffer l'esprit dans notre conversation...

ARGAN

Voilà qui est fait.

BÉRALDE

De répondre sans nulle aigreur aux choses que je pourrai vous dire...

ARGAN

Oui.

BÉRALDE

Et de raisonner ensemble sur les affaires dont nous avons à parler avec un esprit détaché de toute passion.

ARGAN

Mon Dieu, oui. Voilà bien du préambule !

BÉRALDE

D'où vient, mon frère, qu'ayant le bien que vous avez et n'ayant d'enfants qu'une fille, car je ne compte pas la petite, d'où vient, dis-je, que vous parlez de la mettre dans un couvent ?

ARGAN

D'où vient, mon frère, que je suis maître dans ma famille pour faire ce que bon me semble ?

[1] A notre convenance, à notre dévotion.

BÉRALDE

Votre femme ne manque pas de vous conseiller de vous défaire ainsi de vos deux filles, et je ne doute point que, par un esprit de charité, elle ne fût ravie de les voir toutes deux bonnes religieuses.

ARGAN

Oh çà! nous y voici. Voilà d'abord la pauvre femme en jeu : c'est elle qui fait tout le mal, et tout le monde lui en veut.

BÉRALDE

Non, mon frère; laissons-la là : c'est une femme qui a les meilleures intentions du monde pour votre famille, et qui est détachée de toute sorte d'intérêt, qui a pour vous une tendresse merveilleuse, et qui montre pour vos enfants une affection et une bonté qui n'est pas concevable, cela est certain [1]. N'en parlons point, et revenons à votre fille. Sur quelle pensée, mon frère, la voulez-vous donner en mariage au fils d'un médecin?

ARGAN

Sur la pensée, mon frère, de me donner un gendre tel qu'il me faut.

BÉRALDE

Ce n'est point là, mon frère, le fait de votre fille, et il se présente un parti plus sortable pour elle.

ARGAN

Oui, mais celui-ci, mon frère, est plus sortable pour moi [2].

BÉRALDE

Mais le mari qu'elle doit prendre doit-il être, mon frère, ou pour elle, ou pour vous?

ARGAN

Il doit être, mon frère, et pour elle et pour moi ; et je veux mettre dans ma famille les gens dont j'ai besoin.

BÉRALDE

Par cette raison-là, si votre petite était grande, vous lui donneriez en mariage un apothicaire?

ARGAN

Pourquoi non?

---

[1] Bien entendu, tout ceci est dit ironiquement.
[2] O candeur de l'égoïsme! avec quelle simplicité Argan avoue, comme si c'était chose toute naturelle, qu'il marie sa fille pour *lui*.

BÉRALDE

Est-il possible que vous serez toujours embéguiné de vos apothicaires et de vos médecins, et que vous vouliez être malade en dépit des gens et de la nature?

ARGAN

Comment l'entendez-vous, mon frère?

BÉRALDE

J'entends, mon frère, que je ne vois point d'homme qui soit moins malade que vous, et que je ne demanderais point une meilleure constitution que la vôtre. Une grande marque que vous vous portez bien, et que vous avez un corps parfaitement bien composé, c'est qu'avec tous les soins que vous avez pris vous n'avez pu parvenir encore à gâter la bonté de votre tempérament, et que vous n'êtes point crevé de toutes les médecines qu'on vous a fait prendre.

ARGAN

Mais savez-vous, mon frère, que c'est cela qui me conserve et que monsieur Purgon dit que je succomberais, s'il était seulement trois jours sans prendre soin de moi?

BÉRALDE

Si vous n'y prenez garde, il prendra tant de soin de vous qu'il vous enverra en l'autre monde.

ARGAN

Mais raisonnons un peu, mon frère. Vous ne croyez donc point à la médecine?

BÉRALDE

Non, mon frère [1]; et je ne vois pas que, pour son salut, il soit nécessaire d'y croire.

ARGAN

Quoi? vous ne tenez pas véritable une chose établie par tout le monde et que tous les siècles ont révérée?

BÉRALDE

Bien loin de la tenir véritable, je la trouve, entre nous, une des plus grandes folies qui soit parmi les hommes ; et, à regarder les choses en philosophe, je ne vois point de plus plaisante momerie, je ne vois rien de plus ridicule qu'un homme qui se veut mêler d'en guérir un autre.

---

[1] Voilà une profession d'incrédulité à la médecine bien nettement formulée.

ARGAN

Pourquoi ne voulez-vous pas, mon frère, qu'un homme en puisse guérir un autre?

BÉRALDE

Par la raison, mon frère, que les ressorts de notre machine sont des mystères, jusques ici, où les hommes ne voient goutte, et que la nature nous a mis au-devant des yeux des voiles trop épais pour y connaître quelque chose.

ARGAN

Les médecins ne savent donc rien, à votre compte?

BÉRALDE

Si fait, mon frère. Ils savent la plupart de fort belles humanités, savent parler en beau latin, savent nommer en grec toutes les maladies, les définir et les diviser; mais, pour ce qui est de les guérir, c'est ce qu'ils ne savent point du tout [1].....

ARGAN

Hoy! vous êtes un grand docteur, à ce que je vois, et je voudrais bien qu'il y eût ici quelqu'un de ces Messieurs pour rembarrer vos raisonnements et rabaisser votre caquet.

BÉRALDE

Moi, mon frère, je ne prends point à tâche de combattre la médecine; et chacun, à ses périls et fortune, peut croire tout ce qu'il lui plaît. Ce que j'en dis n'est qu'entre nous, et j'aurais souhaité de pouvoir un peu vous tirer de l'erreur où vous êtes, et, pour vous divertir, vous mener voir sur ce chapitre quelqu'une des comédies de Molière.

ARGAN

C'est un bon impertinent que votre Molière avec ses comédies, et je le trouve bien plaisant d'aller jouer d'honnêtes gens comme les médecins.

BÉRALDE

Ce ne sont point les médecins qu'il joue, mais le ridicule de la médecine [2].

---

[1] Molière, qui a vu et frappé si juste en signalant l'ignorance, la cupidité et le pédantisme de beaucoup de médecins de son temps, exagère ici en niant d'une manière absolue que la médecine ait la puissance de guérir. La discussion se poursuit entre Argan et Béralde, et ce dernier exprime l'opinion de Molière sur l'art médical. Nous l'abrégeons parce qu'elle est un peu longue et qu'elle tranche, par son sérieux, avec la vive gaieté du reste.

[2] Molière a joué les médecins aussi bien que la médecine...
Mais il est bon, quand on raille, de déclarer qu'on s'attaque aux choses et non aux personnes.

ARGAN

C'est bien à lui à faire de se mêler de contrôler la médecine; Voilà un bon nigaud, un bon impertinent, de se moquer des consultations et des ordonnances, de s'attaquer au corps des médecins et d'aller mettre sur son théâtre des personnes vénérables comme ces Messieurs-là.

BÉRALDE

Que voulez-vous qu'il y mette que [1] les diverses professions des hommes ? On y met bien tous les jours les princes et les rois, qui sont d'aussi bonne maison que les médecins.

ARGAN

Par la mort non de diable! si j'étais que des médecins, je me vengerais de son impertinence ; et quand il sera malade, je le laisserais mourir sans secours. Il aurait beau faire et beau dire, je ne lui ordonnerais pas la moindre petite saignée, le moindre petit lavement, et je lui dirais : « Crève, crève [2] ! cela t'apprendra une autre fois à te jouer à la Faculté. »

BÉRALDE

Vous voilà bien en colère contre lui.

ARGAN

Oui, c'est un malavisé; et si les médecins sont sages, ils feront ce que je dis.

BÉRALDE

Il sera encore plus sage que vos médecins, car il ne leur demandera point de secours.

ARGAN

Tant pis pour lui s'il n'a point recours aux remèdes.

BÉRALDE

Il a ses raisons pour n'en point vouloir, et il soutient que cela n'est permis qu'aux gens vigoureux et robustes, et qui ont des forces de reste pour porter les remèdes avec la maladie ; mais que pour lui, il n'a justement de la force que pour porter son mal [3].

---

[1] Si ce n'est.
[2] Cette sortie contre Molière est très comique, mais le passage prend une signification presque tragique quand on se rappelle que ce même Molière, qui portait un défi si catégorique à la médecine, est mort à la quatrième représentation de sa pièce, comme si la médecine avait voulu se venger de lui.
[3] Encore un passage qui touche et attriste. Que de courage il fallait à Molière pour jouer avec tant de gaieté, alors qu'il se sentait « juste assez de force pour porter son mal ».

ARGAN

Les sottes raisons que voilà! Tenez, mon frère, ne parlons point de cet homme-là davantage, car cela m'échauffe la bile, et vous me donneriez mon mal.

BÉRALDE

Je le veux bien, mon frère; et pour changer de discours, je vous dirai que, sur une petite répugnance que vous témoigne votre fille, vous ne devez point prendre les résolutions violentes de la mettre dans un couvent; que, pour le choix d'un gendre, il ne vous faut pas suivre aveuglément la passion qui vous emporte, et qu'on doit, sur cette matière, s'accommoder un peu à l'inclination d'une fille, puisque c'est pour toute la vie, et que de là dépend tout le bonheur d'un mariage.

Scène IV

MONSIEUR FLEURANT, une seringue à la main, **ARGAN**, **BÉRALDE**

ARGAN
Ah! mon frère, avec votre permission.

BÉRALDE
Comment? que voulez-vous faire?

ARGAN
Prendre ce petit lavement-là; ce sera bientôt fait.

BÉRALDE
Vous vous moquez. Est-ce que vous ne sauriez être un moment sans lavement ou sans médecine? Remettez cela à une autre fois, et demeurez un peu en repos.

ARGAN
Monsieur Fleurant, à ce soir ou à demain au matin.

MONSIEUR FLEURANT, à Béralde
De quoi vous mêlez-vous de vous opposer aux ordonnances de la médecine et d'empêcher Monsieur de prendre mon clystère? Vous êtes bien plaisant d'avoir cette hardiesse-là!.... On ne doit point ainsi se jouer des remèdes, et me faire perdre mon temps. Je ne

suis venu ici que sur une bonne ordonnance, et je vais dire à monsieur Purgon comme on m'a empêché d'exécuter ses ordres et de faire ma fonction. Vous verrez, vous verrez...

ARGAN

Mon frère, vous serez cause ici de quelque malheur.

BÉRALDE

Le grand malheur de ne pas prendre un lavement que monsieur Purgon a ordonné! Encore un coup, mon frère, est-il possible qu'il n'y ait pas moyen de vous guérir de la maladie des médecins, et que vous vouliez être, toute votre vie, enseveli dans leurs remèdes?

ARGAN

Mon Dieu! mon frère, vous en parlez comme un homme qui se porte bien; mais, si vous étiez à ma place, vous changeriez bien de langage. Il est aisé de parler contre la médecine quand on est en pleine santé.

BÉRALDE

Mais quel mal avez-vous?

ARGAN

Vous me feriez enrager! Je voudrais que vous l'eussiez mon mal, pour voir, si vous jaseriez tant. Ah! voici monsieur Purgon.

Scène V

MONSIEUR PURGON, ARGAN, BÉRALDE, TOINETTE

MONSIEUR PURGON

Je viens d'apprendre là-bas, à la porte, de jolies nouvelles : qu'on se moque ici de mes ordonnances et qu'on a fait refus de prendre le remède que j'avais prescrit.

ARGAN

Monsieur, ce n'est pas...

MONSIEUR PURGON

Voilà une hardiesse bien grande, une étrange rébellion d'un malade contre son médecin!

TOINETTE

Cela est épouvantable.

MONSIEUR PURGON

Un clystère que j'avais pris plaisir à composer moi-même!

ARGAN

Ce n'est pas moi...

MONSIEUR PURGON

Inventé et formé dans toutes les règles de l'art!

TOINETTE

Il a tort.

MONSIEUR PURGON

Et qui devait faire dans des entrailles un effet merveilleux.

ARGAN

Mon frère...

MONSIEUR PURGON

Le renvoyer avec mépris!

ARGAN, montrant Béralde

C'est lui...

MONSIEUR PURGON

C'est une action exorbitante!

TOINETTE

Cela est vrai.

MONSIEUR PURGON

Un attentat énorme contre la médecine!

ARGAN, montrant Béralde

Il est cause...

MONSIEUR PURGON

Un crime de lèse-Faculté, qui ne se peut assez punir.

TOINETTE

Vous avez raison.

MONSIEUR PURGON

Je vous déclare que je romps commerce avec vous.

ARGAN

C'est mon frère...

MONSIEUR PURGON

Que je ne veux plus d'alliance avec vous...

TOINETTE

Vous ferez bien.

MONSIEUR PURGON

Et que, pour finir toute liaison avec vous, voilà la donation que je faisais à mon neveu, en faveur du mariage.

(Il déchire la donation et en jette les morceaux avec fureur.)

ARGAN

C'est mon frère qui a fait tout le mal.

MONSIEUR PURGON

Mépriser mon clystère !

ARGAN

Faites-le venir, je m'en vais le prendre.

MONSIEUR PURGON

Je vous aurais tiré d'affaire avant qu'il fût peu.

TOINETTE

Il ne le mérite pas.

MONSIEUR PURGON

J'allais nettoyer votre corps et en évacuer entièrement les mauvaises humeurs.

ARGAN

Ah ! mon frère !

MONSIEUR PURGON

Et je ne voulais plus qu'une douzaine de médecines pour vider le fond du sac.

TOINETTE

Il est indigne de vos soins.

MONSIEUR PURGON

Mais puisque vous n'avez pas voulu guérir par mes mains...

ARGAN

Ce n'est pas ma faute.

MONSIEUR PURGON

Puisque vous vous êtes soustrait de l'obéissance que l'on doit à son médecin...

TOINETTE

Cela crie vengeance.

MONSIEUR PURGON

Puisque vous vous êtes déclaré rebelle aux remèdes que je vous ordonnais...

ARGAN

Hé ! point du tout.

MONSIEUR PURGON

J'ai à vous dire que je vous abandonne à votre mauvaise constitution, à l'intempérie de vos entrailles, à la corruption de votre sang, à l'âcreté de votre bile et à la féculence [1] de vos humeurs.

---

[1] Etat des humeurs lorsqu'elles sont troublées comme par une lie.

TOINETTE
C'est fort bien fait.

ARGAN
Mon Dieu !

MONSIEUR PURGON
Et je veux qu'avant qu'il soit quatre jours vous deveniez dans un état incurable.

ARGAN
Ah ! miséricorde !

MONSIEUR PURGON
Que vous tombiez dans la bradypepsie [1] ;

ARGAN
Monsieur Purgon !

MONSIEUR PURGON
De la bradypepsie dans la dyspepsie ;

ARGAN
Monsieur Purgon !

MONSIEUR PURGON
De la dyspepsie dans l'apepsie ;

ARGAN
Monsieur Purgon !

MONSIEUR PURGON
De l'apepsie dans la lienterie ;

ARGAN
Monsieur Purgon !

MONSIEUR PURGON
De la lienterie dans la dysenterie ;

ARGAN
Monsieur Purgon !

MONSIEUR PURGON
De la dyssenterie dans l'hydropisie ;

ARGAN
Monsieur Purgon !

MONSIEUR PURGON
Et de l'hydropisie dans la privation de la vie, où vous aura conduit votre folie.

---

[1] *Bradypepsie, dyspepsie, apepsie*, ces trois mots expriment de la difficulté à digérer ; et *lienterie* une espèce de diarrhée dans laquelle on rend les aliments à moitié digérés. Remarquer l'effet comique de cette longue suite de mots en *ie*.

Scène VI

ARGAN, BÉRALDE

ARGAN

Ah, mon Dieu! je suis mort. Mon frère, vous m'avez perdu!

BÉRALDE

Quoi? qu'y a-t-il?

ARGAN

Je n'en puis plus. Je sens déjà que la médecine se venge.

BÉRALDE

Ma foi! mon frère, vous êtes fou ; et je ne voudrais pas, pour beaucoup de choses, qu'on vous vît faire ce que vous faites. Tâtez-vous un peu, je vous prie ; revenez à vous-même et ne donnez point tant à votre imagination.

ARGAN

Vous voyez, mon frère, les étranges maladies dont il m'a menacé.

BÉRALDE

Le simple homme que vous êtes!

ARGAN

Il dit que je deviendrai incurable avant qu'il soit quatre jours.

BÉRALDE

Et ce qu'il dit, que fait-il à la chose? Est-ce un oracle qui a parlé? Il semble, à vous entendre, que monsieur Purgon tienne dans ses mains le filet [1] de vos jours, et que, d'autorité suprême, il vous l'allonge et vous le raccourcisse comme il lui plaît. Songez que les principes de votre vie sont en vous-même, et que le courroux de monsieur Purgon est aussi peu capable de vous faire mourir que ses remèdes de vous faire vivre. Voici une aventure, si vous voulez, à vous défaire des médecins; ou, si vous êtes né à ne pouvoir vous en passer, il est aisé d'en avoir un autre, avec lequel, mon frère, vous puissiez courir un peu moins de risque.

ARGAN

Ah! mon frère, il sait tout mon tempérament et la manière dont il faut me gouverner.

---

[1] *Filet*, diminutif de fil. On dit plus souvent aujourd'hui le *fil* de la vie.

BÉRALDE

Il faut vous avouer que vous êtes un homme d'une grande prévention et que vous voyez les choses avec d'étranges yeux.

Scène VII

ARGAN, BÉRALDE, TOINETTE

TOINETTE, à Argan

Monsieur, voilà un médecin qui demande à vous voir.

ARGAN

Et quel médecin ?

TOINETTE

Un médecin de la médecine.

ARGAN

Je te demande qui il est.

TOINETTE

Je ne le connais pas ; mais il me ressemble comme deux gouttes d'eau [1].

ARGAN

Faites-le venir.

BÉRALDE

Vous êtes servi à souhait : un médecin vous quitte, un autre se présente.

ARGAN

J'ai bien peur que vous ne soyez cause de quelque malheur.

BÉRALDE

Encore ! Vous en revenez toujours là ?

ARGAN

Voyez-vous, j'ai sur le cœur toutes ces maladies-là que je ne connais point, ces...

Scène VIII

ARGAN, BÉRALDE, TOINETTE, en médecin

TOINETTE

Monsieur, agréez que je vienne vous rendre visite et vous offrir mes petits services pour toutes les saignées et les purgations dont vous aurez besoin.

---

[1] L'artifice de Toinette, qui se déguise en médecin, est un peu gros. C'est un des endroits par lesquels la pièce se rapproche de la farce.

####### ARGAN

Monsieur, je vous suis fort obligé. (A Béralde.) Par ma foi ! voilà Toinette elle-même.

####### TOINETTE

Monsieur, je vous prie de m'excuser, j'ai oublié de donner une commission à mon valet ; je reviens tout à l'heure.

####### ARGAN

Eh ! ne diriez-vous pas que c'est effectivement Toinette ?

####### BÉRALDE

Il est vrai que la ressemblance est tout à fait grande. Mais ce n'est pas la première fois qu'on a vu de ces sortes de choses, et les histoires ne sont pleines que de ces jeux de la nature.

####### ARGAN

Pour moi, j'en suis surpris, et...

Scène IX

ARGAN, BÉRALDE, TOINETTE

TOINETTE (quitte son habit de médecin si promptement qu'il est difficile de croire que ce soit elle qui a paru en médecin)

Que voulez-vous, Monsieur ?

####### ARGAN

Comment ?

####### TOINETTE

Ne m'avez-vous pas appelée ?

####### ARGAN

Moi ? non.

####### TOINETTE

Il faut donc que les oreilles m'aient corné.

####### ARGAN

Demeure un peu ici pour voir comme ce médecin te ressemble.

####### TOINETTE, en sortant, dit

Oui, vraiment, j'ai affaire là-bas, et je l'ai assez vu.

####### ARGAN

Si je ne les voyais tous deux, je croirais que ce n'est qu'un.

BÉRALDE

J'ai lu des choses surprenantes de ces sortes de ressemblances, et nous en avons vu, de notre temps, où tout le monde s'est trompé.

ARGAN

Pour moi, j'aurais été trompé à celle-là, et j'aurais juré que c'est la même personne.

Scène X

ARGAN, BÉRALDE, TOINETTE, en médecin

TOINETTE

Monsieur, je vous demande pardon de tout mon cœur.

ARGAN, bas à Béralde

Cela est admirable !

TOINETTE

Vous ne trouverez pas mauvais [1], s'il vous plaît, la curiosité que j'ai eue de voir un illustre malade comme vous êtes ; et votre réputation, qui s'étend partout, peut excuser la liberté que j'ai prise.

ARGAN

Monsieur, je suis votre serviteur.

TOINETTE

Je vois, Monsieur, que vous me regardez fixement. Quel âge croyez-vous bien que j'aie ?

ARGAN

Je crois que tout au plus vous pouvez avoir vingt-six ou vingt-sept ans.

TOINETTE

Ah, ah, ah, ah, ah ! J'en ai quatre-vingt-dix.

ARGAN

Quatre-vingt-dix ?

TOINETTE

Oui. Vous voyez un effet des secrets de mon art, de me conserver ainsi frais et vigoureux.

ARGAN

Par ma foi, voilà un beau jeune vieillard pour quatre-vingt-dix ans.

---

[1] Mauvais ne s'accorde pas ici parce qu'il forme, avec le verbe, une sorte de composé invariable qui équivaut à : Vous ne blâmerez pas.

TOINETTE

Je suis médecin passager [1] qui vais de ville en ville, de province en province, de royaume en royaume, pour chercher d'illustres matières à ma capacité, pour trouver des malades dignes de m'occuper, capables d'exercer les grands et beaux secrets que j'ai trouvés dans la médecine. Je dédaigne de m'amuser à ce menu fatras de maladies ordinaires, à ces bagatelles de rhumatisme et de fluxions, à ces fiévrottes, à ces vapeurs et à ces migraines. Je veux des maladies d'importance, de bonnes fièvres continues avec des transports au cerveau, de bonnes fièvres pourprées [2], de bonnes pestes, de bonnes hydropisies formées [3], de bonnes pleurésies avec des inflammations de poitrine : c'est là que je me plais, c'est là que je triomphe; et je voudrais, Monsieur, que vous eussiez toutes les maladies que je viens de dire, que vous fussiez abandonné de tous les médecins, désespéré, à l'agonie, pour vous montrer l'excellence de mes remèdes, et l'envie que j'aurais de vous rendre service.

ARGAN

Je vous suis obligé, Monsieur, des bontés que vous avez pour moi.

TOINETTE

Donnez-moi votre pouls. Allons donc, que l'on batte comme il faut. Ahy, je vous ferai bien aller comme vous devez. Hoy ! ce pouls-là fait l'impertinent. Je vois bien que vous ne me connaissez pas encore. Qui est votre médecin ?

ARGAN

Monsieur Purgon.

TOINETTE

Cet homme-là n'est point écrit sur mes tablettes entre les grands médecins. De quoi dit-il que vous êtes malade ?

ARGAN

Il dit que c'est du foie, et d'autres [4] disent que c'est de la rate.

---

[1] Il y avait alors beaucoup de ces médecins ambulants qui allaient de ville en ville exploitant la crédulité, non du menu peuple, mais des seigneurs et des grandes dames.
Cela rendait le stratagème de Toinette moins invraisemblable qu'il ne le serait pour nous.
[2] C'est ce que nous appelons fièvre scarlatine.
[3] Déclarées.
[4] Les Diafoirus.

TOINETTE

Ce sont tous des ignorants : c'est du poumon que vous êtes malade.

ARGAN

Du poumon ?

TOINETTE

Oui. Que sentez-vous !

ARGAN

Je sens de temps en temps des douleurs de tête.

TOINETTE

Justement, le poumon.

ARGAN

Il me semble parfois que j'ai un voile devant les yeux.

TOINETTE

Le poumon.

ARGAN

J'ai quelquefois des maux de cœur.

TOINETTE

Le poumon.

ARGAN

Je sens parfois des lassitudes par tous les membres.

TOINETTE

Le poumon.

ARGAN

Et quelquefois il me prend des douleurs dans le ventre, comme si c'étaient des coliques.

TOINETTE

Le poumon. Vous avez appétit à ce que vous mangez ?

ARGAN

Oui, Monsieur.

TOINETTE

Le poumon. Vous aimez à boire un peu de vin ?

ARGAN

Oui, Monsieur.

TOINETTE

Le poumon. Il vous prend un petit sommeil après le repas et vous êtes bien aise de dormir ?

ARGAN

Oui, Monsieur.

TOINETTE

Le poumon, le poumon, vous dis-je. Que vous ordonne votre médecin pour votre nourriture ?

ARGAN

Il m'ordonne du potage.

TOINETTE

Ignorant !

ARGAN

De la volaille.

TOINETTE

Ignorant !

ARGAN

Du veau.

TOINETTE

Ignorant !

ARGAN

Des bouillons.

TOINETTE

Ignorant !

ARGAN

Des œufs frais.

TOINETTE

Ignorant !

ARGAN

Et le soir de petits pruneaux, pour lâcher le ventre.

TOINETTE

Ignorant !

ARGAN

Et surtout de boire mon vin fort trempé.

TOINETTE

Ignorantus, ignoranta, ignorantum[1] *!* Il faut boire votre vin pur ; et pour épaissir votre sang, qui est trop subtil, il faut manger de bon gros bœuf, de bon gros porc, de bon fromage de Hollande, du gruau et du riz, et des marrons et des oublies[2], pour coller et conglutiner[3]. Votre médecin est une bête. Je veux vous en envoyer un de ma main, et je viendrai vous voir de temps en temps tandis que je serai en cette ville.

ARGAN

Vous m'obligez beaucoup.

---

[1] Toinette fabrique l'adjectif latin, mais ne se trompe pas sur la terminaison ; c'est sans doute qu'elle a appris cela de ses maîtres, étant dans la maison sur le pied de fille suivante qui a son mot à dire dans les conversations et sa place au foyer de famille.

[2] Gâteaux légers et friables que nous appelons aujourd'hui plaisirs.

[3] Lier comme de la colle, rendre gluant

TOINETTE

Que diantre faites-vous de ce bras-là?

ARGAN

Comment?

TOINETTE

Voilà un bras que je me ferais couper tout à l'heure, si j'étais que de vous[1].

ARGAN

Et pourquoi?

TOINETTE

Ne voyez-vous pas qu'il tire à soi toute la nourriture, et qu'il empêche ce côté-là de profiter?

ARGAN

Oui; mais j'ai besoin de mon bras.

TOINETTE

Vous avez là aussi un œil droit que je me ferais crever, si j'étais en votre place.

ARGAN

Crever un œil?

TOINETTE

Ne voyez-vous pas qu'il incommode l'autre et lui dérobe sa nourriture? Croyez-moi, faites-vous-le crever au plus tôt; vous en verrez plus clair de l'œil gauche.

ARGAN

Cela n'est pas pressé.

TOINETTE

Adieu. Je suis fâché de vous quitter si tôt; mais il faut que je me trouve à une grande consultation qui se doit faire pour un homme qui mourut hier.

ARGAN

Pour un homme qui mourut hier?

TOINETTE

Oui, pour aviser, et voir ce qu'il aurait fallu lui faire pour le guérir. Jusqu'au revoir.

ARGAN

Vous savez que les malades ne reconduisent pas.

[1] Si j'étais à votre place.

Scène XI

ARGAN, BÉRALDE

BÉRALDE

Voilà un médecin, vraiment, qui paraît fort habile.

ARGAN

Oui, mais il va un peu bien vite.

BÉRALDE

Tous les grands médecins sont comme cela.

ARGAN

Me couper un bras et me crever un œil, afin que l'autre se porte mieux ! J'aime bien mieux qu'il ne se porte pas si bien. La belle opération de me rendre borgne et manchot !

Scène XII

ARGAN, BÉRALDE, TOINETTE

TOINETTE, feignant de parler à quelqu'un

Allons, allons, je suis votre servante. Je n'ai pas envie de rire.

ARGAN

Qu'est-ce que c'est ?

TOINETTE

Votre médecin, ma foi ! qui me voulait tâter le pouls.

BÉRALDE

Oh çà ! mon frère, puisque voilà votre monsieur Purgon brouillé avec vous, ne voulez-vous pas bien que je vous parle du parti qui s'offre pour ma nièce ?

ARGAN

Non, mon frère ; je veux la mettre dans un couvent, puisqu'elle s'est opposée à mes volontés.

BÉRALDE

Vous voulez faire plaisir à quelqu'un.

ARGAN

Je vous entends. Vous en revenez toujours là, et ma femme vous tient au cœur.

BÉRALDE

Hé bien! oui, mon frère, puisqu'il faut parler à cœur ouvert, c'est votre femme que je veux dire ; et, non plus que l'entêtement de la médecine, je ne puis vous souffrir l'entêtement où vous êtes pour elle, et voir que vous donniez tête baissée dans tous les pièges qu'elle vous tend.

TOINETTE

Ah ! Monsieur, ne parlez point de Madame : c'est une femme sur laquelle il n'y a rien à dire, une femme sans artifice, et qui aime Monsieur, qui l'aime !... On ne peut pas dire cela.

ARGAN

Demandez-lui un peu les caresses qu'elle me fait.

TOINETTE

Cela est vrai.

ARGAN

L'inquiétude que lui donne ma maladie.

TOINETTE

Assurément.

ARGAN

Et les soins et les peines qu'elle prend autour de moi.

TOINETTE

Il est certain. (A Béralde.) Voulez-vous que je vous convainque et vous fasse voir tout à l'heure comme Madame aime Monsieur ? (A Argan.) Monsieur, souffrez que je lui montre son bec jaune [1] et le tire d'erreur.

ARGAN

Comment ?

TOINETTE

Madame s'en va revenir; mettez-vous tout étendu dans cette chaise et contrefaites le mort; vous verrez la douleur où elle sera quand je lui dirai la nouvelle.

ARGAN

Je le veux bien.

TOINETTE

Oui ; mais ne la laissez pas longtemps dans le désespoir, car elle en pourrait bien mourir [2].

---

[1] Les jeunes oiseaux ont le tour du bec jaune. Montrer à quelqu'un son bec jaune, c'est lui prouver qu'il est ignorant, simple ou inexpérimenté comme le serait un jeune oiseau.

[2] Cette Toinette est une fille d'esprit, qui sait bien ourdir un petit complot et manier l'ironie.

ARGAN

Laisse-moi faire.

TOINETTE, à Béralde

Cachez-vous, vous, dans ce coin-là.

ARGAN

N'y a-t-il point quelque danger à contrefaire le mort[1]?

TOINETTE

Non, non : quel danger y aurait-il ? Étendez-vous là seulement. Il y aura plaisir à confondre votre frère. Voici Madame. Tenez-vous bien.

Scène XIII

BÉLINE, ARGAN, étendu dans sa chaise, TOINETTE, BÉRALDE

TOINETTE, feignant de ne pas voir Béline

Ah, mon Dieu ! Ah, malheur ! Quel étrange accident !

BÉLINE

Qu'est-ce, Toinette ?

TOINETTE

Ah, Madame !

BÉLINE

Qu'y a-t-il ?

TOINETTE

Votre mari est mort.

BÉLINE

Mon mari est mort ?

TOINETTE

Hélas ! oui, le pauvre défunt est trépassé.

BÉLINE

Assurément ?

TOINETTE

Assurément. Personne ne sait encore cet accident-là et je me suis trouvée ici toute seule. Il vient de passer entre mes bras. Tenez, le voilà tout de son long dans cette chaise.

BÉLINE

Le Ciel en soit loué ! Me voilà délivrée d'un grand fardeau. Que tu es sotte, Toinette, de t'affliger de cette mort !

[1] Trait de pusillanimité très naturel et très comique.

TOINETTE

Je pensais, Madame, qu'il fallût[1] pleurer.

BÉLINE

Va, va, cela n'en vaut pas la peine. Quelle perte est-ce que la sienne ? et de quoi servait-il sur la terre ? Un homme incommode à tout le monde, malpropre, dégoûtant[2], sans cesse un lavement ou une médecine dans le ventre, mouchant, toussant, crachant toujours, sans esprit, ennuyeux, de mauvaise humeur, fatiguant sans cesse les gens et grondant jour et nuit servantes et valets.

TOINETTE

Voilà une belle oraison funèbre !

BÉLINE

Il faut, Toinette, que tu m'aides à exécuter mon dessein, et tu peux croire qu'en me servant ta récompense est sûre. Puisque, par un bonheur[3], personne n'est encore averti de la chose, portons-le dans son lit, et tenons cette mort cachée jusqu'à ce que j'aie fait mon affaire. Il y a des papiers, il y a de l'argent dont je veux me saisir, et il n'est pas juste que j'aie passé sans fruit auprès de lui mes plus belles années. Viens, Toinette, prenons auparavant toutes ses clefs.

ARGAN, se levant brusquement

Doucement !

BÉLINE, surprise et épouvantée

Ahy !

ARGAN

Oui, Madame ma femme, c'est ainsi que vous m'aimez !

TOINETTE

Ah ! ah ! le défunt n'est pas mort[4] !

ARGAN, à Béline qui sort

Je suis bien aise de voir votre amitié et d'avoir entendu le beau panégyrique que vous avez fait de moi. Voilà un avis au lecteur[5] qui me rendra sage à l'avenir, et qui m'empêchera de faire bien des choses.

---

[1] On employait fréquemment au xviie siècle le subjonctif après les verbes croire ou penser.

[2] Ellipse du verbe. *Ayant toujours*, etc.

[3] On dit ordinairement *par bonheur*; mais la locution, par un bonheur, est souvent employée par Molière.

[4] Et pourtant Toinette avait dit tout aussi plaisamment tout à l'heure que le *défunt* était *trépassé*.

[5] Locution proverbiale qui signifie avertissement ou leçon.

BÉRALDE, sortant de l'endroit où il était caché

Hé bien! mon frère, vous le voyez.

TOINETTE

Par ma foi, je n'aurais jamais cru cela. Mais j'entends votre fille : remettez-vous comme vous étiez, et voyons de quelle manière elle recevra votre mort. C'est une chose qu'il n'est pas mauvais d'éprouver; et puisque vous êtes en train, vous connaîtrez par là les sentiments que votre famille a pour vous.

(Béralde va encore se cacher.)

Scène XIV

ARGAN, ANGÉLIQUE, TOINETTE, BÉRALDE

TOINETTE, feignant de ne pas voir Angélique

O ciel! ah, fâcheuse aventure ! Malheureuse journée !

ANGÉLIQUE

Qu'as-tu, Toinette, et de quoi pleures-tu ?

TOINETTE

Hélas ! j'ai de tristes nouvelles à vous donner.

ANGÉLIQUE

Hé quoi ?

TOINETTE

Votre père est mort.

ANGÉLIQUE

Mon père est mort, Toinette ?

TOINETTE

Oui, vous le voyez là ; il vient de mourir tout à l'heure d'une faiblesse qui lui a pris.

ANGÉLIQUE

O Ciel ! quelle infortune ! quelle atteinte cruelle ! Hélas ! faut-il que je perde mon père, la seule chose qui me restait au monde ? et qu'encore, pour un surcroît de désespoir, je le perde dans un moment où il était irrité contre moi ? Que deviendrai-je, malheureuse, et quelle consolation trouver après une si grande perte ?

Scène XV

ARGAN, ANGÉLIQUE, CLÉANTE, TOINETTE, BÉRALDE

CLÉANTE

Qu'avez-vous donc, belle Angélique ? et quel malheur pleurez-vous ?

ANGÉLIQUE

Hélas ! je pleure tout ce que dans la vie je pouvais perdre de plus cher et de plus précieux : Je pleure la mort de mon père [1].

CLÉANTE

O ciel ! quel accident ! quel coup inopiné ! Hélas ! après la demande que j'avais conjuré votre oncle de lui faire pour moi, je venais me présenter à lui, et tâcher par mes respects et par mes prières de disposer son cœur à vous accorder à mes vœux.

ANGÉLIQUE

Ah ! Cléante, ne parlons plus de rien. Laissons là toutes les pensées du mariage. Après la perte de mon père, je ne veux plus être du monde et j'y renonce pour jamais. Oui, mon père, si j'ai résisté tantôt à vos volontés, je veux suivre du moins une de vos intentions et réparer par là le chagrin que je m'accuse de vous avoir donné. (Se jetant à genoux.) Souffrez, mon père, que je vous en donne ici ma parole et que je vous embrasse pour vous témoigner mon ressentiment [2].

ARGAN, embrassant Angélique

Ah, ma fille !

ANGÉLIQUE

Ahy !

ARGAN

Viens. N'aie point de peur, je ne suis pas mort. Va, tu es mon vrai sang, ma véritable fille, et je suis ravi d'avoir vu ton bon naturel.

ANGÉLIQUE

Ah ! quelle surprise agréable, mon père ! Puisque, par un bonheur extrême, le Ciel vous redonne à mes vœux, souffrez qu'ici je me

---

[1] Voilà des sentiments qui disposent à l'indulgence envers Angélique, malgré la faute qu'elle a commise en recevant Cléante à l'insu de son père.

[2] Ce que je ressens ; mon émotion, mon regret, mon souvenir de vos bontés.

jette à vos pieds pour vous supplier d'une chose. Si vous n'êtes pas favorable au penchant de mon cœur, si vous me refusez Cléante pour époux, je vous conjure au moins de ne me point forcer d'en épouser un autre. C'est toute la grâce que je vous demande.

CLÉANTE, se jetant aux genoux d'Argan

Eh ! Monsieur, laissez-vous toucher à ses prières et aux miennes, et ne vous montrez point contraire aux mutuels empressements d'une si belle inclination.

BÉRALDE

Mon frère, pouvez-vous tenir là contre ?

TOINETTE

Monsieur, serez-vous insensible à tant d'amour ?

ARGAN

Qu'il se fasse médecin, je consens au mariage. Oui, (A Cléante.) Faites-vous médecin, je vous donne ma fille.

CLÉANTE

Très volontiers, Monsieur : s'il ne tient qu'à cela pour être votre gendre, je me ferai médecin, apothicaire même, si vous voulez. Ce n'est pas une affaire que cela, et je ferais bien d'autres choses pour obtenir la belle Angélique.

BÉRALDE

Mais, mon frère, il me vient une pensée : faites-vous médecin vous même. La commodité sera encore plus grande d'avoir en vous tout ce qu'il faut.

TOINETTE

Cela est vrai. Voilà le vrai moyen de vous guérir bientôt ; et il n'y a point de maladie si osée que de se jouer à la personne d'un médecin.

ARGAN

Je pense, mon frère, que vous vous moquez de moi. Est-ce que je suis en âge d'étudier ?

BÉRALDE

Bon, étudier ! vous êtes assez savant ; et il y en a beaucoup parmi eux qui ne sont pas plus habiles que vous [1].

---

[1] Encore un trait de satire contre les médecins. Il semble que Molière ne puisse se lasser de leur en lancer.

ARGAN

Mais il faut savoir bien parler latin, connaître les maladies, et les remèdes qu'il y faut faire.

BÉRALDE

En recevant la robe et le bonnet de médecin, vous apprendrez tout cela, et vous serez après plus habile que vous ne voudrez.

ARGAN

Quoi? l'on sait discourir sur les maladies quand on a cet habit-là?

BÉRALDE

Oui. L'on n'a qu'à parler avec une robe et un bonnet, tout galimatias devient savant, et toute sottise devient raison.

TOINETTE

Tenez, Monsieur, quand il n'y aurait que votre barbe [1], c'est déjà beaucoup, et la barbe fait plus de la moitié d'un médecin.

CLÉANTE

En tout cas, je suis prêt à tout.

BÉRALDE, à Argan

Voulez-vous que l'affaire se fasse tout à l'heure?

ARGAN

Comment tout à l'heure?

BÉRALDE

Oui, et dans votre maison.

ARGAN

Dans ma maison?

BÉRALDE

Oui, je connais une Faculté de mes amies [2] qui viendra tout à l'heure en faire la cérémonie dans votre salle. Cela ne vous coûtera rien.

ARGAN

Mais moi, que dire? que répondre?

BÉRALDE

On vous instruira en deux mots, et l'on vous donnera par écrit ce

---

[1] Il n'était point d'usage alors que les hommes portassent leur barbe. Les médecins faisaient exception, et cela leur donnait un air de gravité.

[2] L'exagération comique n'est pas aussi forte qu'elle le paraît. Le diplôme de docteur s'octroyait alors facilement, surtout par les petites facultés de province.

que vous devez dire. Allez-vous en vous mettre en habit décent, je vais les envoyer quérir.

ARGAN

Allons, voyons cela. (Il sort.)

CLÉANTE

Que voulez-vous dire! et qu'entendez-vous avec cette Faculté de vos amies ?

TOINETTE

Quel est donc votre dessein ?

BÉRALDE

De nous divertir un peu ce soir. Les comédiens ont fait un petit intermède de la réception d'un médecin, avec des danses et de la musique; je veux que nous en prenions ensemble le divertissement et que mon frère y fasse le premier personnage.

ANGÉLIQUE

Mais, mon oncle, il me semble que vous vous jouez un peu beaucoup de mon père.

BÉRALDE

Mais, ma nièce, ce n'est pas tant le jouer que s'accommoder à ses fantaisies. Tout ceci n'est qu'entre nous. Nous y pouvons aussi prendre chacun un personnage, et nous donner ainsi la comédie les uns aux autres. Le carnaval [1] autorise cela. Allons vite préparer toutes choses.

CLÉANTE, à Angélique

Y consentez-vous ?

ANGÉLIQUE

Oui, puisque mon oncle nous conduit.

INTERMÈDE

La pièce se termine par une cérémonie burlesque, dans laquelle, après une entrée d'apothicaires, de médecins et de chirurgiens, Argan est reçu médecin en cadence avec accompagnement de musique et de danse. Ce dernier intermède a été souvent remplacé au Théâtre-Français par le simple défilé des acteurs, à cause du triste souvenir qui est resté attaché à cette cérémonie : Molière, qui faisait le rôle d'Argan, ayant été pris d'une convulsion au moment où il prononçait le *juro* qui l'instituait docteur.

[1] *Le malade imaginaire* avait été joué, pour la première fois, pendant le carnaval.

DOM JUAN

Comédie

Représentée pour la première fois sur le théâtre du Palais-Royal, le 15 février 1665, par la troupe de Monsieur, frère unique du Roi

PERSONNAGES

Les personnages qui figurent dans les scènes que nous citons sont :

DOM JUAN.
SGANARELLE, son valet.
DOM LOUIS, père de Dom Juan.
DOM ALONSE et DOM CARLOS, deux seigneurs.
FRANCISQUE, pauvre.
CHARLOTTE et PIERROT, paysans.
LA STATUE DU COMMANDEUR.
M. DIMANCHE, marchand.
LA VIOLETTE et RAGOTIN.

La scène est en Sicile.

NOTICE SUR DOM JUAN

Nous avons tenu à donner quelques scènes de *Dom Juan*, bien que ce jeune seigneur ait mauvaise réputation et que son seul nom excite chez beaucoup de personnes des défiances et des scrupules d'ailleurs fort respectables. On ne pense à ce personnage, héros d'une légende espagnole, qu'avec une sorte d'horreur, parce qu'il est le type consacré de la perversité morale et de l'impiété, comme Harpagon et Tartuffe le sont de l'avarice ou de l'hypocrisie. Mais, si Dom Juan est un mauvais homme, il ne s'ensuit pas que la pièce elle-même soit immorale. Le théâtre doit être l'image de la vie, où l'on rencontre le mal à côté du bien et où la leçon ressort souvent du châtiment qui venge le crime; et, quoi qu'en aient pensé des contemporains prévenus, quoi qu'en pensent de nos jours ceux qui jugent la pièce sur le renom du principal personnage, il est certain qu'elle ne préconise pas l'athéisme et qu'elle est toute dirigée contre le libertinage [1] et les mauvaises mœurs. Ce qui a pu faire douter de la vraie intention de Molière, c'est que ce Dom Juan qui n'a ni foi, ni principes quelconques, qui ne connaît d'autre loi que son bon plaisir, sa fantaisie, son caprice du moment, est en même temps, par son esprit, sa distinction et l'élégance suprême de ses manières, le cavalier le plus brillant qu'on puisse imaginer; que son insolence même n'est pas sans grâce, en un mot qu'il est plein de séduction.

Mais Molière a pris soin, cependant, et cela sans quitter que rarement le ton de plaisante raillerie qui convient à la comédie, de nous rendre ses vices odieux. Cela ressort des actes de Dom Juan, du cynisme de ses paroles, des reproches éloquents que lui adresse son père, des remontrances de son domestique Sganarelle à qui, malgré son raisonnement grossier et ses discours embrouillés, Molière et le lecteur ne laissent pas de donner raison. Sganarelle, c'est la protestation de la conscience humaine contre les sophismes de l'orgueil, les affirmations brutales du matérialisme et la négation de la loi morale. Si son langage est moins poli que le langage de Dom Juan, au moins est-ce celui du sens commun. La catastrophe du dénouement par laquelle sont châtiées d'une manière si terrible les bravades de l'impie est une démonstration assez rigoureuse de l'existence d'une justice divine et de ses revanches redoutables contre ceux qui la nient ou la raillent

---

[1] Nous donnons ici au mot libertinage le sens de liberté de pensée excessive qu'il avait au XVII° siècle (Voir la note 2, page 278.)

Des scènes comiques atténuent et allègent ce que le sujet pourrait avoir de trop dramatique : par exemple, celle où est si bien rendue la grosse naïveté, mêlée de malice et d'astuce, des paysans ; ou bien celle où l'infortuné créancier de Dom Juan est si lestement éconduit, à grand renfort d'ailleurs de cérémonies et de politesse ; ou encore les scènes où se montre la poltronnerie de Sganarelle, à qui la langue démange de dire son fait au maître indigne qu'il sert, mais qui file doux et se tait à la première menace, tant il est dominé par cette supériorité du rang, du courage, de la volonté et des manières, qui font que tout plie devant le noble scélérat.

Malgré ce côté comique, *Dom Juan* n'en reste pas moins une pièce très forte par la création hardie de ce vicieux de haut vol qui, révoltant en nous le sens moral et le sens religieux, se fait pourtant, par cette audace qui ose tout braver, par son inflexibilité hautaine, par son froid dédain de tout ce qui atteint et touche les autres hommes, une sorte de grandeur dans le mal, comme le Satan de Milton. Dom Juan est un de ces orgueilleux qui estiment que se soumettre à une loi quelconque, divine ou humaine, reconnaître l'autorité d'un principe, d'un devoir, d'un sentiment, consentir à éprouver une émotion naturelle, s'attendrir sur une infortune, respecter quelqu'un ou quelque chose, ce sont autant de faiblesses qu'il faut laisser au vulgaire, et dont ils se sont affranchis du droit de leur naissance, de leur fortune, de leur égoïsme et de leur impudence. Le ciel est là cependant pour leur montrer qu'il y a plus fort qu'eux, que ce n'est pas impunément qu'on se joue des choses sacrées, et qu'enfin il est bon de croire à autre chose qu'à deux et deux font quatre.

DOM JUAN

ou

LE FESTIN DE PIERRE

ACTE PREMIER

Scène Première

Dans le passage suivant, Sganarelle, valet de Dom Juan, fait à un messager envoyé à Dom Juan pour demander réparation d'une offense, le portrait de son maître. Il se dépeint en même temps lui-même comme un homme craintif qui réprouve ce qu'il voit faire, sans cependant oser reprendre sa liberté ni s'affranchir du joug qu'il subit.

Tu vois en Dom Juan, mon maître, le plus grand scélérat que la terre ait jamais porté ; un enragé, un chien, un diable, un Turc, un hérétique qui ne croit ni Ciel, ni Enfer, ni loup-garou [1], qui passe cette vie en véritable bête brute; un pourceau d'Épicure [2], un vrai Sardanapale [3], qui ferme l'oreille à toutes les remontrances qu'on lui peut faire, et traite de billevesées tout ce que nous croyons. Tu demeures surpris et changes de couleur à ce discours ; ce n'est là qu'une ébauche du personnage ; et, pour achever le portrait, il faudrait bien d'autres coups de pinceau. Suffit qu'il faut que le courroux du Ciel l'accable quelque jour ; qu'il me vaudrait bien mieux d'être au diable que d'être à lui, et qu'il me fait voir tant d'horreurs, que je souhaiterais qu'il fût déjà je ne sais où. Mais un grand seigneur méchant homme est une terrible chose ; il faut que je lui sois fidèle en dépit que j'en aie ; la crainte en moi fait l'office du zèle, bride mes sentiments, et me réduit d'applaudir bien souvent à ce que mon âme déteste. Le voilà qui vient se promener

---

[1] On voit que les superstitions populaires sont pour Sganarelle des articles de foi. Ce mélange de solide bon sens et de crédulité chez un homme du commun est très justement observé.

[2] Un homme qui fait son bonheur des jouissances matérielles. Pour Epicure, voir *Femmes Savantes*, p. 112, note 1.

[3] Roi d'Assyrie dont le nom est synonyme de voluptueux.

dans ce palais; séparons-nous. Écoute, au moins : je te fais cette confidence avec franchise, et cela m'est sorti un peu bien vite de la bouche; mais, s'il fallait qu'il en vînt quelque chose à ses oreilles, je dirais hautement que tu aurais menti.

Scène II

Sganarelle, toutes les fois qu'il le peut ou qu'il l'ose, tente de faire entendre à son maître la vérité sur sa manière de vivre. Dom Juan venant de lui exposer un système de conduite qui brave impudemment la morale, Sganarelle s'étonne et proteste à sa façon.

SGANARELLE

Vertu de ma vie, comme vous débitez! Il semble que vous ayez appris cela par cœur, et vous parlez tout comme un livre.

DOM JUAN

Qu'as-tu à dire là-dessus?

SGANARELLE

Ma foi! j'ai à dire... Je ne sais que dire; car vous tournez les choses d'une manière qu'il semble que vous avez raison ; et cependant il est vrai que vous ne l'avez pas. J'avais les plus belles pensées du monde, et vos discours m'ont brouillé tout cela. Laissez faire : une autre fois je mettrai mes raisonnements par écrit, pour disputer avec vous.

DOM JUAN

Tu feras bien.

SGANARELLE

Mais, Monsieur, cela serait-il de la permission que vous m'avez donnée[1], si je vous disais que je suis tant soit peu scandalisé de la vie que vous menez?

DOM JUAN

Va, va, c'est une affaire entre le Ciel et moi, et nous la démêlerons bien ensemble sans que tu t'en mettes en peine.

SGANARELLE

Ma foi, Monsieur, j'ai toujours ouï dire que c'est une méchante raillerie que de se railler du Ciel, et que les libertins[2] ne font jamais une bonne fin.

DOM JUAN

Holà, maître sot. Vous savez ce que je vous ai dit, que je n'aime pas les faiseurs de remontrances.

---

[1] La permission de dire librement sa pensée.

[2] Le mot *libertin* avait, au XVIIe siècle, à peu près le sens que nous donnons maintenant à libre penseur, avec cette nuance qu'il indiquait qu'on s'était affranchi des règles de la morale religieuse aussi bien que de la foi aux dogmes.

SGANARELLE

Je ne parle pas aussi à vous, Dieu m'en garde. Vous savez ce que vous faites, vous ; et, si vous ne croyez rien, vous avez vos raisons ; mais il y a de certains petits impertinents dans le monde, qui sont libertins, sans savoir pourquoi, qui font les esprits forts[1], parce qu'ils croient que cela leur sied bien ; et, si j'avais un maître comme cela, je lui dirais fort nettement, le regardant en face : « Osez-vous bien ainsi vous jouer du Ciel, et ne tremblez-vous point de vous moquer, comme vous faites, des choses les plus saintes? c'est bien à vous, petit ver de terre, petit mirmidon que vous êtes (je parle au maître que j'ai dit)[2], c'est bien à vous à vouloir vous mêler de tourner en raillerie ce que tous les hommes révèrent? Pensez-vous que, pour être de qualité, pour avoir une perruque blonde et bien frisée, des plumes à votre chapeau, un habit bien doré et des rubans couleur de feu[3] (ce n'est pas à vous que je parle, c'est à l'autre), pensez-vous, dis-je, que vous en soyez plus habile homme, que tout vous soit permis, et qu'on n'ose vous dire vos vérités? Apprenez de moi, qui suis votre valet, que le Ciel punit tôt ou tard les impies, qu'une méchante vie amène une méchante mort, et que...

DOM JUAN

Paix !

ACTE DEUXIÈME

Le théâtre représente une campagne au bord de la mer.

Dom Juan, en faisant une promenade en mer, a chaviré non loin de la côte. La scène suivante montre comment il a été sauvé par deux paysans [4].

Scène Première

CHARLOTTE, PIERROT

CHARLOTTE

Nostre-dinse[5] Piarrot, tu t'es trouvé là bien à point.

---

[1] Les esprits forts savent-ils qu'on les appelle ainsi par ironie? a dit La Bruyère.

[2] Même tour de remontrance indirecte dans *les Femmes Savantes* : lorsque Chrysale dit (acte II, sc. vii) :

C'est à vous que je parle, ma sœur.

— *Myrmidons*, peuple de l'ancienne Thessalie qu'on disait descendre des fourmis. C'est sans doute à cause de cette légende que le mot sert à désigner des hommes de petite taille ou de peu de valeur.

[3] Bien entendu, ce sont toutes les pièces de l'ajustement de Dom Juan que Sganarelle passe en revue.

[4] Pour éviter de multiplier les notes, nous n'expliquerons les termes du patois rustique de Pierrot et de Charlotte que lorsqu'ils risqueraient d'être inintelligibles aux jeunes lecteurs.

[5] Charlotte dit Nostre-dinse pour Notre-Dame, sans doute comme on dit : parbleu, morbleu, pour éviter de jurer par le nom de Dieu.

PIERROT

Parquienne, il ne s'en est pas fallu l'épaisseur d'une éplinque, qu'il ne se sayant nayés tous deux.

CHARLOTTE

C'est donc le coup de vent da matin qui les avait renvarsés dans la mar?

PIERROT

Aga, quien [1], Charlotte, je m'en vas te conter tout fin drait [2] comme cela est venu; car, comme dit l'autre, je les ai le premier avisés, avisés le premier je les ai. Enfin donc j'estions sur le bord de la mar, moi et le gros Lucas, et je nous amusions à batifoler avec des mottes de tarre que je nous jesquions à la tête; car, come tu sais bian le gros Lucas aime à batifoler, et moi, par fouas, je batifole itou [3]. En batifolant donc, pisque batifoler y a, j'ai aparçu de tout loin queuque chose qui grouillait dans gliau, et qui venait comme envars nous par secousse. Je voyais cela fixiblement, et pis tout d'un coup je voyais que je ne voyais plus rien. Hé! Lucas, ç'ai-je fait, je pense que v'là des hommes qui nageant là-bas. Voire [4], ce m'a-t-il fait, t'as été au trépassement d'un chat [5], t'as la vue trouble. Palsanguienne, ç'ai-je fait, je n'ai point la vue trouble, ce sont des hommes. Point du tout, ce m'a-t-il fait, t'as la barlue. Veux-tu gager, ç'ai-je fait, que je n'ai point la barlue, ç'ai-je fait, et que sont deux hommes, ç'ai-je fait, qui nageant droit ici, ç'ai-je fait? Morquenne, ce m'a-t-il fait, je gage que non. Oh! ça, ç'ai-je fait, veux-tu gager dix sols que si? Je le veux bian, ce m'a-t-il fait; et pour te montrer, v'là argent su jeu [6], ce m'a-t-il fait. Moi je n'ai point été ni fou ni étourdi, j'ai bravement bouté [7] à tarre quatre pièces tapées [8], et cinq sols en doubles, jergniguenne, aussi hardiment que si j'avais avalé un varre de vin; car je ses [9] hazardeux, moi, et je vas à la débandade [10]. Je savais bian ce que je faisais pourtant. Queuque gniais [11]! Enfin donc, je n'avons pas putost eu gagé, que j'avons vu

---

[1] Regarde, tiens. *Aga* est sans doute une abréviation d'*agar de*, qui est pour regarde.
[2] Exactement.
[3] De même.
[4] Vraiment.
[5] Superstition populaire.
[6] Je dépose l'argent de l'enjeu.
[7] *Bouter,* mettre.
[8] Frappées, marquées d'une fleur de lis, ce qui leur donnait plus de valeur qu'aux sous ordinaires. Le *double* valait deux deniers, et le denier était la douzième partie du sou.
[9] Je *suis*.
[10] Sans ordre, sans raisonner, et pourtant Pierrot, en paysan avisé qu'il est, lorsqu'il s'agit de parier de l'argent, ne parie qu'à coup sûr.
[11] Il y a ici une ellipse. Quelque niais le ferait, mais pas moi.

les deux hommes tout à plain, qui nous faisiant signe de les aller quérir; et moi de tirer auparavant les enjeux. Allons, Lucas, ç'ai-je dit, tu vois bian qu'ils nous appelont; allons vite à leu secours. Non, ce m'a-t-il dit, ils m'ont fait pardre. Oh! donc, tanquia[1], qu'à la parfin, pour le faire court, je l'ai tant sarmonné, que je nous sommes boutés dans une barque, et pis j'avons fait cahin caha, que je les avons tirés de gliau, et pis je les avons menés cheux nous auprès du feu, et pis ils se sant dépouillés pour se sécher, et pis il y en est venu encore deux de la même bande, qui s'équiant sauvés tout seuls. V'là justement, Charlotte, comme tout ça s'est fait.

CHARLOTTE

Ne m'as-tu pas dit, Piarrot, qu'il y en a un qu'est bien pu mieux fait que les autres?

PIERROT

Oui, c'est le maître. Il faut que ce soit queuque gros, gros, Monsieur, car il a du dor[2] à son habit tout depis le haut jusqu'en bas.

CHARLOTTE

Ardez[3] un peu.

PIERROT

Ils l'avont rhabillé tout devant nous. Mon quieu, je n'en avais jamais vu s'habiller. Que d'histoires et d'engigorniaux[4] boutont ces Messieus-là les courtisans! Je me pardrais là-dedans, pour moi, et j'étais tout ébobi de voir ça. Quien, Charlotte, ils avont des cheveux qui ne tenont point à leu tête; et ils boutont ça, après tout, comme un gros bonnet de filace. Ils ant des chemises qui ant des manches où j'entrerions tout brandis[5], toi et moi. En glieu d'haut-de-chausse, ils portont un garde-robe[6] aussi large que d'ici à Pâques; en glieu de pourpoint, de petites brassières, qui ne leu venont pas jusqu'au brichet[7]; et en glieu de rabats, un grand mouchoir de cou à réziau[8], aveuc quatre grosses houppes de linge qui leu pendont sur l'estomaque. Ils avont itou d'autres petits rabats au bout des bras[9], et de grands entonnois de passement aux jambes[10], et, parmi

---

[1] Tant il y a qu'à la fin.
[2] Du dor, pour de l'or.
[3] Regardez un peu.
[4] *Engigorniaux*, engins compliqués. Même sens qu'affiquets ou affûtiaux.
[5] Tout comme nous sommes, tout comme nous voilà.
[6] Une vaste rhingrave qui forme comme un tablier.
[7] *Brichet* pour *bréchet*, c'est-à-dire la fourchette de l'estomac.
[8] C'est un col en dentelle avec bouts flottants que Pierrot désigne ainsi.
[9] Des manchettes.
[10] Ce sont les canons qu'il appelle ainsi. — *Passement*, espèce de dentelle. Voir t. I, p. 53, note 2 et p. 63, note 1.

tout ça, tant de rubans, tant de rubans, que c'est une vraie piquié. Ignia pas jusqu'aux souliers qui n'en soient farcis tout depis un bout jusqu'à l'autre; et ils sont faits d'eune façon que je me romprais le cou aveuc.

CHARLOTTE

Par ma fi, Piarrot, il faut que j'aille voir un peu ça.

PIERROT

Oh! acoute un peu auparavant, Charlotte. J'ai queuque autre chose à te dire, moi.

CHARLOTTE

Hé bian, dis, qu'est-ce que c'est ?

PIERROT

Vois-tu, Charlotte, il faut, comme dit l'autre, que je débonde [1] mon cœur. Je t'aime, tu le sais bian, et je sommes pour être mariés ensemble; mais marquenne, je ne suis point satisfait de toi.

CHARLOTTE

Quement, qu'est-ce que c'est donc qu'iglia ?

PIERROT

Iglia que tu me chagraignes l'esprit, franchement.

CHARLOTTE

Et quement donc?

PIERROT

Tétiguienne, tu ne m'aimes point.

CHARLOTTE

Ah, ah! n'est-ce que ça?

PIERROT

Oui, ce n'est que ça, et c'est bian assez.

CHARLOTTE

Mon quieu, Piarrot, tu me viens toujou dire la même chose.

PIERROT

Je te dis toujou la même chose parce que c'est toujou la même chose; et si ce n'était pas toujou la même chose, je ne te dirais pas toujou la même chose.

[1] *Débonder*, c'est ôter la bonde pour laisser couler ce qu'il y a dans le tonneau.

CHARLOTTE

Mais qu'est-ce qu'il te faut? Que veux-tu?

PIERROT

Jerniquenne, je veux que tu m'aimes.

CHARLOTTE

Est-ce que je ne t'aime pas?

PIERROT

Non, tu ne m'aimes pas, et si[1] je fais tout ce que je pis pour ça; je t'achète, sans reproche, des rubans à tous les marciers qui passont; je me romps le cou à t'aller dénicher des marles; je fais jouer pour toi les vielleux[2] quand ce vient ta fête, et tout ça comme si je me frappais la tête contre un mur. Vois-tu, ça n'est ni biau ni honnête de n'aimer pas les gens qui nous aimont.

CHARLOTTE

Mais mon quieu, je t'aime aussi.

PIERROT

Oui, tu m'aimes, d'une belle deguaine[3].

CHARLOTTE

Quement veux-tu donc qu'on fasse?

PIERROT

Je veux que l'en fasse comme l'en fait quand l'en aime comme il faut.

CHARLOTTE

Ne t'aimè-je pas aussi comme il faut?

PIERROT

Non. Quand ça est, ça se voit, et l'en fait mille petites singeries aux personnes, quand on les aime du bon du cœur. Regarde la grosse Thomasse, comme elle est assotée du jeune Robin, alle est toujou autour de li à l'agacer, et ne le laisse jamais en repos. Toujou alle li fait queuque niche, ou li baille queuque taloche en passant; et l'autre jour qu'il était assis sur un escabiau, alle fut le tirer

---

[1] Et pourtant.
[2] Vielleur, joueur de vielle, instrument qui se joue au moyen de quelques touches et en faisant tourner une manivelle.
[3] Littéralement: manière de dégainer l'épée, et, par extension, manière de se comporter. *D'une belle dégaine* équivaut à, d'une belle façon.

de dessous li, et le fit choir tout de son long par tarre [1]. Jarni, v'là où l'en voit les gens qui aimont; mais toi, tu ne me dis jamais mot, t'es toujou là comme eune vraie souche de bois ; et je passerais vingt fois devant toi, que tu ne te grouillerais [2] pas pour me bailler le moindre coup, ou me dire la moindre chose. Ventrequenne ; ça n'est pas bian après tout, et t'es trop froide pour les gens.

CHARLOTTE

Que veux-tu que j'y fasse? C'est mon himeur, et je ne me pis refondre.

PIERROT

Ignia himeur qui quienne. Quand on a de l'amiquié pour les personnes, l'an en baille toujou queuque petite signifiance.

CHARLOTTE

Enfin, je t'aime tout autant que je pis, et si tu n'es pas content de ça, tu n'as qu'à en aimer queuque autre.

PIERROT

Eh bien! vl'à pas mon compte! Tétigué, si tu m'aimais, me dirais-tu ça ?

CHARLOTTE

Pourquoi me viens-tu aussi tarabuster l'esprit?

PIERROT

Morqué, queu mal te fais-je? Je ne te demande qu'un peu d'amiquié ?

CHARLOTTE

Eh bian ! laisse faire aussi et ne me presse point tant. Peut-être que ça viendra tout d'un coup sans y songer.

PIERROT

Touche donc là, Charlotte.

CHARLOTTE, donnant sa main

Eh bien, quien.

PIERROT

Promets-moi donc que tu tâcheras de m'aimer davantage.

CHARLOTTE

J'y ferai tout ce que je pourrai ; mais il faut que ça vienne de lui-même ?

---

[1] Voilà une manière de s'aimer bien à la paysanne !

[2] Tu ne bougerais pas pour me donner le moindre coup.

ACTE TROISIÈME

Le théâtre représente une forêt.

Dom Juan, averti qu'il est poursuivi et que douze hommes sont à ses trousses, a, pour les dérouter, pris et fait prendre à Sganarelle un déguisement.

Scène Première

DOM JUAN, en habit de campagne, SGANARELLE en médecin

SGANARELLE

Ma foi, Monsieur, avouez que j'ai eu raison, et que nous voilà l'un et l'autre déguisés à merveille. Votre premier dessein [1] n'était point du tout à propos, et ceci nous cache bien mieux que tout ce que vous vouliez faire.

DOM JUAN

Il est vrai que te voilà bien, et je ne sais où tu as été déterrer cet attirail ridicule.

SGANARELLE

Oui? C'est l'habit d'un vieux médecin, qui a été laissé en gage au lieu où je l'ai pris, et il m'en a coûté de l'argent pour l'avoir. Mais savez-vous, Monsieur, que cet habit me met déjà en considération, que je suis salué des gens que je rencontre, et que l'on me vient consulter ainsi qu'un habile homme?

DOM JUAN

Comment donc ?

SGANARELLE

Cinq ou six paysans et paysannes, en me voyant passer, me sont venus demander mon avis sur différentes maladies.

DOM JUAN

Tu leur as répondu que tu n'y entendais rien.

SGANARELLE

Moi? Point du tout. J'ai voulu soutenir l'honneur de mon habit, j'ai raisonné sur le mal, et leur ai fait des ordonnances à chacun.

---

[1] Dom Juan, avec son égoïsme habituel et son mépris des droits d'autrui, avait voulu changer d'habit avec Sganarelle; mais celui-ci, sachant que son maître était recherché par des hommes qui en voulaient à sa vie, ne s'était nullement soucié de passer pour lui.

DOM JUAN

Et quels remèdes encore leur as-tu ordonnés?

SGANARELLE

Ma foi, Monsieur, j'en ai pris par où j'en ai pu attraper; j'ai fait mes ordonnances à l'aventure; et ce serait une chose plaisante si les malades guérissaient et qu'on m'en vînt me remercier.

DOM JUAN

Et pourquoi non? Par quelle raison n'aurais-tu pas les mêmes privilèges qu'ont tous les autres médecins? Ils n'ont pas plus de part que toi aux guérisons des malades, et tout leur art est pure grimace. Ils ne font rien que recevoir la gloire des heureux succès; et tu peux profiter, comme eux, du bonheur du malade, et voir attribuer à tes remèdes tout ce qui peut venir des faveurs du hasard et des forces de la nature [1].

SGANARELLE

Comment, Monsieur, vous êtes aussi impie en médecine?

DOM JUAN

C'est une des grandes erreurs qui soient parmi les hommes.

SGANARELLE

Quoi? vous ne croyez pas au séné, ni à la casse, ni au vin émétique?

DOM JUAN

Et pourquoi veux-tu que j'y croie?

SGANARELLE

Vous avez l'âme bien mécréante. Cependant voyez depuis un temps que le vin émétique fait bruire ses fuseaux [2]. Ses miracles ont converti les plus incrédules esprits; et il n'y a pas trois semaines que j'en ai vu, moi qui vous parle, un effet merveilleux.

DOM JUAN

Et quel?

---

[1] Voici la première expression du scepticisme de Molière à l'égard de la médecine, et de son mépris pour les médecins. Il ne cessera d'y revenir à toute occasion. Que Dom Juan ne croie pas à la médecine, c'est tout simple: il ne croit à rien; mais Molière fera tenir le même langage à Béralde, le sage de la pièce, dans le Malade imaginaire. Au reste, cette discussion sur la médecine est une sorte de hors-d'œuvre et forme comme un épisode isolé, un peu long et traînant dans la pièce.

[2] Locution proverbiale qui signifie: faire du bruit dans le monde.

SGANARELLE

Il y avait un homme qui, depuis six jours, était à l'agonie; on ne savait que lui ordonner, et tous les remèdes ne faisaient rien; on s'avisa à la fin de lui donner de l'émétique.

DOM JUAN

Il réchappa, n'est-ce pas?

SGANARELLE

Non, il mourut.

DOM JUAN

L'effet est admirable.

SGANARELLE

Comment? il y avait six jours entiers qu'il ne pouvait mourir, et cela le fit mourir tout d'un coup. Voulez-vous rien de plus efficace?

DOM JUAN

Tu as raison.

SGANARELLE

Mais laissons là la médecine où vous ne croyez point, et parlons des autres choses; car cet habit me donne de l'esprit, et je me sens en humeur de disputer contre vous. Vous savez bien que vous me permettez les disputes, et que vous ne me défendez que les remontrances?

DOM JUAN

Eh bien?

SGANARELLE

Je veux savoir un peu vos pensées à fond. Est-il possible que vous ne croyiez point du tout au Ciel?

DOM JUAN

Laissons cela.

SGANARELLE

C'est-à-dire que non. Et à l'Enfer?

DON JUAN

Eh!

SGANARELLE

Tout de même. Et au diable, s'il vous plaît?

DOM JUAN

Oui, oui.

SGANARELLE

Aussi peu. Ne croyez-vous point à l'autre vie?

DOM JUAN

Ah! ah! ah!

SGANARELLE

Voilà un homme que j'aurai bien de la peine à convertir. Et dites-moi un peu (encore faut-il croire quelque chose) : Qu'est-ce que vous croyez ?

DOM JUAN

Ce que je crois ?

SGANARELLE

Oui.

DOM JUAN

Je crois que deux et deux sont quatre, Sganarelle, et que quatre et quatre sont huit.

SGANARELLE

La belle croyance que voilà ! Votre religion, à ce que je vois, est donc l'arithmétique ? Il faut avouer qu'il se met d'étranges folies dans la tête des hommes, et que, pour avoir bien étudié, on en est bien moins sage le plus souvent. Pour moi, Monsieur, je n'ai point étudié comme vous, Dieu merci ! et personne ne saurait se vanter de m'avoir jamais rien appris ; mais, avec mon petit sens, mon petit jugement, je vois les choses mieux que tous les livres, et je comprends fort bien que ce monde que nous voyons n'est pas un champignon qui soit venu tout seul en une nuit[1] : je voudrais bien vous demander qui a fait ces arbres-là, ces rochers, cette terre et ce ciel que voilà là-haut ; et si tout cela s'est bâti de lui-même. Vous voilà, vous, par exemple ; vous êtes là : est-ce que vous vous êtes fait tout seul ? Pouvez-vous voir toutes les inventions dont la machine de l'homme est composée sans admirer de quelle façon tout cela est agencé l'un dans l'autre ? Ces nerfs, ces os, ces veines, ces artères, ces... ce poumon, ce cœur, ce foie, et tous ces autres ingrédients qui sont là, et qui... Oh ! dame ! interrompez-moi donc, si vous voulez. Je ne saurais disputer si l'on ne m'interrompt. Vous vous taisez exprès et me laissez parler par belle malice.

DOM JUAN

J'attends que ton raisonnement soit fini.

SGANARELLE

Mon raisonnement est qu'il y a quelque chose d'admirable dans

---

[1] Sganarelle ne raisonne pas si mal avec son petit bon sens. Ceci est un des passages, où il faut chercher l'esprit de la pièce... Par la bouche de Sganarelle, Molière oppose à l'incrédulité absolue de Dom Juan les simples démonstrations du sens commun : ce ne sont ni les moins fortes, ni les moins concluantes.

l'homme, quoi que vous puissiez dire, que tous les savants ne sauraient expliquer. Cela n'est-il pas merveilleux que me voilà ici, et que j'aie quelque chose dans la tête qui pense cent choses différentes en un moment et fait de mon corps tout ce qu'elle veut? Je veux frapper des mains, hausser le bras, lever les yeux au ciel, baisser la tête, remuer les pieds, aller à droit, à gauche, en avant, en arrière, tourner... (Il se laisse tomber en tournant.)

DOM JUAN

Bon! voilà ton raisonnement qui a le nez cassé[1]!

SGANARELLE

Morbleu! je suis bien sot de m'amuser à raisonner avec vous: croyez ce que vous voudrez; il m'importe bien que vous soyez damné!

DOM JUAN

Mais, tout en raisonnant, je crois que nous sommes égarés. Appelle un peu cet homme que voilà là-bas, pour lui demander le chemin.

Scène II

DOM JUAN, SGANARELLE, UN PAUVRE

SGANARELLE

Holà! ho! l'homme! ho! mon compère! ho! l'ami! un petit mot, s'il vous plaît. Enseignez-nous un peu le chemin qui mène à la ville.

LE PAUVRE

Vous n'avez qu'à suivre cette route, Messieurs, et détourner à main droite quand vous serez au bout de la forêt; mais je vous donne avis que vous devez vous tenir sur vos gardes, et que, depuis quelque temps, il y a des voleurs ici autour.

DOM JUAN

Je te suis bien obligé, mon ami, et je te rends grâce de tout mon cœur.

LE PAUVRE

Si vous vouliez, Monsieur, me secourir de quelque aumône?

---

[1] Ce n'est pas le raisonnement qui a le nez cassé... Sganarelle a fait une chute, parce qu'il faut bien, dans une comédie, qu'il y ait de quoi rire; mais Dom Juan aura beau se mettre en frais de cynisme railleur, on voit éclater ici la supériorité d'un sens droit, quoique sans culture, sur un esprit cultivé, mais dépravé.

DOM JUAN

Ah! ah! ton avis est intéressé à ce que je vois [1].

LE PAUVRE

Je suis un pauvre homme, Monsieur, retiré tout seul dans ce bois depuis six ans, et je ne manquerai pas de prier le Ciel qu'il vous donne toute sorte de biens.

DOM JUAN

Eh! prie le Ciel qu'il te donne un habit, sans te mettre en peine des affaires des autres.

SGANARELLE

Vous ne connaissez pas Monsieur, bon homme; il ne croit qu'en deux et deux sont quatre, et en quatre et quatre sont huit.

DOM JUAN

Quelle est ton occupation parmi ces arbres?

LE PAUVRE

De prier le Ciel tout le jour pour la prospérité des gens de bien qui me donnent quelque chose.

DOM JUAN

Il ne se peut donc pas que tu ne sois bien à ton aise [2]?

LE PAUVRE

Hélas! Monsieur, je suis dans la plus grande nécessité du monde.

DOM JUAN

Tu te moques: un homme qui prie le Ciel tout le jour ne peut pas manquer d'être bien dans ses affaires.

LE PAUVRE

Je vous assure, Monsieur, que le plus souvent je n'ai pas un morceau de pain à mettre sous les dents.

DOM JUAN

Voilà qui est étrange, et tu es bien mal reconnu de tes soins [3]. Ah!

---

[1] Ce mot est bien d'un dépravé. Il n'est tel que l'égoïste sans principe ni bonté pour ne pas croire à la vertu des autres, et pour se réjouir de leur découvrir des mobiles bas ou intéressés.

[2] Il ne peut se faire autrement que tu ne sois, etc.

[3] Ces sarcasmes contre l'efficacité des prières, cette tentative de corruption faite sur un nécessiteux, cette condition du blasphème mise à l'aumône rendent Dom Juan absolument odieux; si odieux que, le public ne saisissant pas l'intention de l'auteur qui, certes, ne pouvait pas être de rendre aimable un tel personnage, Molière retrancha ce passage après la première représentation. Et cependant l'honnêteté du pauvre qui aime mieux mourir de faim que de souiller sa conscience, ressort brillante et pure de l'épreuve à laquelle elle a été soumise.

ah ! je m'en vais te donner un louis d'or tout à l'heure pourvu que tu veuilles jurer.

LE PAUVRE

Ah ! Monsieur ! voudriez-vous que je commisse un tel péché ?

DOM JUAN

Tu n'as qu'à voir si tu veux gagner un louis d'or, ou non ; en voici un que je te donne si tu jures. Tiens, il faut jurer.

LE PAUVRE

Monsieur...

DOM JUAN

A moins de cela, tu ne l'auras pas.

SGANARELLE

Va, va, jure un peu ; il n'y a pas de mal.

DOM JUAN

Prends, le voilà ; prends, te dis-je ; mais jure donc.

LE PAUVRE

Non, Monsieur, j'aime mieux mourir de faim.

DOM JUAN

Va, va, je te le donne pour l'amour de l'humanité[1]. (Regardant dans la forêt.) Mais que vois-je là ? un homme attaqué par trois autres ! La partie est trop inégale, et je ne dois pas souffrir cette lâcheté. (Il met l'épée à la main et court au lieu du combat.)

Scène III

SGANARELLE, seul

Mon maître est un vrai enragé d'aller se présenter à un péril qui ne le cherche pas ; mais, ma foi, le secours a servi, et les deux ont fait fuir les trois.

Scène IV

DOM JUAN, DOM CARLOS, SGANARELLE
au fond du théâtre.

DOM CARLOS, remettant son épée

On voit, par la fuite de ces voleurs, de quel secours est votre bras. Souffrez, Monsieur, que je vous rende grâce d'une action si généreuse, et que...

---

[1] Le sens de cette parole a été très discuté ; il semble que Dom Juan veuille seulement l'opposer à la formule habituelle : « Je te le donne pour l'amour de Dieu. »

DOM JUAN

Je n'ai rien fait, Monsieur, que vous n'eussiez fait en ma place. Notre propre honneur est intéressé dans de pareilles aventures, et l'action de ces coquins était si lâche que c'eût été y prendre part que de ne pas s'y opposer [1]. Mais par quelle rencontre vous êtes-vous trouvé entre leurs mains ?

DOM CARLOS

Je m'étais par hasard égaré d'un frère et de tous ceux de notre suite ; et, comme je cherchais à les rejoindre, j'ai fait rencontre de ces voleurs, qui, d'abord, ont tué mon cheval, et qui, sans votre valeur, en auraient fait autant de moi.

DOM JUAN

Votre dessein est-il d'aller du côté de la ville ?

DOM CARLOS

Oui, mais sans y vouloir entrer ; et nous nous voyons obligés, mon frère et moi, à tenir la campagne pour une de ces fâcheuses affaires qui réduisent les gentilshommes à se sacrifier, eux et leur famille, à la sévérité de leur honneur, puisqu'enfin le plus doux succès en est toujours funeste, et que, si l'on ne quitte pas la vie, on est contraint de quitter le royaume ; et c'est en quoi je trouve la condition d'un gentilhomme malheureuse, de ne pouvoir point s'assurer sur toute la prudence et toute l'honnêteté de sa conduite, d'être asservi par les lois de l'honneur au déréglement de la conduite d'autrui et de voir sa vie, son repos et ses biens dépendre de la fantaisie du premier téméraire qui s'avisera de lui faire une de ces injures pour qui un honnête homme doit périr.

DOM JUAN

On a cet avantage qu'on fait courir le même risque et passer mal aussi le temps à ceux qui prennent fantaisie de nous venir faire une offense de gaieté de cœur...

DOM CARLOS

... L'auteur de cette offense est un Dom Juan Tenorio, fils de Dom Louis Tenorio. Nous le cherchons depuis quelques jours, et nous l'avons suivi ce matin sur le rapport d'un valet qui nous a dit qu'il

---

[1] Dom Juan étant un gentilhomme, Molière lui a laissé la valeur qui est l'apanage de la race et qui ne messied pas d'ailleurs à ce caractère d'homme qui brave tout.

sortait à cheval, accompagné de quatre ou cinq, et qu'il avait pris le long de cette côte ; mais tous nos soins ont été inutiles, et nous n'avons pu découvrir ce qu'il est devenu.

DOM JUAN

Le connaissez-vous, Monsieur, ce Dom Juan dont vous parlez ?

DOM CARLOS

Non, quant à moi. Je ne l'ai jamais vu et je l'ai seulement ouï dépeindre à mon frère ; mais la renommée n'en dit pas force bien, et c'est un homme dont la vie...

DOM JUAN

Arrêtez, Monsieur, s'il vous plaît. Il est un peu de mes amis, et ce serait à moi une espèce de lâcheté que d'en ouïr dire du mal.

DOM CARLOS

Pour l'amour de vous, Monsieur, je n'en dirai rien du tout, et c'est bien la moindre chose que je vous doive, après m'avoir sauvé la vie, que de me taire devant vous d'une personne que vous connaissez, lorsque je ne puis en parler sans en dire du mal.

DOM JUAN

Je suis ami de Dom Juan, je ne puis pas m'en empêcher ; mais il n'est pas raisonnable qu'il offense impunément des gentilshommes, et je m'engage à vous faire faire raison par lui..... Et sans vous donner la peine de chercher Dom Juan davantage, je m'oblige à le faire trouver au lieu que vous voudrez, et quand il vous plaira.

DOM CARLOS

Cet espoir est bien doux, Monsieur, à des cœurs offensés ; mais, après ce que je vous dois, ce me serait une trop sensible douleur que vous fussiez de la partie.

DOM JUAN

Je suis si attaché à Dom Juan qu'il ne saurait se battre que je ne me batte aussi ; mais, enfin, j'en réponds comme de moi-même, et vous n'avez qu'à dire quand vous voulez qu'il paraisse et vous donne satisfaction.

DOM CARLOS

Que ma destinée est cruelle ! Faut-il que je vous doive la vie, et que Dom Juan soit de vos amis !

Scène V

DOM ALONSE et trois suivants, **DOM CARLOS, DOM JUAN, SGANARELLE**

DOM ALONSE, parlant à ceux de sa suite, sans voir Dom Carlos ni Dom Juan

Faites boire là mes chevaux, et qu'on les amène après nous, je veux un peu marcher à pied. (Les apercevant tous deux.) O Ciel, que vois-je ici ! Quoi ! mon frère, vous voilà avec notre ennemi mortel !

DOM CARLOS

Notre ennemi mortel !

DOM JUAN, se reculant de trois pas et mettant fièrement la main sur la garde de son épée

Oui, je suis Dom Juan, et l'avantage du nombre ne m'obligera pas à vouloir déguiser mon nom.

DOM ALONSE, mettant l'épée à la main

Ah, traître ! il faut que tu périsses, et...
(Sganarelle court se cacher.)

Scène VI

DOM JUAN, SGANARELLE

Dom Carlos, après avoir empêché son frère d'attaquer Dom Juan, lorsque l'avantage du nombre était de leur côté, a obtenu de leur ennemi la promesse de lui faire réparation par les armes, au jour où il le requerra, puis il s'est retiré. Dom Juan appelle alors son valet qui sort de la cachette où la peur l'avait fait mettre ; il lui reproche sa lâcheté, puis lui demande quel est l'édifice devant lequel ils se trouvent.

DOM JUAN

Mais quel est ce superbe édifice que je vois entre ces arbres ?

SGANARELLE

Vous ne le savez pas ?

DOM JUAN

Non vraiment.

SGANARELLE

Bon, c'est le tombeau que le Commandeur [1] faisait faire lorsque vous le tuâtes.

DOM JUAN

Ah ! tu as raison ! Je ne savais pas que c'était de ce côté-ci qu'il

---

[1] Une des victimes de Dom Juan. — *Commandeur*, dignitaire d'un ordre de chevalerie.

était. Tout le monde m'a dit des merveilles de cet ouvrage, aussi bien que de la statue du Commandeur, et j'ai envie de l'aller voir !

SGANARELLE

Monsieur, n'allez point là.

DOM JUAN

Pourquoi ?

SGANARELLE

Cela n'est pas civil, d'aller voir un homme que vous avez tué.

DOM JUAN

Au contraire, c'est une visite dont je lui veux faire civilité, et qu'il doit recevoir de bonne grâce, s'il est galant homme. Allons, entrons dedans.
(Le tombeau s'ouvre, où l'on voit un superbe mausolée et la statue du Commandeur.)

SGANARELLE

Ah ! que cela est beau ! Les belles statues ! le beau marbre ! les beaux piliers ! Ah ! que cela est beau ! Qu'en dites-vous, Monsieur ?

DOM JUAN

Qu'on ne peut voir aller plus loin l'ambition d'un homme mort ; et ce que je trouve admirable, c'est qu'un homme, qui s'est passé [1] durant sa vie d'une assez simple demeure, en veuille avoir une si magnifique, pour quand il n'en a plus que faire.

SGANARELLE

Voici la statue du Commandeur.

DOM JUAN

Parbleu ! le voilà bon avec son habit d'empereur romain.

SGANARELLE

Ma foi, Monsieur, voilà qui est bien fait. Il semble qu'il est en vie, et qu'il s'en va parler. Il jette des regards sur nous qui me feraient peur si j'étais tout seul, et je pense qu'il ne prend pas plaisir de nous voir.

DOM JUAN

Il aurait tort, et ce serait mal recevoir l'honneur que je lui fais. Demande-lui s'il veut venir souper avec moi.

SGANARELLE

C'est une chose dont il n'a pas besoin, je crois.

[1] Qui s'est contenté... Aujourd'hui le sens serait négatif.

DOM JUAN

Demande-lui, te dis-je.

SGANARELLE

Vous moquez-vous? Ce serait être fou que d'aller parler à une statue.

DOM JUAN

Fais ce que je te dis.

SGANARELLE

Quelle bizarrerie! Seigneur Commandeur... (A part.) Je ris de ma sottise; mais c'est mon maître qui me la fait faire. (Haut.) Seigneur Commandeur, mon maître Dom Juan vous demande si vous voulez lui faire l'honneur de venir souper avec lui. (La Statue baisse la tête.) Ha!

DOM JUAN

Qu'est-ce? Qu'as-tu? Dis donc, veux-tu parler?

SGANARELLE fait le même signe, que lui a fait la Statue, et baisse la tête

La Statue...

DOM JUAN

Eh bien, que veux-tu dire, traître?

SGANARELLE

Je vous dis que la Statue...

DOM JUAN

Eh bien, la Statue? je t'assomme, si tu ne parles.

SGANARELLE

La Statue m'a fait signe.

DOM JUAN

La peste! le coquin!

SGANARELLE

Elle m'a fait signe, vous dis-je; il n'est rien de plus vrai. Allez-vous-en lui parler vous-même pour voir. Peut-être...

DOM JUAN

Viens, maraud, viens. Je te veux bien faire toucher au doigt ta poltronnerie, prends garde. Le Seigneur Commandeur voudrait-il venir souper avec moi? (La Statue baisse encore la tête.)

SGANARELLE

Je ne voudrais pas en tenir dix pistoles[1]. Eh bien, Monsieur?

---

[1] Le sens est: « Je ne voudrais pas tenir dix pistoles et n'avoir pas vu cela. » Sganarelle triomphe, parce que cette manifestation surnaturelle confond l'incrédulité de son maître.

DOM JUAN
Allons, sortons d'ici.
SGANARELLE, seul
Voilà de mes esprits forts, qui ne veulent rien croire.

ACTE QUATRIÈME

Le théâtre représente l'appartement de Dom Juan.

Scène Première

DOM JUAN, SGANARELLE, RAGOTIN

DOM JUAN, à Sganarelle
Quoi qu'il en soit, laissons cela. C'est une bagatelle, et nous pouvons avoir été trompés par un faux jour ou surpris de quelque vapeur qui nous ait troublé la vue[1].

SGANARELLE
Eh! Monsieur, ne cherchez point à démentir ce que nous avons vu des yeux que voilà. Il n'est rien de plus véritable que ce signe de tête; et je ne doute point que le Ciel, scandalisé de votre vie, n'ait produit ce miracle pour vous convaincre, et pour vous retirer de...

DOM JUAN
Écoute. Si tu m'importunes davantage de tes sottes moralités, si tu me dis encore le moindre mot là-dessus, je vais appeler quelqu'un, demander un nerf de bœuf, te faire tenir par trois ou quatre et te rouer de mille coups[2]. M'entends-tu bien?

SGANARELLE
Fort bien, Monsieur, le mieux du monde. Vous vous expliquez clairement; c'est ce qu'il y a de bon en vous, que vous n'allez point

---

[1] Dom Juan est de l'espèce des soi-disant esprits forts qui, ne croyant pas au surnaturel, veulent expliquer tous les miracles par des phénomènes physiques. Mais, si Dom Juan refuse de se rendre même au témoignage de ses sens, sa résistance vient plutôt de son orgueil et de la corruption de sa vie que des doutes de son esprit.

[2] L'emploi de la force, c'est ce qui s'appelle un argument sans réplique, à moins qu'on n'ait affaire à une âme courageuse... et ce n'est pas le cas de Sganarelle. Remarquons que, faute de cette poltronnerie, le personnage serait tout à fait sérieux; qu'il était de tradition que les valets fussent les bouffons de la comédie; et que d'ailleurs Dom Juan serait un drame terrible sans quelques scènes qui font rire, sans la raillerie élégante du principal personnage, et le contraste entre le bon sens de Sganarelle et la pitoyable faiblesse de son caractère.

chercher de détours; vous dites les choses avec une netteté admirable.

DOM JUAN

Allons, qu'on me fasse souper le plus tôt que l'on pourra. Une chaise, petit garçon.

Scène II

DOM JUAN, SGANARELLE, LA VIOLETTE, RAGOTIN

LA VIOLETTE

Monsieur, voilà votre marchand, M. Dimanche, qui demande à vous parler.

SGANARELLE

Bon. Voilà ce qu'il nous faut, qu'un compliment de créancier. De quoi s'avise-t-il de nous venir demander de l'argent; et que ne lui disais-tu que Monsieur n'y est pas?

LA VIOLETTE

Il y a trois quarts d'heure que je lui dis; mais il ne veut pas le croire, et s'est assis là-dedans pour attendre.

SGANARELLE

Qu'il attende tant qu'il voudra.

DOM JUAN

Non, au contraire, faites-le entrer. C'est une fort mauvaise politique que de se faire céler aux créanciers. Il est bon de les payer de quelque chose; et j'ai le secret de les renvoyer satisfaits, sans leur donner un double.

Scène III

DOM JUAN, M. DIMANCHE, SGANARELLE, LA VIOLETTE, RAGOTIN

DOM JUAN, faisant de grandes civilités

Ah, Monsieur Dimanche, approchez ! Que je suis ravi de vous voir, et que je veux de mal à mes gens de ne vous pas faire entrer d'abord ! J'avais donné ordre qu'on ne me fît parler personne; mais cet ordre n'est pas pour vous; et vous êtes en droit de ne trouver jamais de porte fermée chez moi [1].

MONSIEUR DIMANCHE

Monsieur, je vous suis fort obligé.

DOM JUAN, parlant à La Violette et à Ragotin

Parbleu, coquins, je vous apprendrai à laisser M. Dimanche dans une antichambre, et je vous ferai connaître les gens.

MONSIEUR DIMANCHE

Monsieur, cela n'est rien.

DOM JUAN, à M. Dimanche

Comment? vous dire que je n'y suis pas, à M. Dimanche, au meilleur de mes amis?

MONSIEUR DIMANCHE

Monsieur, je suis votre serviteur. J'étais venu...

DOM JUAN

Allons vite, un siège pour M. Dimanche.

MONSIEUR DIMANCHE

Monsieur, je suis bien comme cela.

DOM JUAN

Point, point, je veux que vous soyez assis contre moi.

MONSIEUR DIMANCHE

Cela n'est point nécessaire.

DOM JUAN

Otez ce pliant, et apportez un fauteuil.

MONSIEUR DIMANCHE

Monsieur, vous vous moquez, et...

DOM JUAN

Non, non, je sais ce que je vous dois; et je ne veux point qu'on mette de différence entre nous deux.

---

[1] Il y a des gens qui se défont de leurs créanciers avec des injures ou des défaites. Dom Juan éconduira M. Dimanche avec force politesses. C'est le suprême de l'insolence. Inutile d'insister sur la verve comique de cette scène. Avec quelle habileté Dom Juan se joue de sa victime! comme il sait se servir de la supériorité que lui donnent et son rang et ses belles manières. On ne peut mettre plus d'esprit à faire le mal. Au reste, en montrant ici le grand seigneur qui ne paye pas ses dettes, Molière s'attaque à un abus des plus fréquents dans la haute société de son temps.

MONSIEUR DIMANCHE

Monsieur...

DOM JUAN

Allons, asseyez-vous.

MONSIEUR DIMANCHE

Il n'est pas besoin, Monsieur, et je n'ai qu'un mot à vous dire. J'étais...

DOM JUAN

Mettez-vous là, vous dis-je.

MONSIEUR DIMANCHE

Non, Monsieur, je suis bien. Je viens pour...

DOM JUAN

Non, je ne vous écoute point, si vous n'êtes assis.

MONSIEUR DIMANCHE

Monsieur, je fais ce que vous voulez. Je...

DOM JUAN

Parbleu, Monsieur Dimanche, vous vous portez bien?

MONSIEUR DIMANCHE

Oui, Monsieur, pour vous rendre service. Je suis venu...

DOM JUAN

Vous avez un fonds de santé admirable, des lèvres fraîches, un teint vermeil et des yeux vifs.

MONSIEUR DIMANCHE

Je voudrais bien...

DOM JUAN

Comment se porte Madame Dimanche, votre épouse?

MONSIEUR DIMANCHE

Fort bien, Monsieur, Dieu merci.

DOM JUAN

C'est une brave femme.

MONSIEUR DIMANCHE

Elle est votre servante, Monsieur. Je venais...

DOM JUAN

Et votre petite fille Claudine, comment se porte-t-elle.

MONSIEUR DIMANCHE

Le mieux du monde.

DOM JUAN
La jolie petite fille que c'est. Je l'aime de tout mon cœur.

MONSIEUR DIMANCHE
C'est trop d'honneur que vous lui faites, Monsieur. Je vous...

DOM JUAN
Et le petit Colin fait-il toujours du bruit avec son tambour?

MONSIEUR DIMANCHE
Toujours de même, Monsieur. Je...

DOM JUAN
Et votre petit chien Brusquet? gronde-t-il toujours aussi fort, et mord-il toujours bien aux jambes les gens qui vont chez vous?

MONSIEUR DIMANCHE
Plus que jamais, Monsieur, et nous ne saurions en chevir [1].

DOM JUAN
Ne vous étonnez pas si je m'informe des nouvelles de toute la famille, car j'y prends beaucoup d'intérêt.

MONSIEUR DIMANCHE
Nous vous sommes, Monsieur, infiniment obligés. Je...

DOM JUAN, lui tendant la main
Touchez donc là, Monsieur Dimanche. Êtes-vous bien de mes amis?

MONSIEUR DIMANCHE
Monsieur, je suis votre serviteur.

DOM JUAN
Parbleu, je suis à vous de tout mon cœur.

MONSIEUR DIMANCHE
Vous m'honorez trop. Je...

DOM JUAN
Il n'y a rien que je ne fisse pour vous.

MONSIEUR DIMANCHE
Monsieur, vous avez trop de bonté pour moi.

---

[1] Verbe vieilli et qui, n'étant plus du bel usage, convient dans la bouche de M. Dimanch. Il signifie: venir à *chef* ou à bout de que ue chose.

DOM JUAN

Et cela sans intérêt, je vous prie de le croire.

MONSIEUR DIMANCHE

Je n'ai point mérité cette grâce assurément; mais, Monsieur...

DOM JUAN

Oh çà, Monsieur Dimanche, sans façon, voulez-vous souper avec moi [1] ?

MONSIEUR DIMANCHE

Non, Monsieur, il faut que je m'en retourne tout à l'heure. Je...

DOM JUAN, se levant

Allons, vite un flambeau pour conduire Monsieur Dimanche, et que quatre ou cinq de mes gens prennent des mousquetons pour l'escorter.

MONSIEUR DIMANCHE, se levant aussi

Monsieur, il n'est pas nécessaire, et je m'en irai bien tout seul. Mais...
  (Sganarelle ôte les sièges promptement.)

DOM JUAN

Comment! Je veux qu'on vous escorte, et je m'intéresse trop à votre personne. Je suis votre serviteur, et de plus votre débiteur.

MONSIEUR DIMANCHE

Ah! Monsieur!...

DOM JUAN

C'est une chose que je ne cache pas, et je le dis à tout le monde.

MONSIEUR DIMANCHE

Si...

DOM JUAN

Voulez-vous que je vous reconduise?

MONSIEUR DIMANCHE

Ah! Monsieur, vous vous moquez! Monsieur...

DOM JUAN

Embrassez-moi donc, s'il vous plaît. Je vous prie, encore une fois, d'être persuadé que je suis tout à vous, et qu'il n'y a rien au monde que je ne fisse pour votre service. (Il sort.)

---

[1] Dom Juan compte bien que cette invitation sera refusée, et que ce sera un moyen de couper court à l'entretien.

Scène IV

MONSIEUR DIMANCHE, SGANARELLE

SGANARELLE

Il faut avouer que vous avez en Monsieur un homme qui vous aime bien.

MONSIEUR DIMANCHE

Il est vrai; il me fait tant de civilités et tant de compliments, que je ne saurais jamais lui demander de l'argent.

SGANARELLE

Je vous assure que toute sa maison périrait pour vous ; et je voudrais qu'il vous arrivât quelque chose, que quelqu'un s'avisât de vous donner des coups de bâton, vous verriez de quelle manière...

MONSIEUR DIMANCHE

Je le crois ; mais, Sganarelle, je vous prie de lui dire un petit mot de mon argent.

SGANARELLE

Oh! ne vous mettez pas en peine, il vous payera le mieux du monde!

MONSIEUR DIMANCHE

Mais vous, Sganarelle, vous me devez quelque chose en votre particulier.

SGANARELLE

Fi! ne parlez pas de cela.

MONSIEUR DIMANCHE

Comment! Je...

SGANARELLE

Ne sais-je pas bien que je vous dois!

MONSIEUR DIMANCHE

Oui. Mais...

SGANARELLE

Allons, monsieur Dimanche, je vais vous éclairer.

MONSIEUR DIMANCHE

Mais, mon argent.

SGANARELLE, prenant Monsieur Dimanche par le bras

Vous moquez-vous?

MONSIEUR DIMANCHE

Je veux.....

SGANARELLE, *le tirant*

Eh !

MONSIEUR DIMANCHE

J'entends...

SGANARELLE, *le poussant vers la porte*

Bagatelles.

MONSIEUR DIMANCHE

Mais...

SGANARELLE, *le poussant encore*

Fi !

MONSIEUR DIMANCHE

Je...

SGANARELLE, *le poussant tout à fait hors du théâtre*

Fi ! vous dis-je[1].

Scène V

DOM JUAN, LA VIOLETTE, SGANARELLE

LA VIOLETTE, *à Dom Juan*

Monsieur, voilà Monsieur votre père.

DOM JUAN

Ah ! me voici bien ! Il me fallait cette visite pour me faire enrager[2].

Scène VI

DOM LOUIS, DOM JUAN, SGANARELLE

DOM LOUIS

Je vois bien que je vous embarrasse, et que vous vous passeriez fort aisément de ma venue. A vrai dire, nous nous incommodons étrangement l'un et l'autre ; et si vous êtes las de me voir, je suis bien las aussi de vos déportements[3]. Hélas ! que nous savons peu ce que nous faisons quand nous ne laissons pas au Ciel le soin des choses qu'il nous faut, quand nous voulons être plus avisés que lui, et que nous venons à l'importuner par nos souhaits aveugles et nos demandes inconsidérées ! J'ai souhaité un fils avec des ardeurs nonpareilles ; je l'ai demandé sans relâche avec des transports

---

[1] Tel maître, tel valet ; mais le plus coupable n'est pas celui qui ne fait que suivre l'exemple.

[2] L'*impiété* filiale achève de faire de Dom Juan un homme de tous les vices. — Dom Louis, par sa dignité et la vigueur de son langage, par la noble douleur qu'il ressent des crimes de son fils, n'est pas indigne de soutenir la comparaison avec les plus grands et les plus vertueux parmi les *pères* du théâtre de Corneille : Dom Diègue, le vieil Horace et le Géronte du *Menteur*.

[3] *Déportements*, manière de se comporter ; au pluriel, déportement a un sens défavorable et signifie : mauvaise conduite, mauvaises actions.

incroyables ; et ce fils, que j'obtiens, en fatiguant le Ciel de vœux, est le chagrin et le supplice de cette vie même dont je croyais qu'il devait être la joie et la consolation. De quel œil, à votre avis, pensez-vous que je puisse voir cet amas d'actions indignes, dont on a peine, aux yeux du monde, d'adoucir le mauvais visage [1], cette suite continuelle de méchantes affaires qui nous réduisent à toutes heures à lasser les bontés du Souverain, et qui ont épuisé auprès de lui le mérite de mes services et le crédit de mes amis! Ah! quelle bassesse est la vôtre! Ne rougissez-vous point de mériter si peu votre naissance? Êtes-vous en droit, dites-moi, d'en tirer quelque vanité? Et qu'avez-vous fait dans le monde pour être gentilhomme? Croyez-vous qu'il suffise d'en porter le nom et les armes, et que ce nous soit une gloire d'être sorti d'un sang noble, lorsque nous vivons en infâmes? Non, non, la naissance n'est rien où la vertu n'est pas. Aussi nous n'avons part à la gloire de nos ancêtres qu'autant que nous nous efforçons de leur ressembler ; et cet éclat de leurs actions qu'ils répandent sur nous nous impose un engagement de leur faire le même honneur, de suivre les pas qu'ils nous tracent et de ne point dégénérer de leurs vertus, si nous voulons être estimés leurs véritables descendants. Ainsi, vous descendez en vain des aïeux dont vous êtes né, ils vous désavouent pour leur sang, et tout ce qu'ils ont fait d'illustre ne vous donne aucun avantage ; au contraire, l'éclat n'en rejaillit sur vous qu'à votre déshonneur, et leur gloire est un flambeau qui éclaire aux yeux d'un chacun la honte de vos actions. Apprenez enfin qu'un gentilhomme qui vit mal est un monstre dans la nature ; que la vertu est le premier titre de noblesse ; que je regarde bien moins au nom qu'on signe qu'aux actions qu'on fait, et que je ferais plus d'état [2] du fils d'un crocheteur qui serait honnête homme que du fils d'un monarque qui vivrait comme vous [3].

DOM JUAN

Monsieur, si vous étiez assis, vous en seriez mieux pour parler [4].

DOM LOUIS

Non, insolent, je ne veux point m'asseoir, ni parler davantage, et

---

[1] La mauvaise apparence.
[2] Plus de cas, plus d'estime.
[3] Il n'est rien de plus éloquent que les accents indignés qui partent d'un cœur vertueux. Comparez avec la scène III de l'acte II du *Menteur* de Corneille.
[4] Cette indifférence polie est le comble de l'insensibilité et la pire insulte qu'on puisse faire à un homme outré de douleur et transporté d'indignation.

je vois bien que toutes mes paroles ne font rien sur ton âme ; mais sache, fils indigne, que la tendresse paternelle est poussée à bout par tes actions; que je saurai, plus tôt que tu ne penses, mettre une borne à tes déréglements, prévenir sur toi le courroux du Ciel, et laver, par ta punition, la honte de t'avoir fait naître [1]. (Il sort.)

Scène VII

DOM JUAN, SGANARELLE

DOM JUAN, adressant encore la parole à son père, quoiqu'il soit sorti

Eh ! mourez le plus tôt que vous pourrez, c'est le mieux que vous puissiez faire. Il faut que chacun ait son tour, et j'enrage de voir des pères qui vivent autant que leurs fils. (Il se met dans un fauteuil.)

SGANARELLE

Ah! Monsieur, vous avez tort !

DOM JUAN, se levant

J'ai tort ?

SGANARELLE, tremblant

Monsieur...

DOM JUAN

J'ai tort?

SGANARELLE

Oui, Monsieur, vous avez tort d'avoir souffert ce qu'il vous a dit, et vous le deviez mettre dehors par les épaules. A-t-on jamais rien vu de plus impertinent ? Un père venir faire des remontrances à son fils et lui dire de corriger ses actions, de se ressouvenir de sa naissance, de mener une vie d'honnête homme, et cent autres sottises de pareille nature ! Cela se peut-il souffrir à un homme comme vous, qui savez comme il faut vivre? J'admire votre patience, èt, si j'avais été en votre place, je l'aurais envoyé promener. (Bas à part.) O complaisance maudite, à quoi me réduis-tu !

DOM JUAN

Me fera-t-on souper bientôt?

. . . .

[1] J'atteste des grands dieux les suprêmes puissances.
Qu'avant ce jour fini, ces mains, ces propres mains,
Laveront dans ton sang la honte des Romains.
Corneille, *Horace*, acte IV, sc. 1.

Scène XI

DOM JUAN, SGANARELLE, LA VIOLETTE, RAGOTIN

DOM JUAN, se mettant à table

Sganarelle, il faut songer à s'amender, pourtant.

SGANARELLE

Oui-dà.

DOM JUAN

Oui, ma foi, il faut s'amender. Encore vingt ou trente ans de cette vie-ci, et puis nous songerons à nous.

SGANARELLE

Oh !

DOM JUAN

Qu'en dis-tu ?

SGANARELLE

Rien. Voilà le souper.
(Il prend un morceau d'un des plats qu'on apporte, et le met dans sa bouche.)

DOM JUAN

Il me semble que tu as la joue enflée ; qu'est-ce que c'est ? Parle donc. Qu'as-tu là ?

SGANARELLE

Rien.

DOM JUAN

Montre un peu. Parbleu, c'est une fluxion qui lui est tombée sur la joue. Vite une lancette pour percer cela. Le pauvre garçon n'en peut plus, et cet abcès le pourrait étouffer. Attends, voyez comme il était mûr. Ah ! coquin que vous êtes !...

SGANARELLE

Ma foi, Monsieur, je voulais voir si votre cuisinier n'avait point mis trop de sel ou trop de poivre.

DOM JUAN

Allons, mets-toi là, et mange. J'ai affaire de toi quand j'aurai soupé. Tu as faim, à ce que je vois.

SGANARELLE, se mettant à table

Je le crois bien, Monsieur ; je n'ai point mangé depuis ce matin. Tâtez de cela ; voilà qui est le meilleur du monde. (Un laquais ôte les assiettes de Sganarelle d'abord qu'il y a dessus à manger.) Mon assiette, mon assiette. Tout doux, s'il vous plaît. Vertubleu, petit compère, que vous êtes habile à donner des assiettes nettes! Et vous, petit La Violette, que vous savez présenter à boire à propos [1]!

(Pendant qu'un laquais donne à boire à Sganarelle, l'autre laquais lui ôte encore son assiette.)

DOM JUAN

Qui peut frapper de cette sorte?

SGANARELLE

Qui, diable, vient nous troubler dans notre repas?

DOM JUAN

Je veux souper en repos au moins, et qu'on ne laisse entrer personne.

SGANARELLE

Laissez-moi faire, je m'y en vais moi-même.

DOM JUAN, voyant revenir Sganarelle effrayé

Qu'est-ce donc? Qu'y a-t-il?

SGANARELLE, baissant la tête comme la Statue

Le... qui est là.

DOM JUAN

Allons voir, et montrons que rien ne me saurait ébranler.

SGANARELLE

Ah! pauvre Sganarelle! où te cacheras-tu?

Scène XII

DOM JUAN, LA STATUE DU COMMANDEUR, SGANARELLE, LA VIOLETTE, RAGOTIN

DOM JUAN, à ses gens

Une chaise et un couvert. Vite donc.
(Dom Juan et la Statue se mettent à table.)
(A Sganarelle.)
Allons, mets-toi à table.

SGANARELLE

Monsieur, je n'ai plus de faim.

---

[1] Ces bouffonneries destinées à faire rire le gros public et qui nous paraissent peu en harmonie avec une comédie d'un genre aussi sérieux étaient un reste de l'imitation des pièces italiennes qui avaient joui à Paris d'une grande faveur.

DOM JUAN

Mets-toi là, te dis-je. A boire. A la santé du Commandeur. Je te la porte, Sganarelle. Qu'on lui donne du vin.

SGANARELLE

Monsieur, je n'ai pas soif.

DOM JUAN

Bois, et chante ta chanson pour régaler le Commandeur.

SGANARELLE

Je suis enrhumé, Monsieur.

DOM JUAN

Il n'importe. Allons. (A ses gens.) Vous autres, venez, accompagnez sa voix.

LA STATUE

Dom Juan, c'est assez. Je vous invite à venir demain souper avec moi. En aurez-vous le courage ?

DOM JUAN

Oui. J'irai, accompagné du seul Sganarelle.

SGANARELLE

Je vous rends grâces, il est demain jeûne pour moi.

DOM JUAN, à Sganarelle

Prends ce flambeau.

LA STATUE

On n'a pas besoin de lumière quand on est conduit par le Ciel.

ACTE CINQUIÈME

Le théâtre représente une campagne.

Scène Première

DOM LOUIS, DOM JUAN, SGANARELLE

DOM LOUIS

Quoi ? mon fils ! serait-il possible que la bonté du Ciel eût exaucé mes vœux ? Ce que vous me dites est-il bien vrai ? Ne m'abusez-vous point d'un faux espoir, et puis-je prendre quelque assurance sur la nouveauté surprenante d'une telle conversion ?

DOM JUAN, faisant l'hypocrite

Oui, vous me voyez revenu de toutes mes erreurs ; je ne suis plus le même d'hier au soir, et le Ciel, tout d'un coup, a fait en moi un changement qui va surprendre tout le monde. Il a touché mon âme et dessillé mes yeux ; et je regarde avec horreur le long aveuglement où j'ai été, et les désordres criminels de la vie que j'ai menée. J'en repasse dans mon esprit toutes les abominations, et m'étonne comme le Ciel les a pu souffrir si longtemps, et n'a pas vingt fois, sur ma tête, laissé tomber les coups de sa justice redoutable. Je vois les grâces que sa bonté m'a faites en ne me punissant point de mes crimes, et je prétends en profiter comme je dois, faire éclater aux yeux du monde un soudain changement de vie, réparer par là le scandale de mes actions passées, m'efforcer d'en obtenir du Ciel une pleine rémission. C'est à quoi je vais travailler ; et je vous prie, Monsieur, de vouloir bien contribuer à ce dessein, et de m'aider vous-même à faire choix d'une personne qui me serve de guide, et sous la conduite de qui je puisse marcher sûrement dans le chemin où je m'en vais entrer [1].

DOM LOUIS

Ah ! mon fils, que la tendresse d'un père est aisément rappelée, et que les offenses d'un fils s'évanouissent vite au moindre mot de repentir ! Je ne me souviens plus déjà de tous les déplaisirs que vous m'avez donnés, et tout est effacé par les paroles que vous venez de me faire entendre. Je ne me sens pas [2], je l'avoue, je jette des larmes de joie, tous mes vœux sont satisfaits, et je n'ai plus rien désormais à demander au Ciel. Embrassez-moi, mon fils, et persistez, je vous conjure, dans cette louable pensée. Pour moi, j'en vais, tout de ce pas, porter l'heureuse nouvelle à votre mère, partager avec elle les doux transports du ravissement où je suis, et rendre grâce au Ciel des saintes résolutions qu'il a daigné vous inspirer.

---

[1] Il ne manquait à la perversité de Dom Juan que de jouer l'homme converti, et de tenir hypocritement le langage du repentir. Ce trait, qui n'était peut-être pas indispensable au caractère, amène la tirade de la scène suivante sur le profit qu'on tire de l'hypocrisie et la facilité avec laquelle le monde se laisse prendre aux grimaces de la fausse vertu. Molière n'a rien tant haï et poursuivi que la fausseté ou l'affectation à tous les degrés et dans tous les genres, depuis la fausse dévotion jusqu'à la pruderie ou l'affectation du savoir. Il a épanché dans ce passage sa bile tout échauffée des violentes oppositions qu'il avait rencontrées pour la représentation du *Tartuffe*.

[2] Ordinairement ce verbe ne s'emploie qu'avec un complément.

Scène II

DOM JUAN, SGANARELLE

SGANARELLE

Ah! Monsieur, que j'ai de joie de vous voir converti! Il y a longtemps que j'attendais cela ; et voilà, grâce au Ciel, tous mes souhaits accomplis.

DOM JUAN

La peste le benêt!

SGANARELLE

Comment? le benêt?

DOM JUAN

Quoi ? tu prends pour de bon argent ce que je viens de dire, et tu crois que ma bouche était d'accord avec mon cœur!

SGANARELLE

Quoi ? ce n'est pas... Vous ne... Votre... (A part.) Oh ! quel homme ! quel homme ! quel homme !

DOM JUAN

Non, non, je ne suis point changé, et mes sentiments sont toujours les mêmes.

SGANARELLE

Vous ne vous rendez pas à la surprenante merveille de cette statue mouvante et parlante.

DOM JUAN

Il y a bien quelque chose là-dedans que je ne comprends pas ; mais quoi que ce puisse être, cela n'est pas capable ni de convaincre mon esprit, ni d'ébranler mon âme; et, si j'ai dit que je voulais corriger ma conduite et me jeter dans un train de vie exemplaire, c'est un dessein que j'ai formé par pure politique, un stratagème utile, une grimace nécessaire où je veux me contraindre, pour ménager un père dont j'ai besoin, et me mettre à couvert, du côté des hommes, de cent fâcheuses aventures qui pourraient m'arriver. Je veux bien, Sganarelle, t'en faire confidence, et je suis bien aise d'avoir un témoin du fond de mon âme et des véritables motifs qui m'obligent à faire les choses [1].

---

[1] Il y a de la forfanterie dans la méchanceté de Dom Juan; il ne jouirait pas bien du mal qu'il fait, s'il n'avait un témoin qu'il pût prendre plaisir à scandaliser.

SGANARELLE

Quoi! vous ne croyez rien du tout, et vous voulez cependant vous ériger en homme de bien!

DOM JUAN

Et pourquoi non? Il y en a tant d'autres comme moi, qui se mêlent de ce métier, et qui se servent du même masque pour abuser le monde!

SGANARELLE, à part

Ah! quel homme! quel homme!

DOM JUAN

Il n'y a plus de honte maintenant à cela : l'hypocrisie est un vice à la mode, et tous les vices à la mode passent pour vertus. Le personnage d'homme de bien est le meilleur de tous les personnages qu'on puisse jouer aujourd'hui, et la profession d'hypocrite a de merveilleux avantages. C'est un art de qui l'imposture est toujours respectée ; et, quoiqu'on la découvre, on n'ose rien dire contre elle. Tous les autres vices des hommes sont exposés à la censure, et chacun a la liberté de les attaquer hautement ; mais l'hypocrisie est un vice privilégié qui, de sa main, ferme la bouche à tout le monde, et jouit en repos d'une impunité souveraine. On lie, à force de grimaces, une société étroite avec tous les gens du parti. Qui en choque un se les jette tous sur les bras ; et ceux que l'on sait même agir de bonne foi là-dessus, et que chacun connaît pour être véritablement touchés, ceux-là, dis-je, sont toujours les dupes des autres ; ils donnent hautement dans le panneau des grimaciers, et appuient aveuglément les singes de leurs actions. Combien crois-tu que j'en connaisse qui, par ce stratagème, ont rhabillé adroitement les désordres de leur jeunesse, qui se sont fait un bouclier du manteau de la religion, et sous cet habit respecté ont la permission d'être les plus méchants hommes du monde? On a beau savoir leurs intrigues, et les connaître pour ce qu'ils sont, ils ne laissent pas pour cela d'être en crédit parmi les gens; et quelque baissement de tête, un soupir mortifié et deux roulements d'yeux rajustent dans le monde tout ce qu'ils peuvent faire. C'est sous cet abri favorable que je veux me sauver et mettre en sûreté mes affaires. Je ne quitterai point mes douces habitudes, mais j'aurai soin de me cacher, et me divertirai à petit bruit. Que si je viens à être découvert, je verrai, sans me remuer, prendre mes intérêts à toute ma cabale[1], et je serai défendu par elle envers et contre tous. Enfin, c'est là le vrai moyen de faire impunément tout ce que je voudrai. Je m'érigerai en censeur des actions d'autrui, jugerai mal de tout le monde, et n'aurai bonne opinion que de moi. Dès qu'une fois on m'aura choqué tant soit peu, je ne pardonnerai jamais, et garderai tout doucement une haine irréconciliable. Je ferai le vengeur des intérêts du Ciel; et, sous ce prétexte commode, je pousserai mes ennemis, je les accuserai d'impiété et saurai déchaîner contre eux des zélés indiscrets, qui, sans connaissance de cause, crieront en public contre eux, qui les accableront d'injures et les damneront hautement, de leur autorité privée [2]. C'est ainsi qu'il faut profiter des faiblesses des hommes et qu'un sage esprit s'accommode aux vices de son siècle.

SGANARELLE

O Ciel, qu'entends-je ici ! Il ne vous manquait plus que d'être hypocrite pour vous achever de tout point, et voilà le comble des abominations. Monsieur, cette dernière-ci m'emporte, et je ne puis m'empêcher de parler. Faites-moi tout ce qu'il vous plaira, battez-moi, assommez-moi de coups, tuez-moi si vous voulez, il faut que je décharge mon cœur, et qu'en valet fidèle, je vous dise ce que je dois. Sachez, Monsieur, que tant va la cruche à l'eau qu'enfin elle se brise ; et, comme dit fort bien cet auteur que je ne connais pas, l'homme est, en ce monde, ainsi que l'oiseau sur la branche ; la branche est attachée à l'arbre ; qui s'attache à l'arbre suit de bons préceptes ; les bons préceptes valent mieux que les belles paroles ; les belles paroles se trouvent à la cour ; à la cour sont les courtisans ; les courtisans suivent la mode ; la mode vient de la fantaisie ; la fantaisie est une faculté de l'âme ; l'âme est ce qui nous donne la vie ; la vie finit par la mort ; la mort nous fait penser au Ciel ; le Ciel est au-dessus de la terre ; la terre n'est point la mer ; la mer est sujette aux orages ; les orages tourmentent les vaisseaux ; les vaisseaux ont besoin d'un bon pilote ; un bon pilote a de la prudence ; la prudence n'est point dans les jeunes gens ; les jeunes gens doivent obéissance aux vieux ; les vieux aiment les richesses ; les richesses font les riches ; les riches ne sont pas pauvres ; les pauvres ont de la

[1] A tout mon parti, avec le sens de gens qui s'allient pour des menées secrètes.

[2] Ici l'allusion aux animosités injustes, aux attaques haineuses dont Molière avait été l'objet, est tout à fait directe. En homme de théâtre qu'il est, il se sert du théâtre pour défendre sa réputation ou se venger de ses adversaires.

nécessité ; nécessité n'a point de loi ; qui n'a point de loi vit en bête brute ; et par conséquent, vous serez damné à tous les diables.

DOM JUAN

Oh ! beau raisonnement !

SGANARELLE

Après cela, si vous ne vous rendez... tant pis pour vous.

. . . .

Scène V

DOM JUAN, SGANARELLE, UN SPECTRE
en femme voilée

SGANARELLE, apercevant le spectre

Ah ! Monsieur ! c'est le Ciel qui vous parle, et c'est un avis qu'il vous donne.

DOM JUAN

Si le ciel me donne un avis, il faut qu'il parle un peu plus clairement s'il veut que je l'entende.

LE SPECTRE

Dom Juan n'a plus qu'un moment à pouvoir profiter de la miséricorde du Ciel ; et, s'il ne se repent ici, sa perte est résolue.

SGANARELLE

Entendez-vous, Monsieur ?

DOM JUAN

Qui ose tenir ces paroles ? Je crois connaître cette voix.

SGANARELLE

Ah ! Monsieur ! c'est un spectre, je le reconnais au marcher.

DOM JUAN

Spectre, fantôme ou diable, je veux savoir ce que c'est. (Le spectre change de figure, et représente le Temps avec sa faux à la main.)

SGANARELLE

O ciel ! Voyez-vous, Monsieur, ce changement de figure ?

DOM JUAN

Non, non, rien n'est capable de m'inspirer de la terreur; et je veux éprouver avec mon épée si c'est un corps ou un esprit. (Le spectre s'envole dans le temps que Dom Juan veut le frapper.)

SGANARELLE

Ah! Monsieur! rendez-vous à tant de preuves, et jetez-vous vite dans le repentir.

DOM JUAN

Non, non, il ne sera pas dit, quoi qu'il arrive, que je sois capable de me repentir. Allons, suis-moi.

Scène VI

LA STATUE DU COMMANDEUR, DOM JUAN, SGANARELLE

LA STATUE

Arrêtez, Dom Juan; vous m'avez hier donné parole de venir manger avec moi.

DOM JUAN

Oui, où faut-il aller?

LA STATUE

Donnez-moi la main.

DOM JUAN

La voilà.

LA STATUE

Dom Juan, l'endurcissement au péché traîne[1] une mort funeste, et les grâces du Ciel que l'on renvoie ouvrent un chemin à sa foudre.

DOM JUAN

O Ciel! que sens-je? Un feu invisible me brûle, je n'en puis plus, et tout mon corps devient un brasier ardent. Ah!

(Le tonnerre tombe, avec un grand bruit et de grands éclairs, sur Dom Juan. La terre s'ouvre et l'abîme; et il sort de grands feux de l'endroit où il est tombé.)

[1] Entraîne.

Scène Dernière

SGANARELLE, seul

Voilà, par sa mort, un chacun satisfait. Ciel offensé, lois violées, familles déshonorées, parents outragés, tout le monde est content. Il n'y a que moi seul de malheureux, qui, après tant d'années de service, n'ai point d'autre récompense que de voir à mes yeux l'impiété de mon maître punie par le plus épouvantable châtiment du monde.

LE TARTUFFE

ou

L'IMPOSTEUR

Comédie

La permission de représenter cette comédie en public a été accordée le 5 février 1669, et dès ce même jour la pièce fut représentée par la troupe du Roi

PERSONNAGES

Madame PERNELLE, mère d'Orgon.
ORGON, mari d'Elmire.
ELMIRE, femme d'Orgon.
DAMIS, fils d'Orgon.
MARIANE, fille d'Orgon.
VALÈRE.
CLÉANTE, beau-frère d'Orgon.
TARTUFFE [1], faux dévot.
DORINE, suivante de Mariane.
MONSIEUR LOYAL, sergent.
UN EXEMPT.
FLIPOTE, servante de madame Pernelle.

La scène est à Paris, dans la maison d'Orgon.

---

[1] Ce nom, si bien trouvé qu'il est devenu le terme le plus expressif pour désigner un hypocrite, semble avoir été fabriqué par Molière d'après le vieux mot *truffer*, qui signifiait tromper. La *truffe* (tubercule) s'appelait aussi autrefois tartufle.

NOTICE SUR TARTUFFE

Il n'est pas d'œuvre tant soit peu profonde, surtout si elle touche aux questions brûlantes de la philosophie et de la religion, qui n'ait fourni matière à controverse et qui ne soit devenue pour les critiques comme un champ de prédilection sur lequel ils aiment à joûter à grands coups d'arguments, de bonnes raisons ou de paradoxes, chacun croyant rester maître du terrain contesté. Le vrai sens de l'œuvre, l'intention réelle de l'auteur, voilà l'objet du débat. Et l'on interprète, et l'on suppose, et l'on explique. Ainsi des *Essais* de Montaigne, ainsi des *Pensées* de Pascal, ainsi du *dom Juan* et du *Tartuffe* de Molière, voire même du *Misanthrope*. Ce qu'il y a de plus curieux, c'est que, souvent, amis et adversaires des idées chrétiennes s'accordent pour donner à la pensée de l'auteur le tour le plus défavorable à sa mémoire et au sens de l'ouvrage, les uns s'indignant ou s'alarmant par crainte de voir effleurer d'un doute ce qui leur est cher et sacré, les autres étant bien aises de tirer à eux un auxiliaire dont le nom seul est une force pour la cause qui le revendique.

En ce qui regarde le Tartuffe, la question vitale est celle-ci : Molière n'a-t-il voulu s'en prendre qu'à l'hypocrisie, à la dévotion feinte, ou en flétrissant ce vice détesté et odieux, ne visait-il pas la piété vraie derrière ce qui n'en est que la grimace ? Il semble que la réponse soit toute simple, Molière ayant pris soin d'affirmer dans les placets au Roi et dans sa préface son respect pour la religion et niant formellement toute idée, toute intention de l'attaquer.

« Précautions oratoires que tout cela, répond-on ; c'est pour désarmer Louis XIV et le public, c'est pour donner tort aux scrupules des gens pieux ou se garer des censures de l'Église que Molière a tenu ce langage politique. » Mais alors il faut admettre : 1° que Molière a voulu et pu tromper le Roi sur la portée de sa pièce, car jamais celui-ci ne l'eût couverte de sa protection s'il y avait vu un acte d'hostilité contre la religion chrétienne, et c'est inventer un Louis XIV bien naïf ou bien complaisant ; 2° que Molière a délibérément menti, reniant, par un procédé à la Voltaire, sa véritable pensée ; et rien dans sa vie, rien dans son caractère où, quels que soient les défauts, la franchise et la loyauté brillent d'un pur éclat, rien dans l'ensemble de son œuvre, toute dirigée contre les faussetés et les affectations de n'importe quel genre, n'autorise une pareille supposition.

D'ailleurs, il y a la pièce elle-même, c'est elle qu'il faut étudier si l'on veut être édifié, sur la pensée du poète. « Justement, disent ceux qui soutiennent la thèse des intentions antireligieuses de Molière, la pièce est une attaque perfide contre le christianisme, d'autant plus dangereuse qu'elle est plus indirecte et mieux dissimulée. Tout le bon sens, tout l'esprit de famille, tous les sentiments sains et naturels ne sont-ils pas dans le camp opposé à celui des dévots? Damis, Mariane, Elmire, Cléante, voire Dorine, cette bonne langue, ne sont-ils pas les personnages sympathiques, tandis que les autres sont ridicules et odieux? Mme Pernelle — — dont la dévotion a tourné à l'aigre et consiste à persécuter de son zèle acariâtre et de sa langue grondeuse tout ce qui l'approche; Orgon qui du jour où, poussé par Tartuffe, il a fait profession d'être dévot, a perdu toute tendresse de cœur pour sa femme et ses enfants, se montre injuste et cruel, chasse son fils de chez lui pour plaire au cagot qui y règne en maître, impose à sa fille une union répugnante, spolie ses héritiers légitimes, oublie toute prudence, tous les devoirs d'un chef de famille, pour se livrer aveuglément aux manœuvres d'un fourbe? Et Tartuffe! Tartuffe! quelle abominable duplicité, quelle ténébreuse scélératesse accouplées à cette onctueuse douceur, à ces abaissements de l'humilité, à ce langage dévot! N'est-ce pas profanation, n'est-ce pas scandale que de voir diriger à une telle fin, que d'entendre d'une telle bouche les maximes, les paroles, les sentiments qui ont été ceux des plus parfaits et des plus saints? »

Assurément de tout cela il faudrait tomber d'accord ; si le ridicule et l'odieux portaient sur la piété même ; mais ne voit-on pas qu'ils ne tombent que sur les étroitesses, les exagérations, les déviations du sentiment religieux, et sur la sottise, les erreurs ou les vices de chacun de ceux qui personnifient, non la piété éclairée et sincère, mais la fausse et mauvaise dévotion.

Nous rions de Mme Pernelle, parce que nous voyons en elle un type excellent de vieille bourgeoise vulgaire et bornée, dont la joie est de trouver à redire, entêtée dans son engouement comme dans ses préjugés, et qui, une fois entichée d'une idée, n'en démord plus. Orgon nous amuse, plus encore qu'il ne nous révolte, par sa crédulité niaise, son admiration béate pour le coquin qui le fascine; par la grossièreté évidente, palpable de son erreur; mais, si le détachement des créatures qu'il professe a des points de ressemblance avec celui que conseille l'Évangile, avec le renoncement total pratiqué par les saints, nous ne nous y laissons pas tromper et nous établissons facilement la distinction, car nous savons que les sentiments, la manière de vivre qu'on admire chez un anachorète ou un religieux enfermé dans un monastère ne sont pas ceux qui conviennent à un chef de famille engagé dans le train commun de la vie. Orgon nous paraît donc aussi coupable qu'absurde lorsqu'il dit :

> Oui, je deviens tout autre avec son entretien,
> Il m'enseigne à n'avoir affection pour rien,

> De toutes amitiés il détache mon âme,
> Et je verrais mourir, frère, enfants, mère et femme,
> Que je m'en soucierais autant que de cela.

Quelle religion avouerait les sentiments exprimés dans ces deux derniers vers ? Et qui ne voit que l'œuvre que poursuit Tartuffe dans l'âme de sa dupe n'est pas une œuvre de perfectionnement chrétien, mais de perversion et de corruption ?

Quant à l'imposteur lui-même, Molière a assez chargé les couleurs, assez accentué le ton, assez accumulé les vilenies, pour que nous ne nous trompions pas sur le sens de son caractère. Il représente ceux qui font de la piété « métier et marchandise », qui comptent sur la bêtise humaine pour s'engraisser aux dépens des benêts de bonne foi qui se laisseront prendre à leurs yeux levés au ciel, à leurs soupirs, à leurs génuflexions et leurs empressements intéressés.

Aujourd'hui ce n'est pas avec ces grimaces-là qu'on arrive au pouvoir ou à la fortune, nos hypocrites ne sont pas ceux de la ferveur religieuse. Mais dans un siècle éminemment chrétien, il pouvait y avoir profit à se faire passer aux yeux du monde dévot pour un dévot besoigneux : c'était un moyen d'influence et de succès. Et voilà pourquoi Molière, qui avait d'ailleurs des raisons personnelles d'en vouloir à certaines cabales et que son génie poussait à reproduire, à quelque classe qu'ils appartinssent, les originaux qu'il avait sous les yeux, a tenu à arracher leur masque à ces hypocrites.

Il a eu soin, d'ailleurs, de mettre le correctif à côté de ce qui, dans la peinture de leur vice pouvait offrir quelque danger, en créant le personnage de Cléante, qui n'a de raison d'être dans la pièce que celle de soutenir la thèse du droit sens et de la vérité, d'exprimer clairement et sans qu'on puisse s'y tromper les idées de l'auteur.

Cléante, comme l'Ariste de *l'École des maris*, comme Dorante et Uranie dans *la Critique de l'Ecole des Femmes*, comme Clitandre dans *les Femmes savantes* et Béralde dans *le Malade imaginaire*, est le porte-paroles de Molière. Et s'il fustige d'une main vigoureuse les imposteurs et les traîtres :

> ... Qu'on voit d'une ardeur non commune
> Par le chemin du ciel courir à la fortune
> D'autant plus dangereux dans leur âpre colère
> Qu'ils prennent contre nous des armes qu'on révère,
> Et que leur passion, dont on leur sait bon gré,
> Veut nous assassiner avec un fer sacré...

avec quelle mâle éloquence il exalte et célèbre la vraie piété ! quelle justice éclatante il lui rend ! quel beau portrait il fait des chrétiens sincères :

> On ne voit point en eux ce faste insupportable
> Et leur dévotion est humaine et traitable...
> Ils ne censurent point toutes nos actions,
> Ils trouvent trop d'orgueil en ces corrections,

> Et, laissant la fierté des paroles aux autres,
> C'est par leurs actions qu'ils reprennent les nôtres...
> Point de cabale en eux, point d'intrigues à suivre,
> On les voit pour tous soins se mêler de bien vivre.

On ne se trompe pas à la sincérité de tels accents; ils vont droit au cœur, parce qu'ils viennent droit du cœur...

Il y a dans le Tartuffe autre chose qu'une thèse morale et que la peinture d'un vice, il y a un tableau exact et réel de la vie. Jamais Molière n'a serré de plus près la nature, jamais il ne s'est montré plus parfait écrivain ni plus grand poète qu'en nous peignant cet intérieur bourgeois qu'un second mariage avec une femme jeune et charmante a rendu gai et mondain, où la haine commune contre un étranger qui s'immisce dans les affaires de la maison, un intérêt commun à ne pas laisser entamer ce qui fait le bonheur ou le plaisir de chacun et de tous, a ligué ensemble cette belle-mère, ces enfants, ce beau-frère qui, sans la présence de l'hôte détesté, se seraient peut-être moins bien entendus et auraient pu, par leurs jalousies et leurs dissensions, troubler d'autre manière la vie d'Orgon. Mais la leçon reçue de Tartuffe a été forte; il est à croire que chacun en gardera un souvenir qui profitera à la paix et à l'union de cette famille dont la tranquillité a été si fort menacée par l'*imposteur*.

LE TARTUFFE

ou

L'IMPOSTEUR

ACTE PREMIER

Scène Première

Madame PERNELLE, ELMIRE, MARIANE, CLÉANTE, DAMIS,
DORINE, FLIPOTE

MADAME PERNELLE
Allons, Flipote, allons, que d'eux je me délivre.
ELMIRE
Vous marchez d'un tel pas qu'on a peine à vous suivre.
MADAME PERNELLE
Laissez, ma bru, laissez, ne venez pas plus loin:
Ce sont toutes façons dont je n'ai pas besoin.

ELMIRE

De ce que l'on vous doit envers vous l'on s'acquitte.
Mais, ma mère, d'où vient que vous sortez si vite ?

MADAME PERNELLE

C'est que je ne puis voir tout ce ménage-ci [1],
Et que de me complaire on ne prend nul souci.
Oui, je sors de chez vous fort mal édifiée :
Dans toutes mes leçons j'y suis contrariée.
On n'y respecte rien, chacun y parle haut,
Et c'est tout justement la cour du roi Pétaud [2].

DORINE

Si...

MADAME PERNELLE

Vous êtes, ma mie [3], une fille suivante [4],
Un peu trop forte en gueule, et fort impertinente :
Vous vous mêlez sur tout de dire votre avis.

DAMIS

Mais...

MADAME PERNELLE

Vous êtes un sot, en trois lettres, mon fils ;
C'est moi qui vous le dis, qui suis votre grand'mère ;
Et j'ai prédit cent fois à mon fils votre père,
Que vous preniez tout l'air d'un méchant garnement [5],
Et ne lui donneriez jamais que du tourment.

MARIANE

Je crois...

---

[1] *Ménage*, dans le sens de conduite d'une maison, genre de vie.

[2] On a attribué, à cette locution proverbiale, diverses origines, dont aucune n'est certaine... Peut-être nous vient-elle du moyen âge où il y avait des pitauts ou pétauts, troupe de paysans armés, qui n'admettaient pas de chef, et dont la réunion formait la pétaudière ou cour du roi Pétaud... Le *Dictionnaire* de Littré dit que le roi Pétaud était le chef que se donnait autrefois la corporation des mendiants. Bien entendu, c'était un roi peu respecté de ses sujets. En tous cas, la cour du roi Pétaud, c'est celle où tout le monde veut être maître.

[3] *Ma mie*, forme incorrecte de *m'amie*, élision de ma amie, remplacée, depuis le xiv° siècle, par la forme *mon amie*, beaucoup moins logique.

[4] La suivante était une sorte de demoiselle de compagnie qui vivait dans la maison sur un pied d'égalité, bien qu'elle fût payée comme une servante. Cela explique la familiarité hardie de Dorine. La suivante avait pour fonction propre d'accompagner sa maîtresse.

[5] Autrefois ce mot avait le sens de *défenseur*, et se prenait en bonne ou en mauvaise part, selon l'épithète dont on l'accompagnait. Maintenant il signifie toujours un mauvais garçon.

MADAME PERNELLE

Mon Dieu! sa sœur, vous faites la discrète,
Et vous n'y touchez pas, tant vous semblez doucette;
Mais il n'est, comme on dit, pire eau que l'eau qui dort;
Et vous menez, sous chape [1], un train que je hais fort.

ELMIRE

Mais, ma mère...

MADAME PERNELLE

Ma bru qu'il ne vous en déplaise,
Votre conduite en tout est tout à fait mauvaise;
Vous devriez leur mettre un bon exemple aux yeux,
Et leur défunte mère en usait beaucoup mieux.
Vous êtes dépensière; et cet état me blesse,
Que vous alliez vêtue ainsi qu'une princese [2].

CLÉANTE

Mais, Madame, après tout...

MADAME PERNELLE

Pour vous, Monsieur son frère,
Je vous estime fort, vous aime et vous révère;
Mais enfin, si j'étais de mon fils, son époux,
Je vous prierai bien fort de n'entrer point chez nous.
Sans cesse vous prêchez des maximes de vivre
Qui par d'honnêtes gens ne se doivent point suivre.
Je vous parle un peu franc; mais c'est là mon humeur,
Et je ne mâche point ce que j'ai sur le cœur.

DAMIS

Votre Monsieur Tartuffe est bien heureux, sans doute...

MADAME PERNELLE

C'est un homme de bien, qu'il faut que l'on écoute;
Et je ne puis souffrir sans me mettre en courroux
De le voir querellé par un fou comme vous.

---

[1] *Chape* ou *cape*, manteau sous lequel on pouvait se cacher la figure. *Sous cape*, en cachette.

[2] Quel bon type de vieille femme grondeuse que cette Mme Pernelle. Chacun aura son fait dans la famille, et Flipote, une gifle.

DAMIS

Quoi? je souffrirai, moi, qu'un cagot de critique [1]
Vienne usurper céans [2] un pouvoir tyrannique,
Et que nous ne puissions à rien nous divertir,
Si ce beau Monsieur-là n'y daigne consentir.

DORINE

S'il le faut écouter et croire à ses maximes,
On ne peut faire rien qu'on ne fasse des crimes ;
Car il contrôle tout, ce critique zélé.

MADAME PERNELLE

Et tout ce qu'il contrôle est fort bien contrôlé.
C'est au chemin du Ciel qu'il prétend vous conduire,
Et mon fils à l'aimer vous devrait tous induire.

DAMIS

Non, voyez-vous, ma mère, il n'est père ni rien
Qui me puisse obliger à lui vouloir du bien :
Je trahirais mon cœur de parler d'autre sorte ;
Sur ses façons de faire à tous coups je m'emporte ;
J'en prévois une suite, et qu'avec ce pied plat [3]
Il faudra que j'en vienne à quelque grand éclat.

DORINE

Certes, c'est une chose aussi qui scandalise,
De voir qu'un inconnu céans s'impatronise ;
Qu'un gueux qui, quand il vint, n'avait pas de souliers,
Et dont l'habit entier valait bien six deniers [4],
En vienne jusque-là que de se méconnaître [5],
De contrarier tout et de faire le maître [6].

MADAME PERNELLE

Hé ! merci de ma vie [6] ! il en irait bien mieux
Si tout se gouvernait par ses ordres pieux.

---

[1] Selon le *Dictionnaire étymologique* de Laurent et Richardot, *cagot* serait une épithète injurieuse donnée aux Goths réfugiés en Guyenne, par les gens du pays. *Cagot de critique :* la proposition *de* s'emploie fréquemment pour réunir deux substantifs dont l'un qualifie l'autre ; La Fontaine écrit : mais un fripon d'enfant.

[2] *Céans*, abréviation de *çà dedans*, qui signifie *ici* dedans.
[3] V. la note 1, p. 139.
[4] Le denier était la douzième partie du sou.
[5] Jusqu'à un point tel qu'il se méconnaisse.
[6] Exclamation elliptique pour: Que Dieu ait merci (pitié) de ma vie.

DORINE

Il passe pour un saint dans votre fantaisie [1].
Tout son fait, croyez-moi, n'est rien qu'hypocrisie.

MADAME PERNELLE

Voyez la langue !

DORINE

A lui, non plus qu'à son Laurent,
Je ne me fierais, moi, que sur un bon garant.

MADAME PERNELLE

J'ignore ce qu'au fond le serviteur peut être ;
Mais pour homme de bien je garantis le maître.
Vous ne lui voulez mal et ne le rebutez
Qu'à cause qu'il vous dit à tous vos vérités.
C'est contre le péché que son cœur se courrouce,
Et l'intérêt du Ciel est tout ce qui le pousse.

DORINE

Oui ; mais pourquoi, surtout depuis un certain temps,
Ne saurait-il souffrir qu'aucun hante [2] céans ?
En quoi blesse le Ciel une visite honnête,
Pour en faire un vacarme à nous rompre la tête ?

. . . .

MADAME PERNELLE

Taisez-vous, et songez aux choses que vous dites.
Ce n'est pas lui tout seul qui blâme ces visites [3].
Tout ce tracas qui suit les gens que vous hantez,
Ces carrosses sans cesse à la porte plantés,
Et de tant de laquais le bruyant assemblage,
Font un éclat fâcheux dans tout le voisinage.
Je veux croire qu'au fond il ne se passe rien ;
Mais, enfin, on en parle, et cela n'est pas bien.

CLÉANTE

Hé ! voulez-vous, Madame, empêcher qu'on ne cause ?
Ce serait dans la vie une fâcheuse chose,

---

[1] *Fantaisie*, s'emploie fréquemment, au XVIIe siècle, dans le sens d'imagination.
[2] *Hante* (fréquente) est ici intransitif.
[3] C'était chose relativement nouvelle pour les femmes que de faire des visites et d'en recevoir, et surtout celles des hommes. Mme Pernelle appartient à une génération où son sexe jouait dans le monde un rôle moins brillant. De là ses sévérités.
Et puis, c'est l'éternelle histoire des vieux qui, vu les changements survenus dans les mœurs, s'étonnent et se scandalisent des allures des jeunes.

Si pour les sots discours où l'on peut être mis,
Il fallait renoncer à ses meilleurs amis.
Et quand même on pourrait se résoudre à le faire,
Croiriez-vous obliger tout le monde à se taire?
Contre la médisance il n'est point de rempart.
A tous les sots caquets[1] n'ayons donc nul égard;
Efforçons-nous de vivre avec toute innocence,
Et laissons aux causeurs une pleine licence.

DORINE

Daphné, notre voisine, et son petit époux
Ne seraient-ils point ceux qui parlent mal de nous?
Ceux de qui la conduite offre le plus à rire
Sont toujours sur autrui les premiers à médire.

. . . .

Des actions d'autrui, teintes de leurs couleurs,
Ils pensent dans le monde autoriser les leurs,
Et sous le faux espoir de quelque ressemblance,
Aux intrigues qu'ils ont donner de l'innocence,
Ou faire ailleurs tomber quelques traits partagés
De ce blâme public dont ils sont trop chargés.

. . . .
. . . .

MADAME PERNELLE, à Elmire

Voilà les contes bleus qu'il vous faut pour vous plaire.
Ma bru, l'on est chez vous contrainte de se taire,
Car Madame, à jaser, tient le dé[2] tout le jour.
Mais enfin je prétends discourir à mon tour :]
Je vous dis que mon fils n'a rien fait de plus sage
Qu'en recueillant chez soi ce dévot personnage;
Que le Ciel au besoin[3] l'a céans envoyé
Pour redresser à tous votre esprit fourvoyé[4];
Que pour votre salut vous le devez entendre;
Et qu'il ne reprend rien qui ne soit à reprendre.
Ces visites, ces bals, ces conversations,

---

[1] *Caquet*, de caqueter, cri de la poule qui vient de pondre. Par extension, conversation confuse qui imite ce bruit.

[2] Terme de jeu. Celui qui tient longtemps les dés en mains empêche les autres de jouer. De même celui qui parle sans cesse empêche les autres de parler.

[3] Au moment du besoin.

[4] *Fourvoyer*, mettre hors (*foris*) de la voie (*via*).

Sont du malin esprit toutes inventions.
Là, jamais on n'entend de pieuses paroles;
Ce sont propos oisifs, chansons et fariboles [1];
Bien souvent le prochain en a sa bonne part,
Et l'on y sait médire et du tiers et du quart [2].
Enfin les gens sensés ont leurs têtes troublées
De la confusion de telles assemblées :
Mille caquets divers s'y font en moins de rien ;
Et comme l'autre jour un docteur dit fort bien,
C'est véritablement la tour de Babylone [3],
Car chacun y babille, et tout du long de l'aune :
Et pour conter l'histoire où ce point l'engagea...
    (Montrant Cléante.)
Voilà-t-il pas Monsieur qui ricane déjà !
Allez chercher vos fous qui vous donnent à rire,
Et sans... Adieu, ma bru, je ne veux plus rien dire.
Sachez que pour céans j'en rabats de moitié,
Et qu'il fera beau temps quand j'y mettrai le pied.
    (Donnant un soufflet à Flipote.)
Allons, vous, vous rêvez, et bayez aux corneilles [4].
Jour de Dieu ! je saurai vous frotter les oreilles.
Marchons, gaupe [5], marchons [6].

Scène II
CLÉANTE, DORINE

CLÉANTE

              Je n'y veux point aller,
De peur qu'elle ne vînt encor me quereller.
Que cette bonne femme [7]...

DORINE

              Ah ! certes, c'est dommage
Qu'elle ne vous ouît tenir un tel langage :

---

[1] Vaines paroles.

[2] Littéralement la troisième et la quatrième personne.

[3] Mme Pernelle défigure quelque peu l'expression traditionnelle qui est *la tour de Babel* ; cela lui permet de placer son jeu de mots.

[4] *Bayer aux corneilles*, regarder en l'air en ouvrant la bouche (bouche bée).

[5] Femme malpropre, du vieux français *waupe*.

[6] Comme cette scène est prise sur le vif ! Quelle vraie et vivante peinture des dissensions qui doivent surgir dans une famille composée d'éléments disparates. D'un côté la famille de la nouvelle femme, de l'autre la mère du mari qui vante les qualités de la défunte que peut-être elle faisait enrager de son vivant. Puis les enfants que la haine commune contre Tartuffe unit à leur belle-mère Elmire.

[7] *Bonne femme* signifiait vieille femme.

Elle vous dirait bien qu'elle vous trouve bon,
Et qu'elle n'est point d'âge à lui donner ce nom.

CLÉANTE

Comme elle s'est pour rien contre nous échauffée !
Et que de son Tartuffe elle paraît coiffée [1] !

DORINE

Oh ! vraiment tout cela n'est rien au prix du fils,
Et si vous l'aviez vu, vous diriez : « C'est bien pis ! »
Nos troubles l'avaient mis sur le pied d'homme sage,
Et pour servir son prince il montra du courage [2] ;
Mais il est devenu comme un homme hébété,
Depuis que de Tartuffe on le voit entêté ;
Il l'appelle son frère, et l'aime dans son âme
Cent fois plus qu'il ne fait mère, fils, fille et femme.
C'est de tous ses secrets l'unique confident,
Et de ses actions le directeur prudent ;
Il le choie, il l'embrasse...
Enfin il en est fou ; c'est son tout, son héros ;
Il l'admire à tous coups, le cite à tout propos ;
Ses moindres actions lui semblent des miracles,
Et tous les mots qu'il dit sont pour lui des oracles.
Lui, qui connaît sa dupe et qui veut en jouir,
Par cent dehors fardés a l'art de l'éblouir ;
Son cagotisme [3] en tire à toute heure des sommes,
Et prend droit de gloser [4] sur tous tant que nous sommes.
Il n'est pas jusqu'au fat [5] qui lui sert de garçon
Qui ne se mêle aussi de nous faire leçon ;
Il vient nous sermoner avec des yeux farouches,
Et jeter nos rubans, notre rouge et nos mouches.
Le traître, l'autre jour, nous rompit de ses mains

---

[1] Avoir sans cesse quelqu'un en tête, dans la pensée.

[2] C'est-à-dire qu'Orgon avait pris parti pour le roi pendant la Fronde... Ce trait était sans doute destiné à bien disposer Louis XIV en faveur de la pièce... Il prépare d'ailleurs l'intervention royale qui, au dénouement, sauvera Orgon.

[3] Mot forgé par Molière et qui ne fut adopté par l'Académie que beaucoup plus tard. Il a le sens d'hypocrisie, de fausse dévotion.

[4] *Gloser*, faire des critiques.

[5] *Fat* signifiait autrefois sot, niais. Dorine l'emploie donc avec une intention méprisante.

Un mouchoir qu'il trouva dans une *Fleur des Saints*[1],
Disant que nous mêlions, par un crime effroyable,
Avec la sainteté les parures du diable.

. . . . ,

Scène V

ORGON, CLÉANTE, DORINE

ORGON

Ah ! mon frère, bonjour.

CLÉANTE

Je sortais, et j'ai joie à vous voir de retour.
La campagne à présent n'est pas beaucoup fleurie.

ORGON

Dorine... Mon beau-frère, attendez, je vous prie :
Vous voulez bien souffrir, pour m'ôter de souci,
Que je m'informe un peu des nouvelles d'ici.
Tout s'est-il, ces deux jours, passé de bonne sorte ?
Qu'est-ce qu'on fait céans ? comme[2] est-ce qu'on s'y porte ?

DORINE

Madame eut avant-hier la fièvre jusqu'au soir,
Avec un mal de tête étrange à concevoir.

ORGON

Et Tartuffe ?

DORINE

Tartuffe ? il se porte à merveille,
Gros et gras, le teint frais, et la bouche vermeille.

ORGON

Le pauvre homme[3] !

DORINE

Le soir, elle eut un grand dégoût,
Et ne put au souper toucher à rien du tout,
Tant sa douleur de tête était encor cruelle !

---

[1] *Les Fleurs des vies des Saints et des Fêtes de toute l'année*, traduites de l'espagnol du P. Ribadeneira, forment deux gros volumes in-folio. Il paraît que les gros livres servaient alors à mettre en presse les mouchoirs et les rabats.
Et hors un gros Plutarque à mettre mes rabats.
(*Femmes savantes.*)

[2] *Comme* est souvent employé pour comment par Molière.

[3] Voilà un de ces mots de Molière, si caractéristiques qu'ils sont passés en proverbe. On s'est beaucoup évertué à prouver qu'il l'avait emprunté. En tous cas, il est bien sien par l'usage singulièrement vrai et comique qu'il en a fait.

ORGON

Et Tartuffe ?

DORINE

   Il soupa, lui, tout seul devant elle ;
Et fort dévotement il mangea deux perdrix,
Avec une moitié de gigot en hachis.

ORGON

Le pauvre homme !

DORINE

    La nuit se passa tout entière
Sans qu'elle pût fermer un moment la paupière ;
Des chaleurs l'empêchaient de pouvoir sommeiller,
Et jusqu'au jour près d'elle il nous fallut veiller.

ORGON

Et Tartuffe ?

DORINE

   Pressé d'un sommeil agréable,
Il passa dans sa chambre au sortir de la table,
Et dans son lit bien chaud il se mit tout soudain,
Où sans trouble il dormit jusques au lendemain.

ORGON

Le pauvre homme !

DORINE

   A la fin, par nos raisons gagnée,
Elle se résolut à souffrir la saignée,
Et le soulagement suivit tout aussitôt.

ORGON

Et Tartuffe ?

DORINE

   Il reprit courage comme il faut ;
Et, contre tous les maux fortifiant son âme,
Pour réparer le sang qu'avoit perdu Madame,
But, à son déjeuner, quatre grands coups de vin.

ORGON

Le pauvre homme !

DORINE

   Tous deux se portent bien enfin,
Et je vais à Madame annoncer par avance
La part que vous prenez à sa convalescence.

Scène VI

ORGON, CLÉANTE

CLÉANTE

A votre nez, mon frère, elle se rit de vous ;
Et, sans avoir dessein de vous mettre en courroux,
Je vous dirai, tout franc, que c'est avec justice.
A-t-on jamais parlé d'un semblable caprice ?
Et se peut-il qu'un homme ait un charme aujourd'hui
A vous faire oublier toutes choses pour lui ;
Qu'après avoir chez vous réparé sa misère,
Vous en veniez au point...?

ORGON

                Halte-là, mon beau-frère ;
Vous ne connaissez pas celui dont vous parlez.

CLÉANTE

Je ne le connais pas, puisque vous le voulez ;
Mais, enfin, pour savoir quel homme ce peut être...

ORGON

Mon frère, vous seriez charmé de le connaître,
Et vos ravissements ne prendraient point de fin.
C'est un homme qui... ha !... un homme... un homme enfin.
Qui suit bien ses leçons goûte une paix profonde,
Et comme du fumier regarde tout le monde.
Oui, je deviens tout autre avec son entretien ;
Il m'enseigne à n'avoir affection pour rien ;
De toutes amitiés il détache mon âme,
Et je verrais mourir frère, enfants, mère et femme,
Que je m'en soucierais autant que de cela.

CLÉANTE

Les sentiments humains, mon frère, que voilà !

---

[1] On voit le geste dont Orgon accompagne ces mots. Il appuie l'ongle du pouce sur les dents d'en haut et le fait légèrement craquer... Les menées de Tartuffe ont déjà réussi à détacher Orgon des siens. Et pourtant Orgon est un brave homme !

ORGON

Ha! si vous aviez vu comme j'en fis rencontre,
Vous auriez pris pour lui l'amitié que je montre.
Chaque jour à l'église il venait, d'un air doux,
Tout vis-à-vis de moi se mettre à deux genoux.
Il attirait les yeux de l'assemblée entière
Par l'ardeur dont[1] au Ciel il poussait sa prière ;
Il faisait des soupirs, de grands élancements,
Et baisait humblement[2] la terre à tous moments ;
Et, lorsque je sortais, il me devançait vite,
Pour m'aller à la porte offrir de l'eau bénite.
Instruit par son garçon[3], qui dans tout l'imitait,
Et de son indigence, et de ce qu'il était,
Je lui faisais des dons : mais, avec modestie,
Il me voulait toujours en rendre une partie.
« C'est trop, me disait-il, c'est trop de la moitié ;
Je ne mérite pas de vous faire pitié. »
Et quand je refusais de le vouloir reprendre,
Aux pauvres, à mes yeux, il allait le répandre.
Enfin le Ciel chez moi me le fit retirer,
Et depuis ce temps-là tout semble y prospérer.
Mais vous ne croiriez point jusqu'où monte son zèle :
Il s'impute à péché la moindre bagatelle ;
Un rien presque suffit pour le scandaliser ;
Jusque-là qu'il se vint, l'autre jour, accuser
D'avoir pris une puce en faisant sa prière,
Et de l'avoir tuée avec trop de colère.

CLÉANTE

Parbleu ! vous êtes fou, mon frère, que je croi.
Avec de tels discours, vous moquez-vous de moi ?
Et que prétendez-vous que tout ce badinage[4] ?...

ORGON

Mon frère, ce discours sent le libertinage[5] :
Vous en êtes un peu dans votre âme entiché ;

---

[1] Avec laquelle.
[2] Ce qui certes n'était pas un petit effort, car le pavé des églises était alors d'une saleté révoltante. On y entrait sans vergogne avec ses chiens qui s'y permettaient tout.
[3] Le maître avait fait la leçon à son domestique.
[4] Et comment pouvez-vous prétendre que...
[5] *Libertinage*, indépendance de pensée, liberté excessive, en matière de religion.

Et comme je vous l'ai plus de dix fois prêché,
Vous vous attirerez quelque méchante [1] affaire.

CLÉANTE [2]

Voilà de vos pareils le discours ordinaire :
Ils veulent que chacun soit aveugle comme eux.
C'est être libertin [3] que d'avoir de bons yeux,
Et qui n'adore pas de vaines simagrées,
N'a ni respect ni foi pour les choses sacrées.
Allez, tous vos discours ne me font point de peur :
Je sais comme je parle, et le Ciel voit mon cœur.
De tous vos façonniers on n'est point les esclaves [4].
Il est de faux dévots ainsi que de faux braves ;
Et comme on ne voit pas qu'où l'honneur les conduit [5]
Les vrais braves soient ceux qui font beaucoup de bruit,
Les bons et vrais dévots, qu'on doit suivre à la trace,
Ne sont pas ceux aussi qui font tant de grimace,
Hé quoi? vous ne ferez nulle distinction
Entre l'hypocrisie et la dévotion?
Vous les voulez traiter d'un semblable langage,
Et rendre même honneur au masque qu'au visage,
Égaler l'artifice à la sincérité,
Confondre l'apparence avec la vérité,
Estimer le fantôme autant que la personne,
Et la fausse monnaie à l'égal de la bonne?
Les hommes la plupart sont étrangement faits!
Dans la juste nature on ne les voit jamais ;
La raison a pour eux des bornes trop petites ;
En chaque caractère, ils passent ses limites ;
Et la plus noble chose, ils la gâtent souvent
Pour la vouloir outrer et pousser trop avant.
Que cela vous soit dit en passant, mon beau-frère.

---

[1] Mauvaise. — Allusion aux menées dont Molière avait été victime.

[2] Orgon a cru donner à Cléante une haute idée de son Monsieur Tartuffe ; il n'a réussi qu'à mettre en lumière sa propre crédulité et l'hypocrisie flagrante à laquelle il s'est laissé prendre. Maintenant Cléante va dépeindre, avec une grave et forte éloquence, les signes auxquels se font reconnaître la vraie ou la fausse dévotion. C'est dans ses belles tirades qu'il faut chercher la pensée de Molière et le véritable sens de la pièce.

[3] Libre penseur.

[4] On n'est pas dominé par eux.

[5] Sur ce chemin de l'honneur qu'ils suivent.

ORGON

Oui, vous êtes sans doute un docteur qu'on révère ;
Tout le savoir du monde est chez vous retiré ;
Vous êtes le seul sage et le seul éclairé,
Un oracle, un Caton [1] dans le siècle où nous sommes,
Et près de vous ce sont des sots que tous les hommes.

CLÉANTE

Je ne suis point, mon frère, un docteur révéré,
Et le savoir chez moi n'est point tout retiré ;
Mais, en un mot, je sais, pour toute ma science,
Du faux avec le vrai faire la différence.
Et comme je ne vois nul genre de héros
Qui soient plus à priser [2] que les parfaits dévots,
Aucune chose au monde et plus noble est plus belle
Que la sainte ferveur d'un véritable zèle,
Aussi ne vois-je rien qui soit plus odieux
Que le dehors plâtré [3] d'un zèle spécieux,
Que ces francs charlatans, que ces dévots de place [4],
De qui la sacrilège et trompeuse grimace
Abuse impunément, et se joue à leur gré
De ce qu'ont les mortels de plus saint et sacré ;
Ces gens qui, par une âme à l'intérêt soumise,
Font de dévotion métier et marchandise [5],
Et veulent acheter crédit et dignités
A prix de faux clins d'yeux et d'élans affectés ;
Ces gens, dis-je, qu'on voit, d'une ardeur non commune,
Par le chemin du Ciel courir à leur fortune ;
Qui, brûlants et priants, demandent chaque jour [6],
Et prêchent la retraite au milieu de la cour ;
Qui savent ajuster leur zèle avec leurs vices [7],
Sont prompts, vindicatifs, sans foi, pleins d'artifices,
Et pour perdre quelqu'un couvrent insolemment

---

[1] Un censeur des mœurs, comme l'austère romain qui portait ce nom.
[2] A estimer comme une chose de prix.
[3] *Plâtrer*, cacher quelque chose de mauvais sous une apparence peu solide. *Spécieux* qui a une belle apparence.
[4] *Les dévots de place*, ceux qui s'affichent aux regards, comme les valets qui allaient sur les places publiques chercher à se faire engager.
[5] Font profession et trafic.
[6] Sollicitent des faveurs et des grâces.
[7] Ils sont de ceux qui disent et ne font pas.

De l'intérêt du Ciel leur fier [1] ressentiment ;
D'autant plus dangereux dans leur âpre colère,
Qu'ils prennent contre nous des armes qu'on révère,
Et que leur passion, dont on leur sait bon gré,
Veut nous assassiner avec un fer sacré [2].
De ce faux caractère on en voit trop paraître ;
Mais les dévots de cœur sont aisés à connaître.
Notre siècle, mon frère, en expose à nos yeux
Qui peuvent nous servir d'exemples glorieux :
Regardez Ariston, regardez Périandre,
Oronte, Alcidamas, Polydore, Clitandre [3] ;
Ce titre par aucun ne leur est débattu [4] ;
Ce ne sont point du tout fanfarons de vertu ;
On ne voit point en eux ce faste insupportable,
Et leur dévotion est humaine, est traitable,
Ils ne censurent point toutes nos actions,
Ils trouvent trop d'orgueil dans ces corrections ;
Et laissant la fierté des paroles aux autres,
C'est par leurs actions qu'ils reprennent les nôtres.
L'apparence du mal a chez eux peu d'appui [5],
Et leur âme est portée à juger bien d'autrui.
Point de cabale [6] en eux, point d'intrigues à suivre ;
On les voit, pour tous soins, se mêler de bien vivre ;
Jamais contre un pécheur ils n'ont d'acharnement ;
Ils attachent leur haine au péché seulement,
Et ne veulent point prendre, avec un zèle extrême,
Les intérêts du Ciel plus qu'il ne veut lui-même.
Voilà mes gens, voilà comme il en faut user,
Voilà l'exemple enfin qu'il se faut proposer.
Votre homme, à dire vrai, n'est pas de ce modèle :
C'est de fort bonne foi que vous vantez son zèle ;
Mais par un faux éclat je vous crois ébloui.

ORGON

Monsieur mon cher beau-frère, avez-vous tout dit ?

---

[1] Même sens que le mot anglais *fierce* et même étymologie : *ferus*, féroce, cruel.

[2] La belle période ! avec quelle énergie véhémente les charges sont accumulées ! L'indignation qui part d'un cœur honnête est une bonne maîtresse d'éloquence.

[3] Noms de fantaisie.

[4] Contesté.

[5] Ils ne sont point disposés à croire ceux qui tournent les choses en mal.

[6] Point d'esprit de cabale, point de menées secrètes.

CLÉANTE

Oui.

ORGON, *voulant s'en aller*

Je suis votre valet.

CLÉANTE

De grâce, un mot, mon frère.
Laissons là ce discours. Vous savez que Valère
Pour être votre gendre a parole de vous?

ORGON

Oui.

CLÉANTE

Vous aviez pris jour pour un lien si doux.

ORGON

Il est vrai.

CLÉANTE

Pourquoi donc en différer la fête?

ORGON

Je ne sais.

CLÉANTE

Auriez-vous autre pensée en tête?

ORGON

Peut-être.

CLÉANTE

Vous voulez manquer à votre foi?

ORGON

Je ne dis pas cela.

CLÉANTE

Nul obstacle, je croi,
Ne vous peut empêcher d'accomplir vos promesses.

ORGON

Selon.

CLÉANTE

Pour dire un mot faut-il tant de finesses?
Valère sur ce point me fait vous visiter.

ORGON

Le Ciel en soit loué!

CLÉANTE

Mais que lui reporter?

ORGON

Tout ce qu'il vous plaira.

LE TARTUFFE 339

CLÉANTE

Mais il est nécessaire
De savoir vos desseins. Quels sont-ils donc?

ORGON

De faire
Ce que le Ciel voudra.

CLÉANTE

Mais parlons tout de bon.
Valère a votre foi ; la tiendrez-vous ou non ?

ORGON

Adieu.

. . . .

ACTE DEUXIÈME

Scène Première

Orgon, qui nourrit le projet de donner Tartuffe pour mari à sa fille, interroge celle-ci pour savoir si cette idée lui agrée, et tandis que Mariane, tout effarée, s'étonne et balbutie une réponse négative, Dorine est entrée doucement sans être vue.

Scène II

ORGON, apercevant Dorine

Que faites-vous là ?
La curiosité qui vous presse est bien forte,
Mamie à nous venir écouter de la sorte.

DORINE

Vraiment, je ne sais pas si c'est un bruit qui part
De quelque conjecture, ou d'un coup de hasard[1] ;
Mais de ce mariage on m'a dit la nouvelle,
Et j'ai traité cela de pure bagatelle.

ORGON

Quoi donc ? la chose est-elle incroyable ?

[1] Je ne sais si ce bruit est né d'une conjecture ou d'une parole lancée au hasard.

DORINE

                              A tel point,
Que vous-même, Monsieur, je ne vous en crois point.

ORGON

Je sais bien le moyen de vous le faire croire.

DORINE

Oui, oui, vous nous contez une plaisante histoire.

ORGON

Je conte justement ce qu'on verra dans peu.

DORINE

Chansons !

ORGON

          Ce que je dis, ma fille, n'est point jeu.

DORINE

Allez, ne croyez point à Monsieur de votre père ;
Il raille.

ORGON

        Je vous dis...

DORINE

                  Non, vous avez beau faire,
On ne vous croira point.

ORGON

                    A la fin, mon courroux...

DORINE

Hé bien ! on vous croit donc, et c'est tant pis pour vous.
Quoi ? se peut-il, Monsieur, qu'avec l'air d'homme sage,
Et cette large barbe au milieu du visage,
Vous soyez assez fou pour vouloir[1]... ?

ORGON

                      Écoutez :
Vous avez pris céans certaines privautés[2].

DORINE

Parlons sans nous fâcher, Monsieur, je vous supplie.
Vous moquez-vous des gens d'avoir fait ce complot ?
Votre fille n'est point l'affaire d'un bigot ;

---

[1] Molière portait, dans presque tous les rôles, une large moustache retombante qui lui encadrait le bas du visage.
[2] Libertés familières.

Il a d'autres emplois auxquels il faut qu'il pense.
Et puis, que vous apporte une telle alliance?
A quel sujet aller, avec tout votre bien,
Choisir un gendre gueux...?

ORGON

Taisez-vous. S'il n'a rien,
Sachez que c'est par là qu'il faut qu'on le révère.
Sa misère est sans doute une honnête misère;
Au-dessus des grandeurs elle doit l'élever,
Puisque enfin de son bien il s'est laissé priver
Par son trop peu de soin des choses temporelles
Et sa puissante attache aux choses éternelles.
Mais mon secours pourra lui donner les moyens
De sortir d'embarras et rentrer dans ses biens:
Ce sont fiefs qu'à bon titre au pays on renomme;
Et, tel que l'on le voit, il est bien gentilhomme.

DORINE

Oui, c'est lui qui le dit; et cette vanité,
Monsieur, ne sied pas bien avec la piété.
Qui d'une sainte vie embrasse l'innocence
Ne doit point tant prôner son nom et sa naissance,
Et l'humble procédé de la dévotion
Souffre mal les éclats de cette ambition...

. . . .

ORGON

Cessez de m'interrompre, et songez à vous taire,
Sans mettre votre nez où vous n'avez que faire.

DORINE

Je n'en parle, Monsieur, que pour votre intérêt.
(Elle l'interrompt toujours au moment qu'il se retourne pour parler à sa fille.)

ORGON

C'est prendre trop de soin; taisez-vous, s'il vous plaît.

DORINE

Si l'on ne vous aimait...

ORGON

Je ne veux pas qu'on m'aime.

DORINE

Et je veux vous aimer, Monsieur, malgré vous-même.

ORGON

Ah !

DORINE

Votre honneur m'est cher, et je ne puis souffrir
Qu'aux brocards [1] d'un chacun vous alliez vous offrir

ORGON

Vous ne vous tairez point?

DORINE

C'est une conscience
Que de vous laisser faire une telle alliance.

ORGON

Te tairas-tu, serpent, dont les traits effrontés...?

DORINE

Ah! vous êtes dévot, et vous vous emportez!

ORGON

Oui, ma bile s'échauffe à toutes ces fadaises,
Et tout résolûment je veux que tu te taises.

DORINE

Soit. Mais, ne disant mot, je n'en pense pas moins.

ORGON

Pense si tu le veux; mais applique tes soins
(A sa fille.)
A ne m'en point parler, ou... Suffit. Comme sage,
J'ai pesé mûrement toutes choses.

DORINE, à part

J'enrage
De ne pouvoir parler...

ORGON, à Dorine

Donc, de ce que je dis on ne fera nul cas?

DORINE

De quoi vous plaignez-vous? Je ne vous parle pas.

---

[1] *Brocards*, traits mordants, railleries.

ORGON

Qu'est-ce que tu fais donc ?

DORINE

Je me parle à moi-même.

ORGON, à part

Fort bien. Pour châtier son insolence extrême,
Il faut que je lui donne un revers de ma main.
(Il se met en posture de donner un soufflet à Dorine, et, à chaque coup d'œil qu'il jette, elle se tient droite sans parler.)
Ma fille, vous devez approuver mon dessein...
Croire que le mari... que j'ai su vous élire...
(A Dorine.)
Que ne te parles-tu ?

DORINE

Je n'ai rien à me dire.

ORGON

Encore un petit mot.

DORINE

Il ne me plaît pas, moi.

ORGON

Certes, je t'y guettais.

DORINE

Quelque sotte, ma foi !

ORGON

Enfin, ma fille, il faut payer d'obéissance,
Et montrer pour mon choix entière déférence.

DORINE, en s'enfuyant

Je me moquerais[1] fort de prendre un tel époux.

ORGON, après avoir manqué de donner un soufflet à Dorine

Vous avez là, ma fille, une peste avec vous,
Avec qui sans péché je ne saurais plus vivre.
Je me sens hors d'état maintenant de poursuivre :
Ses discours insolents m'ont mis l'esprit en feu,
Et je vais prendre l'air pour me rasseoir un peu.

---

[1] Je me garderais comme d'une chose ridicule (d'après l'édition des grands écrivains).

ACTE TROISIÈME

Scène Première

DAMIS, DORINE

DAMIS
Que la foudre sur l'heure achève mes destins,
Qu'on me traite partout du plus grand des faquins,
S'il est aucun respect ni pouvoir qui m'arrête,
Et si je ne fais pas quelque coup de ma tête !

DORINE
De grâce, modérez un tel emportement :
Votre père n'a fait qu'en parler simplement.
On n'exécute pas tout ce qui se propose,
Et le chemin est long du projet à la chose[1].

DAMIS
Il faut que de ce fat j'arrête les complots,
Et qu'à l'oreille un peu je lui dise deux mots.

DORINE
Ha ! tout doux ! Envers lui, comme envers votre père,
Laissez agir les soins de votre belle-mère.
Sur l'esprit de Tartuffe elle a quelque crédit ;
Il se rend complaisant à tout ce qu'elle dit...
. . . .
Son valet dit qu'il prie, et je n'ai pu le voir ;
Mais ce valet m'a dit qu'il s'en allait descendre.
Sortez donc, je vous prie, et me laissez l'attendre.

Scène II

TARTUFFE, LAURENT, DORINE

TARTUFFE, parlant haut à son valet, dès qu'il aperçoit Dorine.

Laurent, serrez ma haire avec ma discipline[2],
Et priez que toujours le Ciel vous illumine.

---

[1] Il s'agit du projet de marier Mariane à Tartuffe.

[2] Le voilà enfin ce Tartuffe dont les deux premiers actes sont remplis. Sans qu'il ait paru, l'admiration niaise des uns, la rancune pleine de colère des autres l'ont fait connaître aux spectateurs. On l'attend avec curiosité et impatience. Son entrée est un de ces traits de génie « qui ne se peuvent payer ». Écoutons Sainte-Beuve : « Ce: *Laurent, serrez ma haire*, est le plus admirable début comique et dramatique qui se puisse inventer. De tels traits emportent le reste et déterminent un caractère... Celui qui trouve une telle entrée est d'emblée un génie dramatique. »

TARTUFFE

Ah ! laissez-le parler, vous l'accusez à tort.

Si l'on vient pour me voir, je vais aux prisonniers
Des aumônes que j'ai partager les deniers.

DORINE, à part

Que d'affectation et de forfanterie !...

Damis a découvert à son père une trahison que Tartuffe tramait contre lui et Orgon de s'emporter, mais pour se laisser prendre de nouveau, et très rapidement, aux flagorneries de l'hypocrite.

Scène VI

ORGON, DAMIS, TARTUFFE

ORGON

Ce que je viens d'entendre, ô Ciel! est-il croyable?

TARTUFFE

Oui, mon frère, je suis un méchant, un coupable,
Un malheureux pécheur tout plein d'iniquité,
Le plus grand scélérat qui jamais ait été ;
Chaque instant de ma vie est chargé de souillures ;
Elle n'est qu'un amas de crimes et d'ordures ;
Et je vois que le Ciel, pour ma punition,
Me veut mortifier en cette occasion.
De quelque grand forfait qu'on me puisse reprendre,
Je n'ai garde d'avoir l'orgueil de m'en défendre.
Croyez ce qu'on vous dit, armez votre courroux,
Et, comme un criminel, chassez-moi de chez vous :
Je ne saurais avoir tant de honte en partage,
Que je n'en aie encor mérité davantage[1].

ORGON, à son fils

Ah ! traître, oses-tu bien par cette fausseté
Vouloir de sa vertu ternir la pureté ?

DAMIS

Quoi? la feinte douceur de cette âme hypocrite
Vous fera démentir?...

ORGON

Tais-toi, peste maudite !

---

[1] Autre trait de génie que cette confession hypocrite et cet étalage d'humilité qui détourneront la colère d'Orgon sur son propre fils. Si Tartuffe est un méchant consommé, il est aussi passé maître dans l'art de feindre ; il le pousse jusqu'au génie.

TARTUFFE

Ah! laissez-le parler : vous l'accusez à tort,
Et vous ferez bien mieux de croire à son rapport.
Pourquoi sur un tel fait m'être si favorable?
Savez-vous, après tout, de quoi je suis capable?
Vous fiez-vous, mon frère, à mon extérieur?
Et, pour tout ce qu'on voit, me croyez-vous meilleur?
Non, non ; vous vous laissez tromper à l'apparence,
Et je ne suis rien moins, hélas! que ce qu'on pense.
Tout le monde me prend pour un homme de bien ;
Mais la vérité pure est que je ne vaux rien.
            (S'adressant à Damis.)
Oui, mon cher fils, parlez ; traitez-moi de perfide,
D'infâme, de perdu, de voleur, d'homicide,
Accablez-moi de noms encor plus détestés :
Je n'y contredis point, je les ai mérités ;
Et j'en veux à genoux souffrir l'ignominie,
Comme une honte due aux crimes de ma vie [1].

ORGON
(A Tartuffe.)   (A son fils.)
Mon frère, c'en est trop. Ton cœur ne se rend point,
Traître?

DAMIS
Quoi? ses discours vous séduiront au point...

ORGON
(A Tartuffe.)
Tais-toi, pendard! Mon frère, hé! levez-vous de grâce !
(A son fils.)
Infâme!

DAMIS
Il peut...

ORGON
Tais-toi.

DAMIS
J'enrage. Quoi! Je passe!..

ORGON
Si tu dis un seul mot, je te romprai les bras.

[1] Quelle vilaine parodie de l'humilité des saints !

TARTUFFE

Mon frère, au nom de Dieu, ne vous emportez pas.
J'aimerais mieux souffrir la peine la plus dure,
Qu'il eût reçu pour moi la moindre égratignure.

ORGON, à son fils

Ingrat !

TARTUFFE

Laissez-le[1] en paix. S'il faut, à deux genoux,
Vous demander sa grâce...

ORGON, se jetant aussi à genoux et embrassant Tartuffe

Hélas ! vous moquez-vous ?

(A son fils.)
Coquin ! vois sa bonté.

DAMIS

Donc...

ORGON

Paix.

DAMIS

Quoi ? je...

ORGON

Paix, dis-je.

Je sais bien quel motif à l'attaquer t'oblige :
Vous le haïssez tous ; et je vois aujourd'hui
Femme, enfants et valets déchaînés contre lui ;
On met impudemment toute chose en usage
Pour ôter de chez moi ce dévot personnage.
Mais plus on fait d'effort afin de l'en bannir,
Plus j'en veux employer à l'y mieux retenir ;
Et je vais me hâter de lui donner ma fille,
Pour confondre l'orgueil de toute ma famille.

DAMIS

A recevoir sa main on pense l'obliger ?

ORGON

Oui, traître, et dès ce soir, pour vous faire enrager.
Ah ! je vous brave tous, et vous ferai connaître
Qu'il faut qu'on m'obéisse et que je suis le maître.

---

[1] Élision que Molière s'est permis plus d'une fois.

Allons, qu'on se rétracte, et qu'à l'instant, fripon,
On se jette à ses pieds pour demander pardon.

DAMIS

Qui, moi ? de ce coquin, qui, par ses impostures...

ORGON

Ah ! tu résistes, gueux, et lui dis des injures !
(A Tartuffe.)
Un bâton ! un bâton ! Ne me retenez pas.
(A son fils.)
Sus ! que de ma maison on sorte de ce pas,
Et que d'y revenir on n'ait jamais l'audace.

DAMIS

Oui, je sortirai; mais...

ORGON

Vite, quittons la place.
Je te prive, pendard, de ma succession [1],
Et te donne de plus ma malédiction.

Scène VII

ORGON, TARTUFFE

ORGON

Offenser de la sorte une sainte personne !

TARTUFFE

O Ciel ! pardonne-lui la douleur qu'il me donne [2] !
(A Orgon.)
Si vous pouviez savoir avec quel déplaisir
Je vois qu'envers mon frère on tâche à me noircir...

ORGON

Hélas !

TARTUFFE

Le seul penser de cette ingratitude
Fait souffrir à mon âme un supplice si rude...

---

[1] Légalement, Orgon ne pouvait pas déshériter son fils, n'ayant, pour le faire, aucun des motifs que reconnaissait la loi. Il ne faut voir là, comme dans la donation *entière* qu'Orgon fait de ses biens à Tartuffe, qu'un moyen de comédie, car la loi ne lui laissait le droit de disposer par donation que d'une partie de sa fortune.

[2] D'après l'édition de 1734, Molière avait d'abord écrit ce beau vers :

O ciel, pardonne-lui comme je lui pardonne !

qu'il retrancha dans les différentes retouches qu'il fit à sa pièce, peut-être comme rappelant trop une des demandes du *Pater*.

LE TARTUFFE

L'horreur que j'en conçois... J'ai le cœur si serré,
Que je ne puis parler, et crois que j'en mourrai.

ORGON, *courant tout en larmes à la porte par où il a chassé son fils*
Coquin ! je me repens que ma main t'ait fait grâce,
Et ne t'ait pas d'abord assommé sur la place.
(A Tartuffe.)
Remettez-vous, mon frère, et ne vous fâchez pas.

TARTUFFE

Rompons, rompons le cours de ces fâcheux débats.
Je regarde céans quels grands troubles j'apporte,
Et crois qu'il est besoin, mon frère, que j'en sorte.

ORGON

Comment ? vous moquez-vous ?

TARTUFFE

On m'y hait, et je voi [1]
Qu'on cherche à vous donner des soupçons de ma foi.

ORGON

Qu'importe ? Voyez-vous que mon cœur les écoute ?

TARTUFFE

On ne manquera pas de poursuivre, sans doute ;
Et ces mêmes rapports qu'ici vous rejetez
Peut-être une autre fois seront-ils écoutés.

ORGON

Non, mon frère, jamais.

TARTUFFE

Ah ! mon frère ! une femme
Aisément d'un mari peut bien surprendre l'âme.

ORGON

Non, non.

TARTUFFE

Laissez-moi vite, en m'éloignant d'ici,
Leur ôter tout sujet de m'attaquer ainsi.

ORGON

Non, vous demeurerez : il y va de ma vie.

[1] Voir la note 1, p. 34, t. I.

TARTUFFE

Hé bien! il faudra donc que je me mortifie.
Pourtant, si vous vouliez...

ORGON

Ah!

TARTUFFE

Soit : n'en parlons plus.
Mais je sais comme il faut en user là-dessus.
L'honneur est délicat, et l'amitié m'engage
A prévenir les bruits et les sujets d'ombrage.

. . . .

ORGON

...Pour les mieux braver tous.
Je ne veux point avoir d'autre héritier que vous,
Et je vais de ce pas, en fort bonne manière,
Vous faire de mon bien donation entière.
Un bon et franc ami, que pour gendre je prends,
M'est bien plus cher que fils, que femme et que parents.
N'accepterez-vous pas ce que je vous propose?

TARTUFFE

La volonté du Ciel soit faite en toute chose!

ORGON

Le pauvre homme! Allons vite en dresser un écrit,
Et que puisse l'envie en crever de dépit!

ACTE QUATRIÈME

Scène Première

CLÉANTE, TARTUFFE

CLÉANTE

Oui, tout le monde en parle, et vous m'en pouvez croire,
L'éclat que fait ce bruit n'est point à votre gloire;
Et je vous ai trouvé, Monsieur, fort à propos,
Pour vous en dire net ma pensée en deux mots.

Je n'examine point à fond ce qu'on expose ;
Je passe là-dessus, et prends au pis la chose.
Supposons que Damis n'en ait pas bien usé,
Et que ce soit à tort qu'on vous ait accusé :
N'est-il pas d'un chrétien de pardonner l'offense
Et d'éteindre en son cœur tout désir de vengeance ?
Et devez-vous souffrir, pour votre démêlé,
Que du logis d'un père un fils soit exilé ?
Je vous le dis encore, et parle avec franchise,
Il n'est ni petit ni grand qui ne s'en scandalise ;
Et, si vous m'en croyez, vous pacifierez tout,
Et ne pousserez point les affaires à bout.
Sacrifiez à Dieu toute votre colère,
Et remettez le fils en grâce avec le père.

TARTUFFE

Hélas ! je le voudrais, quant à moi, de bon cœur :
Je ne garde pour lui, Monsieur, aucune aigreur ;
Je lui pardonne tout ; de rien je ne le blâme,
Et voudrais le servir du meilleur de mon âme ;
Mais l'intérêt du Ciel n'y saurait consentir,
Et, s'il rentre céans, c'est à moi d'en sortir.
Après son action, qui n'eut jamais d'égale,
Le commerce entre nous porterait du scandale :
Dieu sait ce que d'abord tout le monde en croirait !
A pure politique on me l'imputerait ;
Et l'on dirait partout que, me sentant coupable,
Je feins pour qui m'accuse un zèle charitable ;
Que mon cœur l'appréhende, et veut le ménager,
Pour le pouvoir, sous main, au silence, engager.

CLÉANTE

Vous nous payez ici d'excuses colorées [1] ;
Et toutes vos raisons, Monsieur, sont trop tirées [2],
Des intérêts du Ciel pourquoi vous chargez-vous ?
Pour punir le coupable a-t-il besoin de nous ?
Laissez-lui, laissez-lui le soin de ses vengeances ;
Ne songez qu'au pardon qu'il prescrit des offenses ;

---

[1] Fausses, qui portent de fausses couleurs.

[2] Trop peu naturelles, trop peu vraisemblables.

Et ne regardez point aux jugements humains,
Quand vous suivez du Ciel les ordres souverains.
Quoi! le faible intérêt de ce qu'on pourra croire
D'une bonne action empêchera la gloire ?
Non, non ; faisons toujours ce que le Ciel prescrit,
Et d'aucun autre soin ne nous brouillons l'esprit.

TARTUFFE

Je vous ai déjà dit que mon cœur lui pardonne,
Et c'est faire, Monsieur, ce que le Ciel ordonne ;
Mais après, le scandale et l'affront d'aujourd'hui,
Le Ciel n'ordonne pas que je vive avec lui.

CLÉANTE

Et vous ordonne-t-il, Monsieur, d'ouvrir l'oreille
A ce qu'un pur caprice à son père conseille,
Et d'accepter le don qui vous est fait d'un bien
Où le droit vous oblige à ne prétendre rien ?

TARTUFFE

Ceux qui me connaîtront n'auront pas la pensée
Que ce soit un effet d'une âme intéressée.
Tous les biens de ce monde ont pour moi peu d'appas,
De leur éclat trompeur je ne m'éblouis pas ;
Et, si je me résous à recevoir du père
Cette donation qu'il a voulu me faire,
Ce n'est, à dire vrai, que parce que je crains
Que tout ce bien ne tombe en de méchantes mains ;
Qu'il ne trouve des gens qui, l'ayant en partage,
En fassent dans le monde un criminel usage,
Et ne s'en servent pas, ainsi que j'ai dessein,
Pour la gloire du Ciel et le bien du prochain [1].

CLÉANTE

Hé, Monsieur, n'ayez point ces délicates craintes,
Qui d'un juste héritier peuvent causer les plaintes.
Souffrez, sans vous vouloir embarrasser de rien,
Qu'il soit à ses périls possesseur de son bien ;
Et songez qu'il vaut mieux encor qu'il en mésuse,
Que si de l'en frustrer il faut qu'on vous accuse.

---

[1] Dans la pensée de Tartuffe, sans doute la fin justifie les moyens.

J'admire seulement que, sans confusion,
Vous en ayez souffert la proposition.
Car enfin le vrai zèle a-t-il quelque maxime
Qui montre à dépouiller l'héritier légitime ?
Et s'il faut que le Ciel dans votre cœur ait mis
Un invincible obstacle à vivre avec Damis,
Ne vaudrait-il pas mieux qu'en personne discrète
Vous fissiez de céans une honnête retraite,
Que de souffrir ainsi, contre toute raison,
Qu'on chasse pour vous le fils de la maison ?
Croyez-moi, c'est donner de votre prud'homie [1],
Monsieur...

TARTUFFE

Il est, Monsieur, trois heures et demie ;
Certain devoir pieux me demande là-haut,
Et vous m'excuserez de vous quitter sitôt.

CLÉANTE, seul

Ah !

Scène VII

On est enfin parvenu à faire constater à Orgon, de ses propres yeux, la trahison de Tartuffe, et Orgon le chasse de chez lui.

ORGON

Allons, point de bruit, je vous prie ;
Dénichons de céans, et sans cérémonie.

TARTUFFE

Mon dessein...

ORGON

Ces discours ne sont plus de saison.
Il faut tout sur-le-champ sortir de la maison.

TARTUFFE

C'est à vous d'en sortir, vous qui parlez en maître :
La maison m'appartient, je le ferai connaître,
Et vous montrerai bien qu'en vain on a recours,
Pour me chercher querelle, à ces lâches détours ;

---

[1] Honneur, honnêteté accompagnée de sagesse.

Qu'on n'est pas où l'on pense en me faisant injure,
Que j'ai de quoi confondre et punir l'imposture,
Venger le Ciel qu'on blesse, et faire repentir
Ceux qui parlent ici de me faire sortir.

Scène VIII

ELMIRE, ORGON

ELMIRE

Quel est donc ce langage ? et qu'est-ce qu'il veut dire ?

ORGON

Ma foi, je suis confus, et n'ai pas lieu de rire.

ELMIRE

Comment ?

ORGON

   Je vois ma faute aux choses qu'il me dit,
Et la donation m'embarrasse l'esprit.

ELMIRE

La donation ?

ORGON

    Oui. C'est une affaire faite.
Mais j'ai quelque autre chose encor qui m'inquiète

ELMIRE

Et quoi ?

ORGON

    Vous saurez tout. Mais voyons au plus tôt
Si certaine cassette est encore là-haut [1].

---

[1] Une cassette confiée à Orgon par un ami, et qui contient des papiers compromettants pour lui.

ACTE CINQUIÈME

Scène première

ORGON, CLÉANTE

CLÉANTE

Où voulez-vous courir ?

ORGON

Las ! que sais-je ?

CLÉANTE

Il me semble
Que l'on doit commencer par consulter ensemble
Les choses qu'on peut faire en cet événement.

ORGON

Cette cassette-là me trouble entièrement ;
Plus que le reste encore elle me désespère.

CLÉANTE

Cette cassette est donc un important mystère ?

ORGON

C'est un dépôt qu'Argas, cet ami que je plains,
Lui-même, en grand secret, m'a mis entre les mains :
Pour cela, dans sa fuite, il me voulut élire [1] ;
Et ce sont des papiers, à ce qu'il m'a pu dire,
Où sa vie et ses biens se trouvent attachés.

CLÉANTE

Pourquoi donc les avoir en d'autres mains lâchés ?

ORGON

Ce fut par un motif de cas de conscience ;
J'allai droit à mon traître en faire confidence ;
Et son raisonnement me vint persuader
De lui donner plutôt la cassette à garder,
Afin que, pour nier, en cas de quelque enquête,
J'eusse d'un faux-fuyant la faveur toute prête,

---

[1] Choisir.

Par où ma conscience eût pleine sûreté
A faire des serment contre la vérité [1].

CLÉANTE

Vous voilà mal, au moins, si j'en crois l'apparence ;
Et la donation, et cette confidence,
Sont, à vous en parler selon mon sentiment,
Des démarches par vous faites légèrement.
On peut vous mener loin avec de pareils gages :
Et cet homme sur vous ayant ces avantages,
Le pousser est encore grande imprudence à vous ;
Et vous deviez chercher quelque biais plus doux.

ORGON

Quoi ! sous un beau semblant de ferveur si touchante
Cacher un cœur si double, une âme si méchante !
Et moi qui l'ai reçu gueusant [2] et n'ayant rien...
C'en est fait, je renonce à tous les gens de bien :
J'en aurai désormais une horreur effroyable,
Et m'en vais devenir pour eux pire qu'un diable.

CLÉANTE

Hé bien ! ne voilà pas de vos emportements !
Vous ne gardez en rien les doux tempéraments.
Dans la droite raison jamais n'entre la vôtre,
Et toujours d'un excès vous vous jetez dans l'autre.
Vous voyez votre erreur, et vous avez connu
Que par un zèle feint vous étiez prévenu ;
Mais, pour vous corriger, quelle raison demande
Que vous alliez passer dans une erreur plus grande,
Et qu'avecque [3] le cœur d'un perfide vaurien
Vous confondiez les cœurs de tous les gens de bien ?
Quoi ! parce qu'un fripon vous dupe avec audace
Sous le pompeux éclat d'une austère grimace [4],
Vous voulez que partout on soit fait comme lui,
Et qu'aucun vrai dévot ne se trouve aujourd'hui ?
Laissez aux libertins [5] ces sottes conséquences ;

---

[1] Voilà une morale digne de Tartuffe. En usant de *restrictions mentales* on pourra en conscience faire des serments faux.
[2] Mendiant.
[3] Avec s'écrivait encore : avecque ou avecques.
[4] Feinte, dissimulation.
[5] Sous-entendu *tirer*.

Démêlez la vertu d'avec ses apparences,
Ne hasardez jamais votre estime trop tôt,
Et soyez pour cela dans le milieu qu'il faut.
Gardez-vous, s'il se peut, d'honorer l'imposture :
Mais au vrai zèle aussi n'allez pas faire injure[1] :
Et s'il vous faut tomber dans une extrémité,
Péchez plutôt encor de cet autre côté.

Scène II

ORGON, CLÉANTE, DAMIS

DAMIS

Quoi ! mon père, est-il vrai qu'un coquin vous menace ?
Qu'il n'est point de bienfait qu'en son âme il n'efface ;
Et que son lâche orgueil, trop digne de courroux,
Se fait de vos bontés des armes contre vous ?

ORGON

Oui, mon fils, et j'en sens des douleurs non pareilles.

DAMIS

Laissez-moi ; je lui veux couper les deux oreilles.
Contre son insolence on ne doit point gauchir[2] :
C'est à moi tout d'un coup de vous en affranchir,
Et, pour sortir d'affaire, il faut que je l'assomme,

CLÉANTE

Voilà tout justement parler en vrai jeune homme.
Modérez, s'il vous plaît, ces transports éclatants :
Nous vivons sous un règne et sommes dans un temps
Où par la violence on fait mal ses affaires[3].

---

[1] Voilà encore un vers qui marque bien la distinction que fait Molière entre la vraie et la fausse dévotion.

[2] Au propre, tourner à gauche pour éviter un coup. Au figuré se détourner, fléchir, reculer devant, mollir.

[3] Petit compliment fort adroit à l'adresse de Louis XIV.

Scène III

Madame PERNELLE, ORGON, ELMIRE, CLÉANTE, MARIANE, DAMIS, DORINE

MADAME PERNELLE

Qu'est-ce ? J'apprends ici de terribles mystères.

ORGON

Ce sont des nouveautés dont mes yeux sont témoins,
Et vous voyez le prix dont sont payés mes soins.
Je recueille avec zèle un homme en sa misère,
Je le loge, et le tiens comme mon propre frère ;
De bienfaits chaque jour il est par moi chargé ;
Je lui donne ma fille et tout le bien que j'ai,
Et, dans le même temps, le perfide, l'infâme,
. . . .
Il m'ose menacer de mes propres bienfaits,
Et veut, à ma ruine, user des avantages
Dont le viennent d'armer mes bontés trop peu sages,
Me chasser de mes biens, où je l'ai transféré,
Et me réduire au point d'où je l'ai retiré !

DORINE

Le pauvre homme [1] ?

MADAME PERNELLE

Mon fils, je ne puis du tout croire
Qu'il ait voulu commettre une action si noire.

ORGON

Comment ?

MADAME PERNELLE

Les gens de bien sont enviés toujours.

ORGON

Que voulez-vous donc dire avec votre discours,
Ma mère ?

---

[1] O la maligne pièce ! Comme elle ressert à propos à Orgon son : *le pauvre homme !*

LE TARTUFFE

MADAME PERNELLE

Que chez vous on vit d'étrange sorte,
Et qu'on[1] ne sait que trop la haine qu'on lui porte.

ORGON

Qu'a cette haine à faire avec ce qu'on vous dit?

MADAME PERNELLE

Je vous l'ai dit cent fois quand vous étiez petit :
La vertu dans le monde est toujours poursuivie ;
Les envieux mourront, mais non jamais l'envie.

ORGON

Mais que fait ce discours aux choses d'aujourd'hui?

MADAME PERNELLE

On vous aura forgé cent sots contes de lui.

ORGON

Je vous ai dit déjà que j'ai vu tout moi-même.

MADAME PERNELLE

Des esprits médisants la malice est extrême.

ORGON

Vous me feriez damner, ma mère. Je vous di
Que j'ai vu, de mes yeux, un crime si hardi.

MADAME PERNELLE

Les langues ont toujours du venin à répandre,
Et rien n'est ici-bas qui s'en puisse défendre.

ORGON

C'est tenir un propos de sens bien dépourvu.
Je l'ai vu, dis-je, vu, de mes propres yeux vu,
Ce qu'on appelle vu. Faut-il vous le rebattre
Aux oreilles cent fois, et crier comme quatre.

MADAME PERNELLE

Mon Dieu! le plus souvent l'apparence déçoit ;
Il ne faut pas toujours juger sur ce qu'on voit.

ORGON

J'enrage!

---

[1] Ce double emploi du pronom *on*, se rapportant à des personnes différentes, n'est pas correct.

MADAME PERNELLE

Aux faux soupçons la nature est sujette,
Et c'est souvent à mal que le bien s'interprète [1].

. . . .

ORGON

Allez, je ne sais pas, si vous n'étiez ma mère,
Ce que je vous dirais, tant je suis en colère.

DORINE, à Orgon

Juste retour, Monsieur, des choses d'ici-bas :
Vous ne vouliez point croire, et l'on ne vous croit pas.

CLÉANTE

Nous perdons des moments en bagatelles pures,
Qu'il faudrait employer à prendre des mesures.
Aux menaces du fourbe on doit ne dormir point.

DAMIS

Quoi ! son effronterie irait jusqu'à ce point ?

ELMIRE

Pour moi, je ne crois pas cette instance possible,
Et son ingratitude est ici trop visible.

CLÉANTE, à Orgon

Ne vous y fiez pas ; il aura des ressorts
Pour donner contre vous raison à ses efforts ;
Et sur moins que cela le poids d'une cabale
Embarrasse les gens dans un fâcheux dédale.
Je vous le dis encore : armé de ce qu'il a,
Vous ne deviez jamais le pousser jusque-là.

ORGON

Il est vrai ; mais qu'y faire ? A l'orgueil de ce traître,
De mes ressentiments je n'ai pas été maître.

CLÉANTE

Je voudrais de bon cœur qu'on pût entre vous deux
De quelque ombre de paix raccommoder les nœuds.

---

[1] La bonne vieille n'en démordra pas ; elle n'écoute rien de ce que lui dit Orgon et suit son idée, faisant la leçon à son fils avec des dictons et des banalités sentencieuses.

ORGON, à Dorine, voyant entrer M. Loyal

... Que veut cet homme ? Allez tôt le savoir.
Je suis bien en état que l'on me vienne voir !

Scène VI

Madame PERNELLE, ELMIRE, MARIANE, ORGON, CLÉANTE,
DAMIS, DORINE, Monsieur LOYAL

MONSIEUR LOYAL, à Dorine, dans le fond du théâtre

Bonjour, ma chère sœur[1] : faites, je vous supplie
Que je parle à Monsieur.

DORINE

Il est en compagnie ;
Et je doute qu'il puisse à présent voir quelqu'un,

MONSIEUR LOYAL

Je ne suis pas pour être en ces lieux importun.
Mon abord n'aura rien, je crois, qui lui déplaise ;
Et je viens pour un fait dont il sera bien aise.

DORINE

Votre nom ?

MONSIEUR LOYAL

Dites-lui seulement que je vien[2],
De la part de Monsieur Tartuffe, pour son bien [3].

DORINE, à Orgon

C'est un homme qui vient, avec douce manière,
De la part de Monsieur Tartuffe, pour affaire,
Dont vous serez, dit-il, bien aise.

CLÉANTE, à Orgon

Il vous faut voir
Ce que c'est que cet homme, et ce qu'il peut vouloir.

ORGON, à Cléante

Pour nous raccommoder il vient ici peut-être :
Quels sentiments aurai-je à lui faire paraître ?

---

[1] A ce ton onctueux, on devine que M. *Loyal* est de l'école de Tartuffe.

[2] Voir la note 1, page 34, t. 1.
[3] Pour son utilité, son avantage.

CLÉANTE

Votre ressentiment ne doit point éclater ;
Et, s'il parle d'accord, il le faut écouter.

MONSIEUR LOYAL, à Orgon

Salut, Monsieur. Le Ciel perde qui vous veut nuire,
Et vous soit favorable autant que je désire !

ORGON, bas, à Cléante

Ce doux début s'accorde avec mon jugement,
Et présage déjà quelque accommodement.

MONSIEUR LOYAL

Toute votre maison m'a toujours été chère,
Et j'étais serviteur de Monsieur votre père.

ORGON

Monsieur, j'ai grand'honte et demande pardon
D'être sans vous connaître ou savoir votre nom.

MONSIEUR LOYAL

Je m'appelle Loyal, natif de Normandie [1],
Et suis huissier à verge [2], en dépit de l'envie.
J'ai, depuis quarante ans, grâce au Ciel, le bonheur
D'en exercer la charge avec beaucoup d'honneur ;
Et je vous viens, Monsieur, avec votre licence,
Signifier l'exploit [3] de certaine ordonnance...

ORGON

Quoi ? vous êtes ici ?...

MONSIEUR LOYAL

Monsieur, sans passion :
Ce n'est rien seulement qu'une sommation,
Un ordre de vuider d'ici, vous et les vôtres,
Mettre vos meubles hors, et faire place à d'autres,
Sans délai ni remise, ainsi que besoin est...

ORGON

Moi, sortir de céans ?

---

[1] La terre des procès. Racine a placé la scène des *Plaideurs* en basse Normandie.
[2] L'huissier « à verge » se distinguait de l'huissier à chaîne qui, du temps de Molière, portait une chaîne d'or autour du bras comme signe de son emploi. La verge des huissiers était la marque de leur autorité : tout homme qui en était touché devait les suivre en prison.
[3] Acte que dresse un huissier.

MONSIEUR LOYAL

   Oui, Monsieur, s'il vous plaît.
La maison, à présent, comme savez de reste,
Au bon Monsieur Tartuffe appartient sans conteste.
De vos biens désormais il est maître et seigneur,
En vertu d'un contrat duquel je suis porteur ;
Il est en bonne forme, et l'on n'y peut rien dire.

DAMIS, à M. Loyal

Certes cette impudence est grande, et je l'admire.

MONSIEUR LOYAL, à Damis

Monsieur, je ne dois point avoir affaire à vous ;
 (Montrant Orgon.)
C'est à Monsieur : il est raisonnable et doux,
Et d'un homme de bien il sait trop bien l'office,
Pour se vouloir du tout opposer à justice.

ORGON

Mais...

MONSIEUR LOYAL

   Oui, Monsieur, je sais que pour un million
Vous ne voudriez pas faire rébellion,
Et que vous souffrirez, en honnête personne,
Que j'exécute ici les ordres qu'on me donne.

DAMIS

Vous pourriez bien ici, sur votre noir jupon [1],
Monsieur l'huissier à verge, attirer le bâton.

MONSIEUR LOYAL, à Orgon

Faites que votre fils se taise ou se retire,
Monsieur, j'aurais regret d'être obligé d'écrire,
Et de vous voir couché dans mon procès-verbal.

DORINE, à part

Ce Monsieur Loyal porte un air bien déloyal !

MONSIEUR LOYAL

Pour tous les gens de bien j'ai de grandes tendresses,
Et ne me suis voulu, Monsieur, charger des pièces

---

[1] Grand pourpoint ou petit justaucorps à grandes basques qui ne serre point le corps.

Que pour vous obliger et vous faire plaisir,
Que pour ôter par là le moyen d'en choisir
Qui, n'ayant pas pour vous le zèle qui me pousse,
Auraient pu procéder d'une façon moins douce.

ORGON

Et que peut-on de pis que d'ordonner aux gens
De sortir de chez eux ?

MONSIEUR LOYAL

          On vous donne du temps ;
Et jusques à demain je ferai surséance
A l'exécution, Monsieur, de l'ordonnance :
Je viendrai seulement passer ici la nuit,
Avec dix de mes gens, sans scandale et sans bruit.
Pour la forme, il faudra, s'il vous plaît, qu'on m'apporte,
Avant que se coucher, les clefs de votre porte.
J'aurai soin de ne pas troubler votre repos,
Et de ne rien souffrir qui ne soit à propos.
Mais demain, du matin, il vous faut être habile
A vider de céans jusqu'au moindre ustensile :
Mes gens vous aideront, et je les ai pris forts,
Pour vous faire servir à tout mettre dehors.
On n'en peut pas user mieux que je fais, je pense,
Et comme je vous traite avec grande indulgence,
Je vous conjure, aussi, Monsieur, d'en user bien,
Et qu'au dû de ma charge on ne me trouble en rien.

ORGON

Du meilleur de mon cœur je donnerais sur l'heure
Les cent plus beaux louis de ce qui me demeure,
Et pouvoir, à plaisir, sur ce mufle, asséner
Le plus grand coup de poing qui se puisse donner.

CLÉANTE, bas, à Orgon

Laissez ; ne gâtons rien.

DAMIS

          A cette audace étrange
J'ai peine à me tenir, et la main me démange.

DORINE

Avec un si bon dos, ma foi, Monsieur Loyal,
Quelques coups de bâton ne vous siéraient pas mal.

MONSIEUR LOYAL

On pourrait bien punir ces paroles infâmes,
Mamie, et l'on décrète aussi contre les femmes.

CLÉANTE, à M. Loyal

Finissons tout cela, Monsieur ; c'en est assez ;
Donnez tôt ce papier, de grâce, et nous laissez.

MONSIEUR LOYAL

Jusqu'au revoir. Le Ciel vous tienne tous en joie !

ORGON

Puisse-t-il te confondre, et celui qui t'envoie !

Scène V

ORGON, Madame PERNELLE, ELMIRE, CLÉANTE, MARIANE, DAMIS, DORINE

ORGON

Hé bien, vous le voyez, ma mère, si j'ai droit[1] :
Et vous pouvez juger du reste par l'exploit.
Ses trahisons vous sont-elles enfin connues ?

MADAME PERNELLE

Je suis tout ébaubie, et je tombe des nues !

Scène VI

VALÈRE, ORGON, Madame PERNELLE, ELMIRE, CLÉANTE, MARIANE, DAMIS, DORINE

VALÈRE

Avec regret, Monsieur, je viens vous affliger ;
Mais je m'y vois contraint par le pressant danger.
Un ami, qui m'est joint d'une amitié fort tendre,
Et qui sait l'intérêt qu'en vous j'ai lieu de prendre,
A violé pour moi, par un pas[2] délicat,
Le secret que l'on doit aux affaires d'État,

---

[1] Si j'ai raison.   [2] Par une démarche délicate.

Et me vient d'envoyer un avis dont la suite [1]
Vous réduit au parti d'une soudaine fuite.
Le fourbe qui longtemps a pu vous imposer,
Depuis une heure au Prince a su vous accuser,
Et remettre en ses mains, dans les traits [2] qu'il vous jette,
D'un criminel d'État l'importante cassette,
Dont, au mépris, dit-il, du devoir d'un sujet,
Vous avez conservé le coupable secret.
J'ignore le détail du crime qu'on vous donne [3] ;
Mais un ordre est donné contre votre personne ;
Et lui-même [4] est chargé, pour mieux l'exécuter,
D'accompagner celui qui vous doit arrêter.

CLÉANTE

Voilà ses droits armés ; et c'est par où le traître
De vos biens qu'il prétend cherche à se rendre maître.

ORGON

L'homme est, je vous l'avoue, un méchant animal !

VALÈRE

Le moindre amusement [5] vous peut être fatal,
J'ai, pour vous emmener, mon carrosse à la porte,
Avec mille louis qu'ici je vous apporte.
Ne perdons point de temps : le trait est foudroyant,
Et ce sont de ces coups que l'on pare en fuyant.
A vous mettre en lieu sûr je m'offre pour conduite [6],
Et veux accompagner jusqu'au bout votre fuite.

ORGON

Las ! que ne dois-je point à vos soins obligeants !
Pour vous en rendre grâce il faut un autre temps,
Et je demande au Ciel de m'être assez propice
Pour reconnaître un jour ce généreux service.
Adieu ; prenez le soin, vous autres...

CLÉANTE
                        Allez tôt ;
Nous songerons, mon frère, à faire ce qu'il faut.

---

[1] Un avis par suite duquel.
[2] Parmi les traits qu'il lance contre vous.
[3] Qu'on vous attribue.
[4] Tartuffe.
[5] Retard.
[6] Je m'offre à vous conduire...

Scène VII

TARTUFFE, UN EXEMPT, Madame PERNELLE, ORGON,
ELMIRE, CLÉANTE, MARIANE, VALÈRE, DAMIS, DORINE

TARTUFFE, arrêtant Orgon

Tout beau, Monsieur, tout beau, ne courez point si vite :
Vous n'irez pas fort loin pour trouver votre gîte,
Et de la part du Prince on vous fait prisonnier.

ORGON

Traître, tu me gardais ce trait pour le dernier :
C'est le coup, scélérat, par où tu m'expédies,
Et voilà couronner toutes tes perfidies !

TARTUFFE

Vos injures n'ont rien à me pouvoir aigrir,
Et je suis, pour le Ciel, appris[1] à tout souffrir.

CLÉANTE

La modération est grande, je l'avoue.

DAMIS

Comme du Ciel l'infâme impudemment se joue !

TARTUFFE

Tous vos emportements ne sauraient m'émouvoir ;
Et je ne songe à rien qu'à faire mon devoir.

MARIANE

Vous avez de ceci grande gloire à prétendre,
Et cet emploi pour vous est fort honnête à prendre.

TARTUFFE

Un emploi ne saurait être que glorieux.
Quand il part du pouvoir qui m'envoie en ces lieux.

ORGON

Mais t'es-tu souvenu que ma main charitable,
Ingrat, t'a retiré d'un état misérable ;

---

[1] Je suis *instruit* à tout souffrir. Apprendre se prenait encore dans ce sens au XVIIe siècle.

TARTUFFE

Oui, je sais quels secours j'en ai pu recevoir ;
Mais l'intérêt du Prince est mon premier devoir.
De ce devoir sacré la juste violence
Étouffe dans mon cœur toute reconnaissance ;
Et je sacrifierais à de si puissants nœuds
Ami, femme, parents, et moi-même avec eux.

ELMIRE

L'imposteur !

DORINE

Comme il sait, de traîtresse manière
Se faire un beau manteau de tout ce qu'on révère !

CLÉANTE

Mais, s'il est si parfait que vous le déclarez,
Ce zèle qui vous pousse et dont vous vous parez,
D'où vient que pour paraître il s'avise d'attendre
. . . .
... Que son honneur l'oblige à vous chasser ?
Je ne vous parle point, pour devoir en distraire[1],
Du don de tout son bien qu'il venait de vous faire ;
Mais, le voulant traiter en coupable aujourd'hui,
Pourquoi consentiez-vous à rien prendre de lui ?

TARTUFFE, à l'Exempt

Délivrez-moi, Monsieur, de la criaillerie,
Et daignez accomplir votre ordre, je vous prie.

L'EXEMPT[2]

Oui, c'est trop demeurer sans doute à l'accomplir :
Votre bouche à propos m'invite à le remplir ;
Et, pour l'exécuter, suivez-moi tout à l'heure
Dans la prison qu'on doit vous donner pour demeure.

TARTUFFE

Qui ? moi, Monsieur ?

L'EXEMPT

Oui, vous.

TARTUFFE

Pourquoi donc la prison ?

---

[1] Pour avoir dû nous en détourner.
[2] Cet exempt n'est pas un subalterne, mais probablement un officier des gardes-du-corps du Prince.

L'EXEMPT

Ce n'est pas vous à qui j'en veux rendre raison.
(A Orgon.)
Remettez-vous, Monsieur, d'une alarme si chaude.
Nous vivons sous un prince ennemi de la fraude,
Un prince dont les yeux se font jour dans les cœurs [1],
Et que ne peut tromper tout l'art des imposteurs.
Oui, de tous vos papiers, dont il se dit maître,
Il veut qu'entre vos mains je dépouille le traître.
D'un souverain pouvoir, il brise les liens
Du contrat qui lui fait un don de tous vos biens,
Et vous pardonne enfin cette offense secrète
Où vous a d'un ami fait tomber la retraite ;
Et c'est le prix qu'il donne au zèle qu'autrefois
On vous vit témoigner en appuyant ses droits [2],
Pour montrer que son cœur sait, quand moins on y pense,
D'une bonne action verser la récompense ;
Que jamais le mérite avec lui ne perd rien,
Et que mieux que du mal il se souvient du bien

DORINE

Que le Ciel soit loué !

MADAME PERNELLE

Maintenant je respire !

ELMIRE

Favorable succès !

MARIANE

Qui l'aurait osé dire ?

ORGON à Tartuffe, que l'Exempt emmène

Hé bien ! te voilà, traître !...

CLÉANTE

Ah ! mon frère, arrêtez,
Et ne descendez point à des indignités.
A son mauvais destin laissez un misérable,
Et ne vous joignez point au remords qui l'accable ;
Souhaitez bien plutôt que son cœur en ce jour
Au sein de la vertu fasse un heureux retour,

---

[1] Savent lire dans les cœurs.   [2] Voir la note 2, p. 328.

Qu'il corrige sa vie en détestant son vice,
Et puisse du grand Prince adoucir la justice,
Tandis qu'à sa bonté vous irez à genoux
Rendre ce que demande un traitement si doux.

ORGON

Oui, c'est bien dit. Allons à ses pieds avec joie
Nous louer des bontés que son cœur nous déploie ;
Puis, acquittés un peu de ce premier devoir,
Aux justes soins d'un autre il nous faudra pourvoir.
Et par un doux hymen couronner en Valère
La flamme d'un amant généreux et sincère.

TABLE DES MATIÈRES

Le Bourgeois Gentilhomme 5
Les Fourberies de Scapin 87
Les Femmes savantes 123
Le Malade imaginaire 195
Dom Juan 273
Le Tartuffe 317

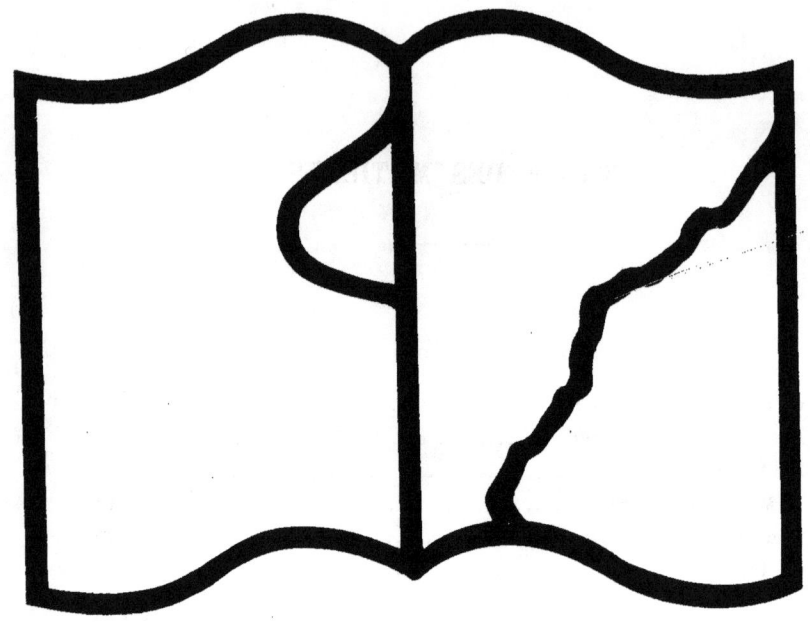

Texte détérioré — reliure défectueuse

NF Z 43-120-11

www.ingramcontent.com/pod-product-compliance
Lightning Source LLC
Chambersburg PA
CBHW050536170426
43201CB00011B/1444